»Wir bleiben hier, dafür kämpfen wir!«

Redaktion »Druckwächter«

»Wir bleiben hier. Dafür kämpfen wir!«

Akteure berichten über den Arbeitskampf bei AEG/Electrolux in Nürnberg 2005 – 2007

DIE BUCHMACHEREI

© Redaktion »Druckwächter«
V.i.S.d.P.: Walter Bauer
Literaturverein Libresso
c/o Z-Bau, Frankenstr. 200
90461 Nürnberg
Kontakt: netzwerkit@labournet.info

1. Auflage Januar 2009
Umschlaggestaltung: Die Buchmacherei
Gestaltung und Satz: Die Buchmacherei
Druck: Strauss Druck GmbH, Mörlenbach

Die Buchmacherei
Carl-Herz-Ufer 31
10961 Berlin
Tel: 030 / 81 85 77 59
Fax: 03212 - 1032981
Mail: DieBuchmacherei@web.de
URL: www.DieBuchmacherei.de

Wir danken der »Stiftung Menschenwürde und Arbeitswelt« für den gewährten Buchkostenzuschuss

Inhaltsverzeichnis

Einführung 7

Werksschließung per Sozialvertrag – Der Streik bei Infineon 2005 11
in München

11 Monate Streik bei AEG Kanis – eine kleine Vorgeschichte - 17
Interview mit dem früheren AEG-Kanis-Betriebsrat Hans Patzelt

Boykott und kreative Aktionsformen des Nürnberger 23
Sozialforums – Horst berichtet über verschiedene Möglichkeiten
der Einmischung

Der Kampf gegen Arbeitslosigkeit fängt in den Betrieben an – Mit 33
der Aktionsgemeinschaft Nürnberger Arbeitsloser (ANA) im
Gespräch

„Was hätten wir erreicht ... Wir haben gerade Electrolux 43
in die Mangel gehabt ..." – Kollege Hueseyin, Mitglied im
Vertrauenskörper bei AEG im Interview

„Im kältesten Winter seit langem habe ich mir an den Feuertonnen 77
die Füße abgefroren ..." – Interview mit Streikunterstützer Tim

Druckwächter ist ein Teil, das in jeder Waschmaschine eingebaut 89
wird – »Netzwerk IT« im Interview mit Dagmar und Rüdiger
über das Projekt »Druckwächter«

„Mich erinnert das hier übrigens eher an eine Fabrikbesetzung ..." 111
– Interview mit Rossano della Ripa (FIOM/CGIL)

„Wir wollen die Stimmung im Stadtteil verändern" - Wie 115
erfolgreiche Basisarbeit aussehen kann, erläutert Franziska von der
Organisierten Autonomie (OA)

„Das Ganze drohte sich politisch unkontrolliert zu entwickeln 137
..." – Interview mit Hans Patzelt über seine Erfahrungen im
Arbeitskampf bei der AEG

Live-Sendung von Radio Z aus dem AEG-Streikzelt	159
„Ein schlafender Riese ist aufgeschreckt, hat sich umgesehen und wieder schlafen gelegt." – Die Radikale Linke (RL) Nürnberg zu Klassenkampf und Selbstorganisation	171
Ein neuer Graffiti-Schriftzug prangt an der Mauer: „Sie betrügen euch" – »Radio Z« interviewt AEG-Kollegen nach Bekanntgabe des ausgehandelten Sozialtarifvertrages	181
Ein Streikrückblick des AEG-Kollegen Holger	189
Der ausgehandelte Sozialvertrag für die AEG und der Schließungsbeschluss - Presseinformation IG Metall	197
Der »Druckwächter« beantwortet Fragen zum Sozialtarifvertrag	199
Workshop „Strategie und Taktik in wirtschaftspolitischen Auseinandersetzungen am Beispiel der AEG Nürnberg"	203
Die dunkle Seite der Macht – »Anti-Antifa« als Repressionsmittel gegen StreikunterstützerInnen	243
AEG - Chronologie des Arbeitskampfes	261

Einführung

Die Stadt hat gebrannt

> »Ich fand das eigentlich schon beeindruckend. Man hat die Situation erleben müssen. Die Luft hat gebrannt in Nürnberg in jeder Beziehung. Also den Streik, die Situation konnte man spüren, riechen, richtig wahrnehmen, weil egal, ob man in einer Nürnberger U-Bahn oder Straßenbahn gesessen hat, durch die Qualmwolken von den Feuertonnen, wenn man stundenlang drangestanden hat in ungünstiger Windrichtung, hat man leicht angekokelt gerochen. Man hat gestunken, man hat seine Kleidung nächtelang, tagelang auf den Balkon hängen können, man hat diesen beißenden Qualmgeruch nicht rausbekommen.«
>
> Ein Streikaktivist

Der Winter 2006 ist bitter kalt. Bei bis zu minus 17 Grad standen ab dem 20. Januar die AEG-Beschäftigten und UnterstützerInnen Tag und Nacht vor den AEG Toren. Wärme gaben nur die Feuertonnen. Die vielen dicken Pullover, Jacken, Socken und alles was man sonst noch hatte, reichten nicht lange aus. Nürnberg und die Region waren in „Aufruhr" und dass war überall zu spüren. In den U-Bahnzügen, die an dem AEG Werk vorbei fuhren, wurden unterstützende Worte und Grüße an die AEGler durchgegeben. Selten oder vielleicht noch nie, wurden so schnell so viele Unterschriften für einen Käuferboykott gesammelt. Dabei kam es mit Menschen quer durch die ganze Gesellschaft zu Diskussionen. Die sonst sehr beliebten Abgrenzungen von ganz bürgerlich bis zu radikalen Autonomen waren weitgehendst ausgesetzt.

Was war da los?

„Wir bleiben hier – dafür kämpfen wir" das meinten die AEGler sehr sehr ernst. Sie kämpften für den Erhalt ihrer Arbeitsplätze in einer Zeit, in der Aussicht auf andere Arbeit in ungelernten Bereichen so gut wie aussichtslos war und die Zukunft Hartz IV oder prekäre Arbeitsverhältnisse hieß. Der Arbeitskampf bei AEG steht in einer Reihe mit den Streiks bei Opel Bochum, Gate Gourmet Flughafen Köln, Bosch-Siemens-Hausgeräte Berlin und der Bewegung gegen Hartz IV. Die von der Belegschaft gesteckten Ziele wurden nicht erreicht, doch können wir wirklich von einer Niederlage der Kämpfe sprechen?

In dem vorliegendem Buch wird keine Einschätzung oder Bewertung zu finden sein. Die unterschiedlichsten Akteure stellen in den Interviews ihre Sicht der Dinge dar. Damit geben wir den LeserInnen die Möglichkeit, nicht nur ein Bild vom Umfang des Streiks zu bekommen, sondern selber zu einer Einschätzung zu gelangen. Die Einblicke und Erfahrungen der verschiedenen Unterstützungsformen können so für die zukünftigen Streiks genutzt werden.

Einige Worte zu den Interviews

Mike Gillian, Doktor an der UWA Business School in Australien, ist im Rahmen einer Studie über Weiße Ware auf Electrolux gestoßen. Er hat im Sommer 2006 in Nürnberg mit den verschiedensten Akteuren, die den Streik durchführten oder unterstützten dazu Interviews durchgeführt.

Andere hier abgedruckte Interviews wurden von verschiedenen AktivistInnen zu unterschiedlicher Zeit gemacht. Alice von Netzwerk IT hat kurz nach dem Streik den oppositionellen Vertrauensmann Hüseyin befragt, der viele interessante Details aus dem Innenleben der IG Metall erzählt. Holger schreibt seine Sicht der Gewerkschaft nieder, weil diese Kritik zuvor in einem Interview der Jungen Welt nur weichgespült wiedergegeben wurde. Der Druckwächter hat ein Interview zusammen mit dem Netzwerk IT gemacht, in dem die Arbeitsweise des Netzwerkes vorgestellt wird.

Basisarbeit, die vor allem die Menschen in der Stadt informierte und damit eine breite Solidarität entwickeln konnte, wurde vor allem von den interviewten Organisationen und deren UnterstützerInnen geleistet. Das Sozialforum trug mit dem Käuferboykott entscheidend dazu bei Electrolux unter Druck zu setzen und das Image des Konzerns ins richtige Licht zu rücken.

Der alternative Radiosender in Nürnberg - Radio Z – sendet seit vielen Jahren unabhängig von den bürgerlichen Medien und arbeitet selbstbestimmt. Journalisten des Senders haben sich ins AEG-Streikzelt gesetzt und von dort eine Live-Sendung des politischen Magazins von Radio Z, dem Stoffwechsel, gemacht. In deren Verlauf kamen einige Streikbeteiligte zu Wort, die über den Stand der Dinge berichtet haben. Am Aschermittwoch, nach der Verkündung vom Abschluss des Sozialtarifvertrages, hatten AEG KollegInnen in der Sendung von Radio Z nochmal das Wort. Beide Radio Z-Sendungen wurden im Buch aufgenommen, um die Vielfalt wirkungsvoller Formen zur Streikunterstützung vollständig darzustellen.

Ebenfalls Radio Z verdanken wir ein Interview mit dem italienischen Gewerkschafter Rossano, der bei seinem Besuch in Nürnberg seine Beobachtung widergab, dass die AEG auf ihn nicht nur wie ein Streik wirke sondern ihn eher an eine Betriebsbesetzung in Italien erinnere. Manchmal sehen Außenstehende eben mehr. Diese Interviews machen den Hauptteil des Buches aus. In ihnen wird erzählt, was die einzelnen Personen mit dem Streik oder der AEG verbindet, wie sie den Prozess einschätzen und warum sie aktive Unterstützungsarbeit geleistet haben.

Beiträge der Redaktion

Der Streik bei Infineon
In dem Beitrag zum Streik bei Infineon München, die zum Siemenskonzern gehört, wird die direkte Verbindung zum AEG Streik dargestellt. Bei Infineon wurde im Oktober 2005 gegen die Werksschließung gestreikt. Dort kam es im Streikverlauf zu einem brutalen Polizeieinsatz gegen die Streikposten der IGM. Damit sollte durchgesetzt werden, dass Streikbrecher, die aus anderen Firmen angeheuert wurden, freien Zugang ins Werk bekamen. Eine Solidarität der Infineon Kollegen mit den AEGlerInnen wurde von der IGM praktisch unterlaufen. Außerdem wird über die Erfahrung berichtet, wie das Aushandeln von Sozialverträgen eingesetzt wird, um eine Werksschließung reibungslos über die Bühne zu bekommen.

Der Sozialvertrag für AEG wird verkündet
Zum besseren Verständnis wurde ein Teil des fünfseitigen Sozialvertrages, der von der IGM für die AEGler ausgehandelt wurde dokumentiert. Erstmalig wurde dieser schriftlich für die KollegInnen verfasst und auf der letzten großen Streikversammlung verteilt. Er war jedoch nur in deutscher Sprache verfügbar, obwohl die Mehrheit der KollegInnen MigrantInnen aus verschiedenen Ländern sind. Während Jürgen Wechsler, Harald Dix und Werner Neugebauer auf der Bühne standen und den KollegInnen den Vertrag erklärten, wiederum nur auf Deutsch, bildeten die KollegInnen Gruppen, um zu diskutieren, was dort drin stand. Das fand die IGM Riege auf der Bühne sehr empörend. Mit lautem Brüllen versuchte der IGM-Bevollmächtigte ein Rede- und Diskussionsverbot durchzusetzen. Es gelang ihm jedoch nicht wirklich. Die Stimmung war aufgeheizt und das übervolle Streikzelt leerte sich nach und nach. Auf der Bühne wurde dies völlig ignoriert. Das geplante Programm wurde einfach weiter durchgezogen. Der Druckwächter hat die Fragen der KollegInnen aufgegriffen. In der Auswertung sind die Antworten dazu zu lesen.

Eine Chronologie der Entwicklung bei AEG
Mit einer kurzen Vorgeschichte wird der Weg von AEG von 1922 über die

erste große Krise in den 70er Jahren bis zur Übernahme von Electrolux 1994 aufgezeigt. Danach wird in einzelnen Schritten der weiteren Entwicklung nachgegangen. Die LeserInnen sollen so einen Überblick erhalten, wie es zum Konflikt um das AEG-Werk gekommen ist.

Strategie und Taktik
In Form eines Workshops stellt sich eine Basisgruppe vor, die aktiv den AEG Streik mitgetragen hat. Sie arbeiteten sich anhand von Fragen durch das Thema „Strategie und Taktik in wirtschaftspolitischen Auseinandersetzungen am Beispiel der AEG Nürnberg" durch. In dem Workshop sollte herausgefunden werden, wo wer steht und welche Mittel eingesetzt werden müssen, um das erhoffte Ziel zu erreichen. Gefragt wurde, wie die schon gemachten Erfahrungen angewandt werden können. Dabei wurden, für heute vielleicht ungewöhnliche Erkenntnisse, des kommunistischen Staats- und Gewerkschaftsfunktionärs S.A. Losowski und des preußischen Offiziers Carl von Clausewitz genutzt.

Die dunkle Seite der Macht
Dass der Kampf zum Erhalt der Arbeitsplätze bei AEG nicht nur Druck auf das Unternehmen Elektrolux ausgeübt hat, sondern auch an den Grundpfeilern des Kapitalismus rüttelte, wurde den UnterstützerInnen aus der Linken in einer ganz besonderen Form der Repression klargemacht. Man kann sagen: Das Kapital schlägt zurück. Wie können wir das behaupten?
Eine große Zahl StreikunterstützerInnen wurde mit Foto, Personalien und einer willkürlichen Zusammenstellung von Zugehörigkeiten innerhalb der linken Strukturen im Internet auf einer Anti-Antifa-Seite veröffentlicht. Sie wurden ganz offen zum Angriff freigegeben. Unser Beitrag dazu führt die LeserInnen vom Ursprung und Werdegang der Anti-Antifa zurück zur Entstehung der BRD und der NATO-Geheimarmee Gladio. Zusammen mit Hinweisen auf vorhandene Dokumente soll so nachvollziehbar werden, wie ernst die Lage werden kann, wenn das kapitalistische System sich in Gefahr wähnt.

Dieses Buch ist zusammengestellt vom Redaktionsteam des Druckwächters. Druckwächter ist ein Teil, dass in Waschmaschinen eingebaut wird und deshalb als Name für das Projekt der KollegInnen der AEG ausgewählt wurde. Es soll ein Beitrag zur Unterstützung und Ermutigung für alle sein, die von der Basis her aktiv sind und aktiv werden wollen. Eure Kommentare, Anregungen, Verbesserungsvorschläge und Diskussionsbeiträge zum Thema könnt ihr im Internet – auch anonym – veröffentlichen unter www.netzwerkit.de/projekte/electrolux/aegbuch.

Die Redaktion des »Druckwächter«

Werksschließung per Sozialvertrag
Der Streik bei Infineon 2005 in München

Die Auseinandersetzung bei der AEG in Nürnberg und das Verhalten einzelner Akteure sind ohne den Streik bei Infineon kaum zu verstehen. Die zeitliche und räumliche Nähe hatte dazu geführt, dass Infineon für alle ein Vorbild war, an dem sie ihre Handlungen ausrichteten. Einige Akteure wie z. B. der IGM-Chef Neugebauer, der Verband der bayerischen Metallindustrie (VBM) und der bayerische Wirtschaftsminister Wiesheu haben dann auch bei der AEG eine Rolle gespielt. Es spricht einiges dafür, dass die Erfahrungen bei Infineon zumindest für die IG Metall das Drehbuch für den AEG-Streik vorgezeichnet haben.

Sozialvertrag als Pilotversuch

Streikpostenkette vor dem Werktor

Der Streik bei Infineon sollte nach Aussagen der IG Metall die Werksschließung verhindern, indem ein Sozialtarifvertrag gefordert wurde, der für die Siemenstochter so teuer sein sollte, dass sich die Schließung nicht mehr rentiert. Doch dieses Vorhaben scheiterte. Am Ende wurde das Werk geschlossen und ein Sozialtarifvertrag mit einem Abfindungsfaktor von 1,3 Monatsgehälter und einer Transfergesellschaft vereinbart. Das Ergebnis bewegte sich finanziell im üblichen Rahmen eines Sozialplanes bei vergleichbaren Großunternehmen in

Deutschland. Berücksichtigt man, dass Infineon zum Siemenskonzern gehörte, relativiert sich dieses »tolle« Streikergebnis noch einmal deutlich.

Der Streikverlauf wurde auch dadurch geprägt, dass Sozialtarifverträge als Arbeitskampfziel rechtlich und politisch umstrittenen waren. Bei dem neuen Instrument eines Sozialtarifvertrages geht die Auseinandersetzung darüber, ob eine Gewerkschaft als Ausgleich für Massenentlassungen und Werksschließungen finanzielle Regelungen wie z.B. Abfindungen und Übergangsregelungen fordern und gegebenenfalls erstreiken und in Form eines Sozialtarifvertrags regeln darf. Das Betriebsverfassungsgesetz sieht nur den Betriebsrat und die Werksleitung als Vertragspartner vor, die solche finanziellen Ausgleichszahlungen als Sozialplan vereinbaren können. Doch die Betriebsräte dürfen nicht streiken!

links: Die Geschäftsordnung verändert sich   rechts: Unterstützung durch Dresdner Kollegen

Politisch geht es im Kern um die sogenannte unternehmerische Freiheit oder schlicht die Verfügungsgewalt über die Produktionsmittel. Das ist natürlich eine heilige Kuh im Kapitalismus, die ab und zu von starrköpfigen ArbeiterInnen am profitablen Grasen gestört wird, weil sie die zu streichenden Jobs zum Leben benötigen und sich deshalb gegen Werksschließungen und Verlagerungen wehren. Aber auch ohne diese politische Dimension, die bei der AEG klar zu Tage tritt, würde es für die Kapitalistenklasse in Deutschland zukünftig um einiges teurer, wenn solche Überlebensversuche zukünftig nicht mehr generell als illegal gelten würden. Statt mit rechtlosen Betriebsräten müssten sie sich mit streikfähigen Gewerkschaften über Abfindungen einigen, die womöglich wie bei Infineon oder der AEG unter dem Druck einer »uneinsichtigen« Basis stehen. Deshalb hat nicht nur Infineon, sondern auch der Verband der bayerischen Metallindustrie (VBM) immer seine Rechtsauffassung betont, dass der Infineon-Streik illegal sei.

Beide Seiten, die mächtigste deutsche Gewerkschaft, die IG Metall, und die Metall- und Elektroindustrie hatten sich über ihre zuständigen

Bezirksverbände Infineon als Schlachtfeld ausgesucht, auf dem über die Zukunftsfähigkeit des Sozialtarifvertrages als Pilotversuch entschieden werden sollte. Vereinzelt hat es schon früher Sozialtarifverträge gegeben. Gegen deren rechtliche Zulässigkeit wurde von den Kapitalisten immer wieder der Klageweg beschritten. Doch waren dies eher Ausnahmen. Betroffen waren weniger bedeutende Firmen. Die politische Bedeutung des Streikes bei Infineon lag darin, dass es für beide Seiten um weit mehr als um ein paar Euro Abfindung mehr oder weniger ging.

Arbeitswillige oder Streikbrecher

Zwischen Streikbeginn und unterzeichnetem Sozialtarifvertrag lag eine Woche Streik. Er dauerte vom 24. bis zum 31. Oktober 2005. Der Streik begann durchaus konsequent. Am Montag früh zogen Streikposten an allen Toren des riesigen Siemensgeländes in München auf. Sie kontrollierten die Werksausweise und sorgten dafür, dass keine Streikbrecher zu Infineon reinkamen. MitarbeiterInnen anderer (Siemens)firmen konnten dagegen die Streikpostenkette passieren. Auch wenn sich KollegInnen aus dem Kreis von NCI solidarisierten, gab es leider auch etliche Angestellte, die sich über die Streikposten und das Vorzeigen ihrer Ausweise gegenüber Gewerkschaftern aufregten. Versuche der IG Metall, die anderen auf dem Gelände liegenden Firmen in irgendeiner Form einzubeziehen, gab es nicht. Das haben dann die im Netzwerk NCI zusammengeschlossen KollegInnen aus den Entwicklungsabteilungen von Siemens gemacht, weil sich dieser Schritt aus ihren eigenen Erfahrungen im Kampf gegen Massenentlassungen ergab.

Schon bald kam es zu ersten verbalen Auseinandersetzungen zwischen Streikposten und Arbeitswilligen anderer Firmen sowie Streikbrechern. Infineon ging darauf zum Arbeitsgericht und beantragte eine einstweilige Verfügung. Eine drei Meter breite Gasse sollte für Streikbrecher freigehalten werden. Das Arbeitsgericht gab diesem Begehren wunschgemäß am Dienstag statt. Am Montag hatten Streikposten durch konsequentes Handeln erreicht, dass ein aus dem Dresdner Infineonwerk herangekarrter Bus mit Streikbrechern unverrichteter Dinge abziehen musste. Nach der Verfügung des Arbeitsgerichtes war allen Beteiligten klar, dass ihre uneingeschränkte Respektierung auf ein erzwungenes Streikende hinausläuft. Das Werksgelände verfügt über zehn verschiedene Eingänge, die teils kilometerweit auseinander liegen. Ein Verzicht auf die Kontrolle der Leute, die rein wollen, würde den Streiks unwirksam machen. Doch bevor es zu einem Test kam, ob die geforderte Gasse nun freigehalten wird oder nicht, kam es am Mittwoch zu einer für deutsche Verhältnisse ungewöhnlichen Eskalation.

Eskalation durch den Einsatz des USK

Eine Hundertschaft des Unterstützungskommandos, der bayerischen Anti-Riot-Polizei USK stürmte die Streikpostenkette und nahm mit martialischem Aufwand einige Streikposten fest. Wie Augenzeugen berichteten geschah dies recht brutal. Viele Anwesende, darunter solidarische KollegInnen von Siemens, empörten sich. Einige machten geistesgegenwärtig Fotos mit dem Handy, die später in Netzwerk IT veröffentlicht wurden. Der Polizeieinsatz löste gegensätzliche Reaktionen aus. Während sich KollegInnen spontan solidarisierten und die aktiven Streikposten durch diese Erfahrung eher noch entschlossener wurden den Streik zu verteidigen, reagierte die Streikleitung der IG Metall mit Rückzug und setzte durch, dass fortan die verlangte Gasse freigehalten wurde.

Da der Polizeieinsatz zentral für den gesamten Streikverlauf war, wollen wir ihn noch etwas genauer untersuchen. Das Unterstützungskommando USK gilt als eine der am besten ausgebildeten Polizeieinheiten in Deutschland für die Beherrschung von Gefahrenpotenzialen in sogenannten Großlagen. Darunter verstehen die Polizeitechniker insbesondere Demonstrationen, aber auch andere Einsätze gegen Menschenmassen wie z.B. Fußballspiele. Das USK ist speziell für den Straßenkampf trainiert und u.a. mit Tonfas, einer asiatischen Waffe für den Stockkampf, ausgerüstet. Aber, und das ist entscheidend, das USK ist alles andere als nur eine brutale Haudrauftruppe. Es handelt sich vielmehr um psychologisch geschulte Beamte und Einsatzleiter, die ihre Aufgabe, Störer auszuschalten und Massen zu kontrollieren, mit einem breiten Spektrum von Eingriffen bewältigen. Dazu gehören eine persönliche Ansprache, das unauffällige Herauslotsen von Zielpersonen aus Menschenmengen, der effektive Einsatz von Gewalt zur Festnahme von Personen ohne dabei große Solidarisierungen von Umstehenden auszulösen. Je nach Situation wird das deeskalierende oder eskalierende Einrücken in Menschenmengen praktiziert, das bis hin zum Straßenkampf in voller Bandbreite reichen kann. Wenn wir die Augenzeugenberichte aus München und andere Erfahrungen von Demonstrationen über USK-Einsätze vergleichen, ergibt sich folgendes Bild: Der Einsatz des USK gegen die Streikposten lag militärisch gesehen auf dem niedrigstem Gewaltniveau innerhalb der USK-typischen Bandbreite. An deren oberen Ende lag z.B. der Angriff des USK auf den bis zu diesem Moment vollkommen friedlich laufenden revolutionär-internationalistischen Block der Groß-

Der Streik bei Infineon · 15

Erfolgreiche Blockade eines Busses mit Streikbrechern

demonstration gegen den G8-Gipfel in Rostock am 2. Juni 2007, der nicht nur bei Presseleuten den Eindruck eines Gefechts aufkommen ließ. Die mit den Tonfas vorgetragene Angriffswelle dauerte nur 90 Sekunden und hinterließ neben einer freigeprügelten Straße ca. 20 ernsthaft verletzte DemonstrantInnen. Bedeutsamer für die Bewertung des Infineon-Einsatzes sind jedoch die regelmäßigen USK-Einsätze gegen Blockaden und Demonstrationen bei Protesten gegen Naziaufmärsche in Nürnberg. Das USK geht dabei mit kleinen Trupps von ca. 10 Polizisten von hinten oder der Seite in Menschenmengen hinein, trennt die Menge, um so entschlossenere Protestler einzukreisen. Das läuft gegenüber sich nicht wehrenden DemonstrantInnen regelmäßig ohne größere Gewalt ab. Gemäß dieser Praxis wäre es für das USK beim Einsatz gegen die Streikposten bei Infineon wohl ein leichtes gewesen, mit einem einfachen »gewaltfreien« Einrücken gegen die Streikposten, die weder mit so einem Polizeieinsatz rechneten noch Gegenwehr leisteten, eine Gasse zu bilden. Das von den Betroffen als brutal erlebte Vorgehen war offensichtlich politisch bewusst gewählt, obwohl es in dieser Situation polizeitaktisch nicht notwendig war. Das martialische Auftreten samt der überzogenen Festnahmen verfolgte den Zweck die Streikenden einzuschüchtern und der Gewerkschaft ein klares Signal zu senden, dass die Kapitalisten und ihre Staatsmacht auch über andere Mittel verfügen, einen unerwünschten Arbeitskampf zu beenden.

Die Gewerkschaft hat verstanden, was nun ihre Aufgabe ist

Die Gewerkschaft verstand das Signal. Noch in der Nacht auf Donnerstag traf sich der bayerische IGM-Chef Neugebauer zu Geheimverhandlungen mit Infineon-Managern unter Vermittlung der bayerischen Staatsregierung. Dabei wurden die Eckpunkte des Ergebnisses wie Sozialtarifvertrag, Abfindungsfak-

16 · Der Streik bei Infineon

Die Belegschaft kontrolliert jeden, um den Einlass von Streikbrechern zu verhindern

tor 1,3 und sonstige finanzielle Regelungen festgezurrt. Die Abwicklung des Infineon-Streiks ist dann schnell erzählt. Noch am Freitag wurden die in Nürnberg für die kommende Woche organisierten Solidaritätsbesuche und Busse hinter dem Rücken der Streikenden kommentarlos abgesagt. Als wir in München bei den KollegInnen nachfragten, was passiert sei, waren sie von den Ereignissen völlig überrascht. Im Lauf des Freitags begann dann eine Schmierenkomödie um angeblich mögliche Verhandlungen am Wochenende, obwohl zu diesem Zeitpunkt das Ergebnis bereits feststand. Die Streikleitung und der Bezirksleiter Neugebauer berichteten auf einer Streikversammlung am Samstag, dass es am Wochenende Sondierungsgespräche geben werde, doch seien diese völlig unverbindlich. Vor nächster Woche werde eh nichts passieren. Am Sonntag, dem Zeitpunkt unverbindlicher Sondierungen wurde dann der Sozialtarifvertrag fertig unterschrieben, für Montag die Urabstimmung festgelegt und auch durchgezogen. Die UnterstützerInnen der Münchener Gewerkschaftslinken traf dies völlig überraschend. Dennoch gelang es einigen AktivistInnen am Montagnachmittag noch ein Flugblatt an die Streikenden der Spätschicht zu verteilen, in dem das Ergebnis kritisch unter die Lupe genommen wurde. Später wurden sie deswegen von der IGM bzw. linken Vertrauensleuten dafür heftig kritisiert; wohl auch, weil, wie intern zu hören war, die Mehrheit der Spätschicht den Sozialtarifvertrag ablehnte. Die Frühschicht stimmte jedoch noch mit großer Mehrheit zu und verhalf der IGM so insgesamt zum gesichtswahrenden, mehrheitlichen JA der streikenden KollegInnen.

11 Monate Streik bei AEG Kanis – eine kleine Vorgeschichte

Interview mit dem früheren AEG-Kanis-Betriebsrat Hans Patzelt

Hans schenkt Mike eine Dokumentation zu AEG-Kanis. Er hat hier einen elf Monate dauernden, erfolgreichen Arbeitskampf zum Erhalt des Werkes geführt.

Turbinenproduktion bei AEG-Kanis

Mike:
Kannst du zum Einstieg deine Beteiligung an der AEG-Kanis-Auseinandersetzung schildern? Was war deine Rolle dabei? Und vielleicht auch ein paar Fakten, Wie lange wurde gestreikt etc.?

Hans:
Ich war dort der Betriebsratsvorsitzende, seit vielen Jahren, seit 1972. Wir hatten in Nürnberg etwas über 1000 Beschäftigte und das Happy End nehme ich schon vorweg. Das Werk existiert heute noch. Jetzt mit 700 Beschäftigten unter Siemens. Ohne diesen 11 Monte langen Arbeitskampf würden wir nicht mehr existieren. Wir sind dann mehrmals verkauft worden. Aber wir existieren mit dem gleichen Produkt.

Mike:
Was habt ihr hergestellt?

Hans:
Dampfturbinen und Kraftwerksanlagen mittlerer Größe. Strom

kommt ja nicht aus der Steckdose, sondern auch von unseren Anlagen, hier in Nürnberg und in aller Welt. Die AEG ist damals in Geldschwierigkeiten geraten. Der Konzern stand in Konkurrenz mit Siemens. Beide wollten die Nummer eins sein, aber Siemens war stärker. Der damalige AEG-Boss Dürr, der frühere Bahn-Chef, und seine Gefolgsleute wollten wichtige Teile des Werks verlagern. Sie brauchten Geld, das sie aus unserem Betrieb herausschlagen wollten, um andere Löcher in der AEG zu stopfen. Das ganze Werk war in Gefahr. Da begann unser Kampf. Wir haben den Betrieb zusammengehalten. Dann haben sie uns als Ganzes zur ABB verkauft. Da mussten wir wieder kämpfen, dass alle Arbeitsplätze erhalten bleiben. Und das Roulette ging weiter. Von ABB sind wir nach Alstom, dem französischen Konzern, verkauft worden und von Alstom sind wir heute zu Siemens gekommen. Bei jedem dieser Verkäufe haben wir immer wieder gegen Zersplitterungen, Verlagerungen und Arbeitsplatzabbau kämpfen müssen. Das ist die Geschichte der AEG-Kanis in Nürnberg.

Mike:
Die Fabrik blieb bestehen, wurde aber mehrfach verkauft. Und das war, bevor Electrolux die AEG übernommen hat?

Hans:
Electrolux hat sich, während wir schon verkauft waren, dann die AEG unter den Nagel gerissen. Ich habe also Konzernerfahrung mit der AEG, war zum Teil auch mit im Aufsichtsrat. Bei ABB bzw. Alstom war ich nur noch zum Schluss und bei Siemens bin ich schon weg gewesen. Ich habe frühzeitig meine Nachfolger aufgebaut und mich dann schrittweise zurückgezogen. Nach der langen AEG-Erfahrung haben wir nun auch Siemens-Konzernerfahrung und da sind wir auch schon bei Electrolux. Beim Kaffee trinken mit meinen Betriebsratskollegen, die jetzt noch im Betrieb sind, haben wir viel kritischen Gesprächsstoff über Konzern-Globalplayer und deren Strategien.

Mike:
Wie viele Arbeiter waren in der AEG-Kanis-Fabrik, als sie geschlossen werden sollte? Sollte sie zugemacht oder verkauft werden?

Hans:
Verkauft. Zu der Zeit waren wir noch 800 KollegInnen. Und bei jedem Verkauf wurden wir etwas weniger. Dann waren wir 500, dann 600 und demnächst sind wir wieder 700. Die Strukturen haben sich geändert, weil wir jetzt viele Reparaturen von Siemens durchführen, europaweit und weltweit. Aber auch nur

deshalb, weil wir, die Beschäftigten, den Laden zusammen gehalten haben und die Erfahrung und das Können haben.

Mike:
Dauerte diese Kampagne – also die Dokumentation ist ja über die Kanis-Kampagne – 11 Monate? War das ein elfmonatiger Streik oder eine Serie von öffentlichen Aktionen?

Hans:
Das war ein Arbeitskampf über elf Monate. Wir haben 21 mal die Arbeit niedergelegt in 11 Monaten ...

Richard[1]:
Waren das dann Protestkundgebungen oder Streiks?

Hans:
Proteste, ja, und wilde Streiks mit großem Risiko. Es gibt ja bei uns nach wie vor kein Streikrecht für Arbeitsplätze. Das gilt auch für die Streiks der AEG-Beschäftigten bei Electrolux. Die Streiks der AEG-Hausgeräte konnten sich aber auf die neuen Tarifvertragsregelungen für akzeptable Sozialpläne berufen. Das war damals bei uns noch nicht möglich. Auch wir haben damals ein Zelt vor dem Werk aufgebaut. Auch bei uns war dies der zentrale Ort für den Widerstand, mit viel Mut und Wut und Phantasie. Wir waren Tagesgespräch in Nürnberg, wir haben öffentliche Zeltfeste gemacht, haben gegrillt, viele Künstler haben uns unterstützt und sind kostenlos aufgetreten. Wir haben Autokorsos gemacht. Delegationen von allen Nürnberger Metallbetrieben kamen zu uns, die Kirchen, die Stadtteile, alle waren sie bei uns. Aus der nahe gelegenen Kirche brach ein Mönch mit einem kaum zu tragenden Kreuz zu uns auf – um nur einige Beispiele zu nennen.

Mike:
In diesem Fall hat das Management aber niemals die Schließung verkündet? Sie wollten nur downsizing und das Werk verkaufen? Ist das richtig?

Hans:
Die AEG wollte 360 Leute entlassen und einen Teil der Produktion innerhalb von Deutschland verlagern. 360 Leute von 1000. Da sind wir aufgewacht. Wenn das passiert, ist diese ganze Produktion für Dampfturbinenanlagen kaputt und beim nächsten Schritt sind wir endgültig weg. Das Spiel war durchschaut, jetzt war die Öffentlichkeit und die Kommune gefragt. Wir haben vor

der Frankfurter AEG-Zentrale demonstriert, wir waren Thema im Bundestag. Wir waren der „David" gegen den „Goliath" AEG.

Mike:
Haben nur die Gewerkschaftsmitglieder protestiert oder habt ihr auch versucht, die Bevölkerung ein zu beziehen?

Hans:
Der Kern des Protestes waren die gewerkschaftlich Organisierten mit der IG Metall. Die Anzahl der ArbeiterInnen und Angestellten hielt sich die Waage. Die ArbeiterInnen waren bis zu 90% organisiert, die Angestellten unter 50%. Die Angst ging um, es haben alle Beschäftigten, auch die Unorganisierten, mitgemacht. Phantasie war gefragt. Wir haben das Werk mit einer Menschenkette umringt, darunter waren auch Abteilungsleiter. Wir haben eine ganze Dampfturbine mit einem Schwerlaster auf die Straße gefahren und der Presse gezeigt: Seht her, das sind unsere Produkte. Wir wissen, das Werk gehört nicht uns. Aber wir geben unsere Arbeitsplätze nicht her! Unser Personalchef hat gesagt, sie glauben doch nicht, dass der Konzern in irgendeiner Form nachgibt, wenn sie da ein Zelt vor der Firma aufbauen. Das juckt die doch nicht. Unsere Position war: Das werden wir schon sehen. Wir haben 11 Monate lang den Namen AEG angepinkelt. Das hat Wirkung gezeigt. Nach 11 Monaten sind einige Manager ins Rudern gekommen, ihr Image hat ganz schön gelitten.

Mike:
Ihr habt es geschafft, euren Kampf in die Öffentlichkeit zu bringen. Seid ihr auch überregional in den Zeitungen und im TV gewesen?

Hans:
Wir waren nicht nur in Nürnberger Zeitungen und Fernsehen Tagesgespräch, immer wieder. Nach 11 Monaten wurde es dem Konzern zu bunt: Nun hieß es: Wenn ihr nicht nachgebt, machen wir euch dicht. Wir ließen uns nicht einschüchtern.

Mike:
Und dann gab es eine dramatische Wende?

Hans:
Ja, dann kam der Hammer: ich als Betriebsratsvorsitzender und mein Stellvertreter wurden kurzfristig mit unserem IG Metall-Vorsitzenden Gerd Lobodda nach Frankfurt bestellt. Der Vorstandsvorsitzende der AEG, Herr Dürr, der

spätere Bundesbahn-Vorsitzende, überraschte uns im Beisein des Vorstandsvorsitzenden der ABB und Manager des Jahres, Eberhard von Körber, mit dem Satz: Herr Patzelt, wir verkaufen Sie komplett an die ABB. Meine Reaktion: das ist nicht in unserem Interesse! Herr Dürr: „Das ist nicht Ihre Entscheidung!" Herr von Körber andererseits machte uns den Aufkauf schmackhaft. Unsere Forderung: Erhalt aller Arbeitsplätze und aller Werksstrukturen! Und dafür schriftliche Garantien! Dazu waren sie nicht bereit. Unsere Reaktion: Dann bekommen sie Schwierigkeiten! Der langwierige Kampf um schriftliche Garantien begann und war weitgehend erfolgreich. Wir wurden verkauft. Im Grunde genommen war es uns egal, ob wir bei AEG oder ABB angesiedelt sind. Es ging um unsere Arbeitsplätze.

Mike:
Habt ihr Zugeständnisse beim Lohn oder den Arbeitsbedingungen machen müssen?

Hans:
Nein. Es erfolgten Umstrukturierungen im Rahmen des Konzerns ohne Personalabbau. Aber die bisherigen Geschäftsführer der AEG-Kanis verloren ihren Arbeitsplatz.

Mike:
Hat das Management versucht, die Solidarität unter den ArbeiterInnen aufzubrechen?

Hans:
Ja, der Druck des AEG-Konzerns war enorm. Sie haben das gesamte Werk infrage gestellt. Sie haben mich mit Rausschmiss bedroht, aber es nicht gewagt. Andererseits wussten sie, dass wir deshalb gut zu verkaufen sind, weil wir als Arbeitnehmer gegen alle Zerschlagungspläne für einen funktionierenden Laden gesorgt haben.

Mike:
Haben die Manager den ArbeiterInnen ein Abfindungspaket angeboten, damit sie nicht kämpfen? Und wenn sie weiterkämpfen, würden sie diese finanziellen Vorteile verlieren?

Hans:
Ja, ja immer wieder. Das ganze Programm mit Angeboten und Drohungen. Zuckerbrot und Peitsche bis zum Verkauf. Für uns war das Allerwichtigste die

Existenz und die Arbeitsplätze in Nürnberg zu erhalten. Das haben wir erreicht. Über die politischen Auswirkungen dieses Arbeitskampfes kann man sagen: Wir haben den Handlungsspielraum des Konzerns weit eingeschränkt, aber Illusionen über deren Verfügungsgewalt hatten wir nicht. Jedoch hat es alle Beteiligten politisiert.

Mike:
Waren zu dieser Zeit die politischen Parteien auch involviert in diesem Konflikt? Damals hat doch die CDU unter Helmut Kohl als Kanzler regiert.

Hans:
Man muss wissen, damals ging es mit den gewerblichen Betrieben in Nürnberg und in der Region abwärts. Um so bedeutender war der Erhalt unserer 800 Arbeitsplätze. Wir haben alle politischen Parteien mit der Frage konfrontiert: Wie steht ihr zu den Plänen der AEG? Sie mussten alle reagieren. Politiker gingen bei uns aus und ein. So lud uns z.b. der spätere Ministerpräsident Bayerns, Beckstein, zu einem Informationsgespräch nach München ins Maximilianeum ein, allerdings nur in ein Hinterzimmer. Der Nürnberger SPD-Oberbürgermeister, Peter Schönlein, stellte sich auf unsere Seite. Der Europäische Parlamentarier der CSU Friedrich schaltete sich ein – dies alles verstärkte den öffentlichen Druck auf den AEG-Konzern. Aber es zeigte auch die Hilflosigkeit der Politik gegenüber den Konzernen.

Anmerkungen

1   Richard ist ein Aktivist im Sozialforum, der das Interview von Mike mit Hans und einige weitere Gespräche übersetzt hat.

Boykott und kreative Aktionsformen des Nürnberger Sozialforums

Horst berichtet über verschiedene Möglichkeiten der Einmischung

Horst:
Ich habe dir einige Utensilien mitgebracht, die ich während des Streiks benutzt habe. (Er gibt Mike eine Stråbergmaske und kopierte Banknoten). Kennst du den?

Mike: (lacht)
Oh ja, von ihren jährlichen Bilanzpresseberichten.

Horst:
Außerdem hatte ich 50 von diesen 500 Euro Scheinen. Das sind Farbkopien. Ich hatte ein F mit Hand darauf gemalt, damit es nicht als Geldfälschung gilt. Es ist in Deutschland verboten, Kopien von Geldscheinen zu machen.

Mike:
Was hast du damit gemacht?

Horst:
Ich habe diese 500 Euro Noten verteilt und auch Herrn Neugebauer angeboten. Er war bei der einen Großdemonstration vor der AEG dabei, dort wo auch Konstantin Wecker aufgetreten ist. An dem einen Tag, wo die auch mit ihren Schilder daherkamen „AEG ist Deutschland".

Richard:
Das war dann am 7. Februar beim Aktionstag weiße Ware.

Horst:
Ja, bei dieser großen Demonstration. Es

Kloparole vom Vorstand der IGM

gab vor dem Werkstor eine Bühne mit Mikrofon. Neugebauer war dort, von der IG Metall Bayern, und Jürgen Wechsler, IG Metall Nürnberg und der Künstler, Konstantin Wecker, ein bekannter Liedermacher. Er spielt Piano und schreibt Songs. Ich bin mit XY dort hingegangen. Wir hatten am Tag vorher im Sozialforum darüber gesprochen, was wir bei diesem Aktionstag tun könnten. Die Idee entstand um deutlich zu machen, wer den Schaden verursacht hat. Ich sah so aus (er zeigt ein Foto), ohne das Plakat, aber diesen Business-Anzug. Ich sah aus wie ein Manager und hatte die Stråbergmaske vor dem Gesicht. Außerdem hatte ich einen Koffer, in dem sich die 500 Euro Noten befanden. Einige Scheine hatte ich rausschauen lassen.

Mike:
Ihr habt also eine Art von politischer Theateraufführung gemacht?

Horst:
Eher so eine kleine Performance-Aktion. Wir sind also dort hingegangen und die DemonstrantInnen haben uns durch die Menge eine Gasse frei gemacht. Wir haben dann die Bühne erreicht und die Geldscheine verteilt. Zuerst an Herrn Neugebauer, dann an Wechsler und zum Schluss an Herrn Wecker. Die waren sehr verunsichert, fürchterlich unsicher. Vielleicht auch, weil die Presse auf mich fixiert war. Jürgen Wechsler hat mich aufgefordert zu verschwinden. Ich habe das natürlich nicht getan. Denn die Aktion war einfach zu originell und spektakulär. Die KollegInnen fanden die Idee absolut passend. Dies deshalb, weil ich ein Schild um den Hals hatte. Da stand drauf: „Kapitalismus hat ein wahres Gesicht".

Mike:
Mit der Stråbergmaske?

Richard:
Ja mit der Maske und Geld verteilend an die Gewerkschafter.

Horst:
Das war die eigentliche Botschaft. Es ging darum, den Leuten die Kernbotschaft rüberzubringen, dass Kapitalismus ein wahres Gesicht hat, aber das ganze auch medienwirksam darzustellen.

Mike:
Haben die Medien das gefilmt?

Horst:
Ja, es passierte dann ja noch folgendes, dass ich den Leuten, die auf der Bühne standen, also den dreien einschließlich Konstantin Wecker, dass ich denen sozusagen die Show gestohlen hatte. Das hatte zur Folge, dass plötzlich die ganzen Medienvertreter, die vor Ort waren, ihre Kameras und Fotoapparate auf mich richteten. Das dauerte eine ganze Weile an. Das interessante war dann, dass die Situation sich dann vollständig geändert hat. Erst waren ja die drei sozusagen die handelnden Personen und plötzlich war ich das.

Richard:
Ich möchte noch kurz ergänzen. Das war ja der bundesweite Aktionstag weiße Ware, wo die IGM-Zentrale in Frankfurt die neue Richtung vorgegeben hat und diesen Slogan „AEG ist Deutschland" mit Plakaten, T-Shirts usw. massiv propagiert hat.

Feuertonne und Solidaritätserklärungen bei Nacht

Mike:
Und dann bist du mit der Botschaft gekommen, der Kapitalismus hat in wahres Gesicht (lacht).

Horst:
Ja. Am Anfang hatte mich noch jemand attackiert. Beinahe wäre es zu einer körperlichen Auseinandersetzung gekommen. Es gab eine Person, im Nachhinein würde ich sagen, es könnte ein Provokateur gewesen sein, der mir dann diese Maske vom Gesicht riss. Er wollte sie dann nicht mehr aus der Hand gegeben. Ich hatte dann natürlich ein Problem, weil ich anonym blei-

ben wollte. Es gab dann tatsächlich eine kleine Rangelei. Aber die, die in der ersten Reihe standen, die haben mir dann geholfen. So bekam ich dann die Maske wieder.

Mike:
Und die ganze Menge fand die Aktion gelungen, kreativ und spaßig?

Horst:
Das war diese kleine Performance. Die endete dann an diesem Tag. Ich kann mich noch erinnern, dass ich viele Fürsprecher hatte. Die Leute haben wortwörtlich gesagt, „die Idee ist gut" und die Botschaft, die ich vermittle, „ist wahr." Das war sozusagen für mich fast ein Höhepunkt meiner zahlreichen Aktivitäten bei der AEG.

Mike:
Habt ihr noch weitere solche kreativen Performance Aktionen gemacht oder was waren sonst eure Aktivitäten?

Horst:
Bereits im Sozialforum hatten wir über die politische Dimension dieses Streiks diskutiert. Denn die Sache war ja nicht nur eine rein tarifliche Angelegenheit. So kamen wir zu dem Schluss, dass wir etwas tun müssen. Zuerst kamen wir auf die Waschmaschinen. Wir haben dann alte Waschmaschinen mit dem AEG-Logo organisiert, so 15, 20 Stück vielleicht und haben sie dann direkt vors Werkstor gestellt. Das war eine medienwirksame Aktion. Einige lokale Medienvertreter hatten wir vorab informiert.

Mike:
Wie habt ihr den Streik erlebt?

Horst:
Ich war fast jeden Tag am Streikzelt, auch Hans war immer da, früh morgens um 6.00 Uhr. Es war sehr kalt. Aber ich fand es für mich persönlich auch eine sehr wichtige Sache, den Leuten zu zeigen, dass sie nicht alleine sind.

Mike:
Habt ihr viele ArbeiterInnen kennengelernt? Habt ihr mit den KollegInnen diskutiert?

Horst:
Ja, natürlich wir haben viele Gespräche geführt. Wobei ich manchmal sagen muss, es war in bestimmten Situationen nicht ganz einfach. Das Sozialforum war noch relativ unbekannt.

Mike:
Wie haben die ArbeiterInnen die Beteiligung des Sozialforums gesehen?

Horst:
Die Beziehungen zu den AEGler waren in mancher Hinsicht einfach, in mancher Hinsicht nicht so einfach. Das hat natürlich sehr verschiedene Facetten. Ich würde mal mit einem nach meiner Auffassung wesentlichen Aspekt anfangen. Man selbst ist kein AEGler sondern Außenstehender. Der zweite Aspekt ist, dass die IG Metall ihrerseits, es so gut wie nicht geschafft hat, außenstehende Gruppierungen wie z.B. das Sozialforum in den Streik zu integrieren. Das konnte man hin und wieder auch spüren. Das hat sich in der Gestalt geäußert, dass man auf Formen von Ablehnung, Ignoranz und Vorbehalte gestoßen ist.

Mike:
Wenn die Gewerkschaften etwas verunsichert waren über die Beteiligung des Sozialforums, wie aber haben die ArbeiterInnen darüber gedacht? Ihr ward dort gewesen, beinahe jeden Tag.

Horst:
Na ja, ich sag mal so, dadurch dass die Aktionen sehr vielfältig waren und dadurch, dass wir auch sehr häufig dort waren, hat man uns natürlich intensiv wahrgenommen. Auf der anderen Seite war es natürlich unheimlich schwer zu vermitteln, dass wir eigentlich vom Sozialforum sind, weil das Sozialforum bis dato noch nicht so bekannt war. Das hat die Sache noch ein bisschen schwierig gemacht. Das hat man auch an bestimmten Aktionen gemerkt. Mir fällt da diese Aktion ein, wo wir diese Wäscheleine da gezogen haben.

Richard:
Mit den 3.000 Boykottunterschriften im Streikzelt?

Horst:
Ja, über die Straße zum Werkstor. Als wir diese Wäscheleine setzen, ich kann mich noch sehr gut erinnern, war es wie zwischen Akzeptanz und Beiseiteschieben. Das hat auch damit etwas zu tun, dass wir an einem Ort waren, der bisher mit uns wenig zu tun hatte. In einer Situation führte das dazu, dass die, also

die Gewerkschafter, versucht haben zu bestimmen, wo diese Leine hin soll und Hans und ich dann immer gesagt haben, nein, die muss genau über das Tor.

Mike:
Was haben die ArbeiterInnen über die Boykottkampagne gedacht?

Horst:
Die fanden die Idee sehr, sehr gut. Das interessante war dann, dass spätestens durch diese Boykottaktion die Unterstützung immer stärker wurde.

Richard:
Was meinst du jetzt genau mit dieser Boykottinitiative? Das Aufspannen der Leine mit den 3.000 Unterschriften?

Horst:
Ja, das war ja die eigentliche Boykottinitiative. Es gab aber auch Vorbehalte. Vertreter des Zweigwerkes in Rothenburg sahen den Streik und den Boykott eher als Bedrohung, weil sie dann nicht mehr produzieren können. Ich kann mich noch sehr gut an Gespräche mit dem Betriebsrat, der vor Ort war, erinnern. Die Solidarität zwischen den Werken war also nicht immer ganz stimmig.

Mike:
Gab es andere gesellschaftliche Gruppen, die regelmäßig im Streikzelt waren?

Horst:
Also es gab ein paar DKP-Vertreter, die aber nicht jeden Tag vor Ort waren. Tja, dann muss ich schon schwer überlegen. Also das Sozialforum, war schon gut präsent.

Mike:
Kirchliche Gruppen?

Horst:
Ja, aber sehr viel später. Hans und ich und einige weitere Aktive des Sozialforums, die waren eigentlich von Anfang an dort. Die DKPler waren bei der Waschmaschinenaktion da, aber die waren dann zwischenzeitlich mal wieder weg. Das Sozialforum war regelmäßig vertreten, ich sag mal jetzt durch zwei bis fünf Personen. Später kam dann ein kirchlicher Vertreter, der Pfarrer Wolfgang Greim[1]. Und dann, dass muss ich auch noch fairerweise sagen, sonst geht es unter, die waren auch relativ häufig da, also zu sehen, die Arbeitslosenini, die ANA.

Mike:
Die sind aber auch ein Teil des Sozialforums?

Horst:
Ja. Aber jeder hat ja auch seine eigenen Aktionen.

Mike:
Wie war die Stimmung der ArbeiterInnen während des Streiks, also im Februar? Hat sich die Zustimmung und das Engagement der AEGler im Laufe des Streiks verändert?

Horst:
Also in der Tendenz würde ich sagen, dass der Streik in den ersten zwei, also ich sag mal auch noch in der dritten Woche, sehr gut mitgetragen worden ist. Je länger er wurde, je mehr flachte die Gesamtsolidarität ab. Ich habe immer gesagt: „ erst mit der 3. oder 4. Woche fängt der Streik an. Bis dahin ist das eher Happening". Denn die Herausforderung liegt auch darin, die Leute bei der Stange zu halten. Auch auf dieses Zeitmoment setzt die Gegenseite. Mit der Hoffnung, dass die Zeit den Kampfgeist frisst.

Ein weiterer Aspekt ist natürlich auch in dem Tariftaktieren der IG Metall zu sehen. Interessant war ja auch zu Anfang die Aussage, AEG bleibt hier, dafür streiken wir! Nach drei, vier Wochen ist dieser Satz immer mehr gekippt. Das hat eben was mit dieser Tariffixierung der Gewerkschaft zu tun. Zumal dann, das konnte man auch in den Diskussionen vor Ort sehr gut wahrnehmen, die Fixierung auf die Tarifebene wurde immer größer. Man hat dann plötzlich auch mehr und mehr die eigentliche Sache, nämlich den Erhalt des Arbeitsplatzes und damit das Werk, aufgegeben, und wollte dann

nur noch das Beste rausholen. So ist dann also die politische Dimension dieses Streiks eher zu einem individualisierten Thema geworden. Also erstens was kriege ich, zweitens was habe ich dann anschließend noch, kriege ich vom Arbeitsamt Unterstützung und drittens ging es dann noch um die Möglichkeit der Qualifizierung. Etwas unterbelichtet wirkte die Frage, was mit den Älteren passiert. Insgesamt ging der eigene Anspruch „Wir bleiben hier, dafür kämpfen wir!" verloren und damit auch der große Wurf. Der Erhalt des Arbeitsplatzes, des Standortes, wurde immer mehr aufgegeben. Das Politische wurde ersetzt durch das Individuelle.

Mike:
Wenn das Sozialforum versucht hat, Dinge zu tun, aktiv geworden ist, dass wurde in dem Moment mit den Gewerkschaftern diskutiert? Aber es gab keine Koordination vorher, wie etwa regelmäßige, andauernde Diskussionen? Also die Diskussionen gab es immer, wenn die Aktion gemacht wurde?

Horst:
Es gab überhaupt keine koordinierenden Gespräche mit der Gewerkschaft im Vorfeld. Weder eine Koordination noch überhaupt ein Interesse von der Gewerkschaft. Das hat natürlich dazu geführt, dass man den Eindruck kriegte, wir sind zwar irgendwie da und wir äußern uns auch. Aber auf der anderen Seite verhielten sich einige reserviert bis abweisend. Ganz typisch war das in dem Streikzelt zu sehen. Da haben wir ja diese Wäscheleine, also die zweite, aufhängen wollen, weil wir ja weiter gesammelt hatten. Und da ist uns, na ja ich sag mal mit ziemlicher Kraft gesagt worden, nein, dass darf da nicht

hängen, weil man könnte das ja falsch interpretieren. Weil die Leine mit den Unterschriften manchmal unter einem IG Metall Transparent oder hinter einem DGB Transparent hing, mischten sich die Darstellungsformen zwischen Hauptakteur (IG-Metall) und Nebenakteure (z.B. Sozialforum). Da war einigen die Form wichtiger als die Solidaritätsbekundung bzw. das Gemeinsame.

Mike:
Das kommt mir etwas weit hergeholt vor. Vermutlich hatten sie Befürchtungen, dass man es als gemeinsame Kampagne hätte verstehen können, quasi dass die Gewerkschaft direkt die Boykottkampagne unterstützt. Wie stand die Gewerkschaft generell zum Sozialforum?

Horst:
Also ich will mal so sagen, dass Sozialforum ist für die IG Metall und den DGB immer so ein Problem. Die haben Vorbehalte gegen das Sozialforum. Um das kurz zu erklären. Das Sozialforum ist die Plattform vieler Gruppen, Organisationen oder Initiativen, zu denen auch Mitglieder aus der autonomen Szene gehören. Der DGB hat offensichtlich immer wieder ein Problem mit solchen Gruppen, weil man sehr schnell bei dem Thema Gewalt ist. Das ist der Grund, warum der DGB gegenüber dem Sozialforum eher zurückhaltend ist. Diese Zurückhaltung grenzt aber gleichzeitig aus. Mitstreiter werden zu Feinden, dass eigentlich Gemeinsame bleibt außen vor. Das Sozialforum verstand den Streik stets politisch, also über die Tariffrage hinaus. Durch gelungene Aktionen versuchte es in der Bevölkerung Zusammenhänge aufzuzeigen. Aus dieser Vorgehensweise ist auch der Käuferboykott entstanden, der die ökonomische Frage mit all seinen Verwerfungen (Entlassung, Verlagerung, Gewinnmaximierung, Abhängigkeiten) in den Blick des Streiks stellen wollte.

Richard:
Und für die IGM ...?

Horst:
Nein, die ökonomische Frage wäre ja umfassend und damit letztlich politisch motiviert gewesen. Dann kommt natürlich noch ein anderer Aspekt hinzu, das ist der rechtliche. Natürlich hat den insbesondere die IG Metall vertreten. Das halt alles unter dem Aspekt der Tariffrage gesehen werden muss.

Richard:
Wie meinst du das jetzt?

Horst:
Na ja, es gibt sozusagen einmal diesen teilökonomischen Aspekt, der sozusagen über die Tariffragen aufgeworfen wird und parallel dazu, das hat sich ja immer recht stark geäußert, die rechtliche Frage. Also wie weit dürfen wir streiken, wer darf streiken?

Mike:
Warst du überrascht davon, wie stark dieser Streik ein politisches Thema geworden ist, sowohl bundesweit als auch in der Stadt hier?

Horst:
Nein, das würde ich nicht sagen. Weil ich denke, der Streik bei AEG, also nach meiner Auffassung, aber auch in der Wahrnehmung von vielen, war ein symbolischer Streik gegen diese ganze globalisierte Ökonomie. Ich kann mich noch sehr gut an Gespräche erinnern, als wir diese Unterschriften sammelten, in der Innenstadt. Da haben sich Bürger eingemischt, „was ihr da macht, dass ist richtig, weil so kann es nicht mehr weitergehen" und haben uns eigentlich nur unterstützt. Es gab eine sehr, sehr hohe Akzeptanz aber auch Solidarität. Das hat natürlich auch was damit zu tun, dass AEG ein sehr regionales Thema ist. Das Werk ist Tradition. Und wenn nun 1700 Arbeitsplätze fallen, dann ist das auch in dieser Stadt zu spüren. Das hat wahrlich Auswirkungen in vielerlei Hinsicht. Diese bereitwillige Solidarität hat mich besonders beeindruckt.

Ein letztes Beispiel: Ein Jahr später, im Januar 2007, war der Jahrestag des Streikbeginns. Da haben wir uns wieder in Szene gesetzt und am Werkstor eine Aktion gemacht. „AEG – Auspressen, Entlassen, Globalisieren – Das Raubtier der besonderen Art, der Electroluchs" Es ist wie mit Zitronen, Auspressen muss sich lohnen! Für diese Aktion brauchten wir viele Zitronen. Die Zitronen haben wir in der Südstadt bei einem großen Obst- und Gemüsehändler geholt. Wir wollten sie natürlich preiswert kriegen und haben ihm erzählt, was wir da vorhaben. Er war sofort beeindruckt, sofort überzeugt und hat die uns, na ja ich sag mal für ganz billig für weniger als sein Einkaufspreis gegeben. Das sind eben diese vielen kleinen Solidaritätsbekundungen, die auch Mut machen. Die entscheidende Frage ist, wie kann man einen Streik gesellschaftspolitisch dimensionieren? In der Regel hat man es ja, wie bei dem Beispiel mit dem Gemüsehändler, eher mit unpolitischen Leuten zu tun. Sie erklären sich aber trotzdem solidarisch. Und jetzt stellt sich dann die Frage, wie kriegt man diese individuelle Solidarität in eine kollektive? Das ist die Hauptfrage, ich sag jetzt mal mindestens für jeden großen Streik.

Der Kampf gegen Arbeitslosigkeit fängt in den Betrieben an

Mit der Aktionsgemeinschaft Nürnberger Arbeitsloser (ANA) im Gespräch

Mike:
Mich interessiert die Rolle eurer Gruppe in der AEG-Kampagne und während des Streiks. Um anzufangen, vielleicht könnt ihr eure Initiative einmal vorstellen. Wer ist die ANA und wie funktioniert sie?

Manfred:
Also das Konzept der ANA ist eigentlich, dass Erwerbslose selber aktiv werden. Das ist das eine. Aber was wir zur Zeit vorwiegend machen, ist der Versuch in andere Organisationen reinzugehen, um hier die Problematik der Langzeiterwerbslosigkeit und der Erwerbslosen selbst reinzubringen; also dort, wo Meinungsträger sind, ob das jetzt Kirchen, Gewerkschaften oder linke Gruppen oder das Sozialforum sind, wo es notwendig ist, das Problem zu verdeutlichen. Weil wir selber alleine als Gruppe wenig machen können, brauchen wir Organisationen, die das weitertragen, um die Grundstimmung in der Bevölkerung zu verändern, das Verhältnis eben zu den Langzeitarbeitslosen. Deshalb sind wir auch der Meinung, dass wir nicht erst an die Menschen, an die Arbeitenden, rangehen dürfen, wenn sie arbeitslos sind, sondern an die Menschen, die noch im Produktionsprozess sind und dort Probleme haben bzw. bei Gefahr von Betriebsschließungen. Wir meinen damit: der Kampf gegen Erwerbslosigkeit beginnt in den Betrieben. Wir haben die Erfahrung gemacht, dass Erwerbslose nur dann aktiv werden, wenn sie es gelernt haben im Betrieb um ihre Rechte und ihren Arbeitsplatz zu kämpfen.

Als kleine Gruppe wirken wir nicht nur selber als Selbstvertretung für die Erwerbslosen. Ob es das Sozialforum ist, wo linke Gruppen sind, ob das Netzwerke sind mit Belegschaften, wo wir praktisch einwirken, wenn wir unseren Einfluss nicht auf eine breitere Grundlage stellen, werden wir allein bleiben. Der Kampf gegen die Langzeiterwerbslosigkeit, ob durch gesellschaftliche Veränderungen oder Gesetze, ist nur zusammen mit anderen Organisationen zu machen. Das ist unsere Erkenntnis. Denn wir können ja auch nicht streiken. Deshalb machen wir auch keine Beratung, sondern Aufklärung und vielfache politische Aktionen.

34 · Interview mit der ANA

Mike:
Wie ist der Name eurer Gruppe? Gibt es noch andere Gruppen wie euch in Deutschland? Existiert ein Netzwerk?

Manfred:
Wir heißen Aktionsgemeinschaft Nürnberger Arbeitsloser (ANA). Wir treffen uns regelmäßig oder auch unregelmäßig auf regionaler Ebene. Es gibt keine einheitlichen Erwerbslosengruppen, sondern jede hat ihre Besonderheiten. Die einen legen den Schwerpunkt auf Beratung, andere mehr auf Politik, einige sind gewerkschaftsnah, andere sind eher Autonome.

Mike:
Wenn die Leute nicht mehr arbeitslos sind, also wenn sie Arbeit finden, bleiben sie dann weiter aktiv?

Manfred:
In der Mehrzahl ist das nicht der Fall. Sie bleiben zwar weiter solidarisch, arbeiten dann aber nicht mehr mit.

Mike:
Habt ihr Mitglieder oder setzt sich die Gruppe einfach aus den Leuten zusammen, die an den Aktionen teilnehmen?

Manfred:
Es gibt keine Mitglieder, aber einen Stamm von AktivistInnen, um den herum viele Menschen relativ locker mitarbeiten. Diese Stammmitarbeiter haben alle schon vorher entweder in politischen oder in gewerkschaftlichen Auseinandersetzungen Kampferfahrungen gemacht. Deshalb haben wir uns auch sehr viel mit AEG beschäftigt und dort rechtzeitig eingeklinkt. Wir haben nicht erst gewartet, bis wir die Kollegen auf dem Arbeitsamt begrüßen können, sondern haben uns vorher in der Auseinandersetzung eingemischt.

Mike:
Hat euch die Gewerkschaft während der AEG-Kampagne eingeladen an den Aktionen und im Streik mitzuwirken?

Judith:
Wir haben uns selber dazu entschlossen, die Kolleginnen und Kollegen zu unterstützen. Und es gab am Anfang erhebliche, massive Schwierigkeiten mit der Gewerkschaft.[1] Aber nachdem wir massiv bei der Gewerkschaft protestierten, funktionierte das dann einigermaßen. Es geht da wohl auch um den Machtanspruch, den die Gewerkschaften stellen. Da sind Gruppen, die außerhalb der Gewerkschaft stehen, nicht sehr gerne gesehen.

Manfred:
Aber dieser Streik und diese Aktionen haben natürlich eine Eigendynamik entwickelt, nicht nur bei uns. Viele soziale Gruppen haben sich da mit eingeklinkt. Die Gewerkschaft musste dem Rechnung tragen. Dadurch haben sich die Beziehungen dann ein wenig verbessert.

Mike:
Wurden danach soziale Gruppen und Initiativen wie ihr akzeptiert? Seid ihr eingeladen worden teilzunehmen? Was wurde von dem, was ihr gemacht habt, akzeptiert und was nicht? Haben sie gefragt, was ihr tun wollt oder haben sie euch Vorschläge gemacht?

Judith:
Es gibt innerhalb der deutschen Gewerkschaften Strömungen, die Gruppen wie uns immer noch ablehnen. Mittlerweile gibt es hier in Nürnberg zumindest beim DGB und bei zwei, drei Einzelgewerkschaften, bei ver.di zum Beispiel, etwas mehr Leute, die wir ansprechen können. Die gehen dann auch auf unsere Ideen etwas ein. Aber bei vielen Vertretern aus anderen Gewerkschaften stoßen wir auf Ablehnung.

Manfred:
Wir haben selber begonnen, Unterschriften zu sammeln, Solidarität zu üben und auch Boykottaufrufe zu machen, im Stadtteil vor Kaufhäusern.[2] Denn die Leute sind ja nicht alle ins Streikzelt gegangen. Wir mussten zu ihnen hingehen. Aber die Stimmung war sehr gut.

Mike:
Wolltet ihr speziell Arbeitslose erreichen, indem ihr z.B. zur Arbeitsagentur gegangen seid? Oder habt ihr versucht die Wohnbevölkerung generell anzusprechen?

Die ANA greift einen Gedanken der AEG-KollegInnen auf

Judith:
Wir haben versucht die gesamte Bevölkerung in diesen Prozess mit einzubeziehen. Das ist uns in großem Maße auch gelungen. Beim Unterschriftensammeln haben wir gemerkt, dass nicht nur eine große Anzahl von Arbeitslosen sondern auch Ärzte und Geschäftsleute sich mit unseren Forderungen identifiziert haben.

Manfred:
Die Erfahrung der Erwerbslosigkeit schwang in der Diskussion immer mit. Viele haben uns berichtet, dass es in ihren Familien immer mehr Erwerbslose gibt. Unsere Situation war also für die Normalbevölkerung, für die, die in Arbeit oder Rentner sind, ein Thema. Vielen war klar, dass es für sie, für ihre Familien, ihre Kinder, immer weniger Arbeitsplätze in Nürnberg geben wird, wenn dieser große Betrieb kaputtgeht.

Mike:
Habt ihr Transparente oder Plakate mit eurem Namen erstellt, um so eure Solidarität zum Ausdruck zu bringen? Konntet ihr sie an der Fabrik oder im Streikzelt anbringen?

Judith:
Bei unseren Unterstützungen war unsere Hauptforderung immer wieder zu lesen. Das hat den Streikenden auch sehr imponiert. Unser Hauptbanner, ein vier Meter langes Transparent, war: „Der Kampf gegen Arbeitslosigkeit beginnt in den Betrieben." Das hing immer am Zaun der AEG und es wurde von den vorbeifahrenden Autos und den vorbeifahrenden Zügen gesehen. Und viele, viele Leute haben uns zugerufen oder zu gewunken.

Manfred:
Das war zu dem Zeitpunkt, als wir Streikposten standen.[3]

Mike:
Gelang es euch durch diese Aktivitäten zu den ArbeiterInnen, also den einfachen KollegInnen, die ja jetzt auch arbeitslos geworden sind, eine Beziehung aufbauen?

Judith:
Bei der AEG ist das mit den Arbeitslosen genauso wie sonst auch. Es ist sehr, sehr schwer, die Erwerbslosen zu bewegen, sich in der Arbeitslosigkeit politisch zu betätigen. Das blieb so, obwohl wir dort nicht nur mit unserem Banner aufgekreuzt sind sondern speziell entwickelte Flugblätter zur AEG geschrieben haben. Das ist ein generelles Problem der Arbeitslosenbewegung.

Manfred:
Es gab sehr gute Gespräche und auch Kontakte. Wir konnten auch zu einzelnen Personen Kontakte knüpfen. Aber als der Streik zusammengebrochen war, tatsächlich zusammengebrochen, also abgewürgt wurde, war natürlich auch diese gute Stimmung vorüber.

Mike:
Wie beurteilt ihr den Verlauf des Streiks und die AEG-Kampagne? War die Kampagne gut organisiert und erfolgreich oder hätte mehr erreicht werden können?

Manfred:
Der Streik selbst hat eine Eigendynamik entwickelt. Im Betrieb selbst gab es

schon Kräfte, die wirklich versuchten den Streik für die Sicherung der Arbeitsplätze und zur Erhaltung des Betriebes zu führen. Je mehr sich die Auseinandersetzung jedoch zuspitzte, dieser Streik politischer wurde, als Streik für Arbeitsplätze und nicht für Abfindungen, war es natürlich so, dass die Gewerkschaft gebremst hat.

Es gab die Aussage den AEG-Streik nicht durch diese politische Forderung – Streikrecht für Arbeitsplätze – zu belasten. So hat sich z.b. der Streikführer der IGM in einer Streikversammlung geäußert. Denn es gab KollegInnen, die das gefordert hatten. Ähnlich war es auch mit der Solidaritätsbewegung, die sehr breit war. Für Nürnberg war das eine neue Qualität. Doch stand diese schnell vor dem Problem, dass alle Themen, die etwas über das Tarifrecht hinausgingen, eigentlich für die Gewerkschaft tabu waren.

Meine persönliche Meinung ist, dass die Möglichkeit tatsächlich nicht genutzt wurde sich mit den konkurrierenden Belegschaften in Deutschland zu verbünden. Es gab Ansätze, doch kam es nicht dazu, dass sich Betriebe, die in ähnlicher Situation sind, stärker solidarisiert haben. Dass es solche Ansätze überhaupt gab, war schon eine ganz neue Qualität. Und auch auf der internationalen Ebene konnte die Solidarität nicht organisiert werden. Das ist natürlich auch kein Wunder. Wie will man denn eine internationale Solidaritätskampagne führen, wenn man die Losung „AEG ist Deutschland" zum Hauptinhalt einer zentralen Demonstration macht? Was sollen die französischen und italienischen ArbeiterInnen von Electrolux dazu sagen? Denen ihr Electrolux ist Italien oder Frankreich, oder wie oder was?

Mike:
Hat die Gewerkschaft euch eher akzeptiert als das Sozialforum? Seid ihr nicht Teil des Sozialforums?

Manfred:
Das Sozialforum ist natürlich von der politischen Aussage und vom Auftreten breiter angelegt als wir, und die Gewerkschaft hat ein Problem mit verschiedenen Gruppen im Sozialforum. Wir sind Teil des Sozialforums, sind aber eigenständig. Für uns ist es von Vorteil, dass ein großer Teil unserer Aktivisten an den vorhergehenden Auseinandersetzungen mit Entlassungen oder bei Konflikten als Betriebsräte beteiligt war. Dadurch sind wir oder manche von uns auch persönlich bekannt in der Gewerkschaft. Die Gewerkschaft versucht natürlich uns zu vereinnahmen. Denn sie macht selber keine oder fast keine Erwerbslosenarbeit.

Judith:
Ich möchte dazu noch einen Satz sagen. Ich bin Gewerkschafterin, 100%, aber viele, viele Dinge kann ich außerhalb der Gewerkschaft in unserer Initiative viel, viel besser und viel, viel leichter einbringen und machen, als ich das innerhalb der Gewerkschaft mit dem riesigen Apparat machen könnte.

Mike:
Wann hat die Gewerkschaft versucht euch zu integrieren? War das nach der Streik-Kampagne? Habt ihr danach diesen Raum bekommen, um euch zu treffen?

Judith:
Nein. Sie haben nicht versucht uns zu vereinnahmen. Aber es gibt mit Teilen der Gewerkschaft eine erheblich verbesserte Zusammenarbeit. Diese Teile akzeptieren uns jetzt als gleichwertigen Partner, sage ich jetzt mal so.

Manfred:
Das kommt aber nicht von ungefähr. Seit drei Jahren gehen wir jetzt durch die Organisationen, wir sind zum Metallarbeiter- und Unternehmerverband gegangen mit unseren Forderungen. Die haben mit uns diskutiert. Wir sind zu allen Kirchenobersten gegangen, zu allen Sozialverbänden, den Chefs, allen Chefs der ARGE bzw. sind den Agenturen auf die Pelle gerückt, d.h. wir sind dort auch reingegangen, uneingeladen, haben sie unter Druck gesetzt.[4] Dann sind wir auch in die Presse gekommen. Die Gewerkschaft hat mit der Zeit, wenigstens manche in der Gewerkschaft haben mit der Zeit gemerkt: Hoppla, da tut sich etwas. So entwickelt man eine bestimmte Gegenmacht und das will sie natürlich auch. Also, wir haben das auch erarbeitet. Was die Gewerkschaft betrifft, gibt es bei uns immer einen Knackpunkt, der auch bestimmte Betriebsräte z.B. von ver.di betrifft. Die Leute müssen sich selber bewegen. Wir sagen das vor allem diesen sogenannten ARGE-Menschen, diesen Leuten, die bei der ARGE oder bei der Stadt arbeiten: Ihr müsst euch rühren, d.h. wir fordern sie auf, gegen diese beschissenen Gesetze, die sie selber auch nicht befürworten, Position zu beziehen. Wir nehmen sie so in die Pflicht und sagen ihnen: Wenn ihr euch nicht rührt, müssen wir gegen euch arbeiten.

Mike:
Welche Auswirkungen hatte die AEG-Kampagne hier in der Stadt? Arbeiten die existierenden sozialen und politischen Gruppen jetzt mehr zusammen als vorher? Oder muss man das Ganze eher als eine Niederlage begreifen? Was waren die politischen Folgen des Streiks?

Manfred:
Eine erste positive Auswirkung war, dass das Sozialforum und auch bestimmte Gruppen im Sozialforum, auch politisch linke Gruppen sich intensiver mit der sozialen Frage beschäftigen mussten. Und das merkt man jetzt auch bei Quelle.[5] Wie kann man mit solchen Bewegungen zusammenarbeiten? Also auch im Umgang mit Gewerkschaften gab es einen Lernprozess, der negative wie positive Aspekte hatte. Die Gewerkschaft hat meiner Meinung nach mitbekommen, dass außerhalb ihres engen Rahmens soziale Bewegungen bestehen, die auch etwas auf die Beine stellen können. Das zeigt sich auch darin, dass man jetzt eben anders angesprochen wird als vorher.

Mike:
Haben die Gewerkschaften jetzt mehr Interesse an euren Aktivitäten?

Ver.di-Demo: Die ANA ist immer dabei.

Manfred:
Zumindest wird diese Aktivität beobachtet und man redet mehr miteinander *(lacht)*. Aber es ist noch ein weiter Weg, bis wir auf gleicher Höhe zusammenarbeiten können.

Judith:
Das stimmt. Also für mich hat dieser AEG-Streik einen weiteren Aspekt, den ich nicht beiseite schieben möchte. Es geht um die Frage, was ein Streik an

Forderungen beinhalten darf. Dürfen das nur Tarifforderungen sein, die unmittelbar die Arbeitnehmer betreffen, oder aber sollten auch andere, darüber hinausgehende soziale Fragen in einem solchen Streik eine Rolle spielen?

Manfred:
Was den Boykott angeht, hat sich in dieser Auseinandersetzung gezeigt, dass eine Boykottkampagne machbar ist. Anfangs hatte sich keiner vorstellen können, dass sich eine solche Kampagne mit so wenigen Leuten relativ erfolgreich organisieren lässt. Viele und auch ich persönlich war am Anfang nicht überzeugt, ob das gelingen kann. Aber wir haben dann bei unseren Aktionen schnell begriffen, dass eine Stimmung da war, die wir aufgreifen konnten und mussten.

Mike:
Eine Frage zum Schluss. Welche Initiativen, Ideen und Vorstellungen habt ihr, um zu wachsen, um mehr Erwerbslose zu organisieren, die Erwerbslosenbewegung zu stärken?

Judith:
Also wenn ich diese Frage beantworten könnte, wäre ich ein Stückchen schlauer. Aber ich kann niemanden zu Aktivität tragen. Wir versuchen den Leuten klarzumachen, dass es uns gibt und dass wir aktiv sind. Wir sind aktiv, nicht nur hier in diesem engen Citybereich, sondern in den Stadtteilen, in den Außenbezirken.[6] Wir stehen in der Zeitung. Wir machen regelmäßig Aktionen und gehen damit auch an die Öffentlichkeit. Aber die Füße bewegen muss jeder selbst. Das müssen auch die Erwerbslosen tun und das ist schwierig, schwierig.

Judith:
Dazu möchte ich noch sagen: Das ist nicht nur schwierig bei den Erwerbslosen. Es ist auch sehr schwierig bei denjenigen, die arbeiten.

Manfred:
Deshalb sind wir der Meinung, dass die Grundstimmung in der Gesellschaft verändert werden muss. Wir arbeiten auch an einer Grundstimmung, dass in den Betrieben um die Arbeitsplätze gekämpft wird, und sich jeder selbst bemüht und organisiert. Aber eine solche Veränderung entsteht nicht als Ergebnis einer Einzelaktion.

Anmerkungen

1. Die ANA hat Infostände zum Schichtwechsel vor dem Werkstor gemacht und dabei die KollegInnen über Hartz IV aufgeklärt. Dabei hat sie ihre Solidarität mit der Belegschaft im Kampf für den Erhalt des Werkes und aller Arbeitsplätze erklärt. Ebenso beteiligte sich die ANA mit ihren Inhalten an den beiden Aktionstagen im Oktober, die von der IGM organisiert wurden. Das stieß bei den IGM-Funktionären logischerweise auf wenig Gegenliebe, denn sie arbeiteten im Herbst 2005 an einem Angebot, dass den Verzicht auf 800 Arbeitsplätze gegen eine begrenzte Standort-'Garantie' vorsah.
2. Schon ab Herbst 2005, also noch vor Verkündung der Werksschließung, hat die ANA eine Unterschriftenkampagne initiiert. Im Text der Solidaritätserklärung sollte die Forderung nach Erhalt des AEG-Werkes namentlich unterstützt werden. Bei Infoständen in Wohngebieten und vor der Arbeitsagentur wurden so über tausend Unterschriften gesammelt und zahllose Gespräche geführt. Dies ist ein wichtiges Beispiel für die frühzeitige Mobilisierung der Bevölkerung. Später haben die AktivistInnen der ANA dann Unterschriften für den Electrolux-Boykott gesammelt.
3. Es ist Ausdruck der im Streik entstandenen Eigendynamik, dass Vertreter der IGM sich genötigt sahen, die offizielle Anfrage der ANA, Streikposten zu stehen, positiv zu beantworten. Zwar haben sich viele Gruppen und Einzelpersonen solidarisch gezeigt und als Streikposten an den Feuertonnen versammelt, doch war die ANA nach unserer Kenntnis die einzige Nicht-Gewerkschaftsorganisation, der das auch formell zugestanden wurde.
4. Diese Selbsteinladung ist eine von der ANA entwickelte Aktionsform, bei der sie als Gruppe unangekündigt zu Verantwortlichen ins Büro gehen und ein gemeinsames Gespräch fordern. In der Regel werden die Aufgesuchten durch die direkte Konfrontation mit Erwerbslosen sehr verunsichert, lassen sich entweder sofort auf eine Diskussion ein oder willigen in einen Gesprächstermin mit der ANA zu einem anderen Zeitpunkt ein. Dies gilt insbesondere, wenn sie darauf hingewiesen werden, dass man schon die Presse informiert habe. Die Security oder die Polizei hat bisher noch niemand gerufen. Selbst der Direktor der ARGE hat sich das nicht getraut.
5. Im Sommer 2007 wurden bei Quelle in Nürnberg ca. 700 KollegInnen vor allem im Call-Center entlassen. Es gab einige Proteste dagegen und letztlich hat ver.di einen Sozialplan mit einer für Quelle-Verhältnisse relativ hohen Abfindung abgeschlossen. Einige dieser Protestaktionen wurden von Personen und Gruppen aus dem Sozialforum unterstützt.
6. Das Interview wurde in einem kirchlichen Café in der Fußgängerzone aufgenommen; Redaktionskollektiv »Druckwächter«

„Was hätten wir erreicht ... Wir haben gerade Electrolux in die Mangel gehabt ..."

Kollege Hueseyin, Mitglied im Vertrauenskörper bei AEG im Interview

Vorbemerkung: Das Interview mit dem Vertrauensmann Hueseyin wurde von Alice vom Netzwerk IT und Selma im Mai 2006 gemacht. Ursprünglich sollte Selma die Fragen und Antworten übersetzen. Im Laufe des Gespräches entstand dann aber eine zweisprachige Diskussion. Während Selma und Hueseyin in Türkisch Details besprachen, hat Hueseyin in gebrochenem Deutsch versucht, Alice die Situation zu erklären. Wir haben uns entschlossen die deutsche Fassung zu veröffentlichen, da sie ausführlicher ist.

Alice:
Okay, bevor wir hier über deine Erfahrungen reden, wäre es sicher sinnvoll, wenn du was zu deiner Person sagen könntest.

Hueseyin:
Ich bin Hueseyin. Ich bin 38 Jahre alt und arbeite seit 17 Jahren bei AEG. Ich bin verheiratet und habe 2 Kinder, zwei Söhne.

Übersetzerin:
Arbeitet deine Frau auch?

Hueseyin:
Sie ist seit 18 Jahren bei AEG in der Trocknerproduktion. Ich arbeite im Bereich Waschmaschinen.

Alice:
Bist du da noch im Betrieb?

Hueseyin:
Ich bin noch im Betrieb. Meine Frau hat bereits die Kündigung gekriegt. Sie hat noch ein halbes Jahr. Ende November soll sie gehen.

Abendzeitung NÜRNBERG
Donnerstag, 15. 12. 2005 — 60 Cent

Stadion-Umbau für Millionen

Der AEG-Aufstand
Bodyguards für Manager
Die Lage im Nürnberger Werk gerät außer Kontrolle

Alice:
Was bist du von Beruf? Was hast du gelernt?

Hueseyin:
Früher habe ich Handwerker gelernt, Schreiner und Glaser. Ich habe da auch meinen Abschluss gemacht und ein Jahr als Geselle gearbeitet. Damals habe ich nicht in Nürnberg gewohnt, sondern in Rheinland-Pfalz, in der Umgebung von Mannheim. Dann habe ich geheiratet und bin nach Nürnberg umgezogen. Seitdem arbeite ich bei AEG.

Alice:
Was für einen Job hast du bei AEG?

Hueseyin:
Ich war dort 7 Jahre Angestellter. Als mein Bereich geschlossen wurde, habe ich verschiedene Arbeiten gemacht. Jetzt bin ich am Band, Montagearbeiter.

Alice:
Die AEG-Geschichte ist eine lange Geschichte. Das Werk hat ja den verschiedensten Firmen gehört. Ich glaube, erst hat euch Daimler aufgekauft und ihr irgendwann zu Electrolux gekommen. Kannst du etwas aus dieser Zeit erzählen?

Hueseyin:
Als der Betrieb damals schlecht lief, hat Daimler-Benz AEG übernommen. Es wurde viel rein investiert, sie haben die Bänder eingerichtet und neue Sachen eingeführt. Es lief gut, und viele Leute wurden eingestellt. 1988, 1989 und auch 1996 war das so. Damals wurde auch ich eingestellt. Als dann - so weit wir gehört haben - eine Tochtergesellschaft von Daimler-Benz in Bremen in die roten Zahlen rutschte, hat man das Werk, hat man alle Aktien an Electrolux verkauft.

Alice:
Und wie lief das dann mit dem neuen Eigentümer Electrolux weiter?

Hueseyin:
Als Electrolux uns übernommen hatte, haben die schon gesagt: In zehn Jahren ist das mit AEG vorbei. Daran hat damals kein Mensch geglaubt, ich auch nicht. AEG hatte seit über hundert Jahren existiert. Electrolux wollte den Namen kaufen, aber nicht unbedingt die Produktion weiterführen.

Alice:
Das heißt, die haben schon bei der Übernahme gesagt, sie schließen den Laden innerhalb von zehn Jahren?

Hueseyin:
Ja, nur dass es keiner geglaubt hat. Ich persönlich auch nicht.

Alice:
Die waren also ganz offen?

Hueseyin:
Das war normal.

Alice:
Hattet ihr schon Kurzarbeit als die Auseinandersetzung losging?

Hueseyin:
Ja.

Alice:
Es hat hier und da Kurzarbeit und besondere Vereinbarungen, um rückgehende Nachfrage abzufangen, gegeben. Wie kam es dazu, dass die normalen Arbeits-

zeiten reduziert wurden? Was wurde als Grund angegeben und wann war das?

Hueseyin:
Vor drei Jahren haben wir in Nürnberg noch rekordverdächtig produziert, ohne Zulagen 1,8 Millionen Geräte. Die haben sich ja riesig gefreut, die Geschäftsführer, der Herr Lang und andere. Mit der Leihfirma hat man es zuerst gemerkt, bei der 600 Leute waren. Dann haben sie angefangen die Produktion runterzufahren. Anfang 2004 haben sie dann erklärt, dass die Stückzahl nicht gut ist und nicht genügend Aufträge da sind. Dann haben wir immer fünf Tage gearbeitet, drei Tage waren wir Zuhause, dann sind wir wieder ein bisschen zur Arbeit gegangen, ein paar Tag so, dann so, hin und her. Da hat man gewusst: Irgendetwas ist nicht mehr in Ordnung. Warum, das haben sie nicht gesagt. Wir haben gefragt: Warum bauen wir in einem Jahr soviel Geräte und danach geht plötzlich auf einmal alles runter? Irgendwann kam dann raus, dass AEG-Electrolux in Polen seine Geräte baut. Und dann gab es vor einem Jahr, im vorherigen Jahr vor dem Urlaub, eine Betriebsversammlung. Dort wurde uns gesagt - unser Abteilungsleiter, der Herr Lang und alle Verantwortlichen waren da - Electrolux hat eine E-Mail geschickt. Da stand drin: Der Vorstand von Electrolux will AEG Ende 2007 schließen.

Alice:
Und das war bereits 2004?

Hueseyin:
Nein, nein, das war im vorigen Jahr. Aber man hat schon 2004 gespürt, dass irgendwas nicht stimmt. Ich habe das daran bemerkt, dass der Herr Lang gesagt hat: Wir müssen uns bei der Leihfirma bedanken, dass sie 400.000 Geräte um soviel günstiger produziert hat und dass die soviel Umsatz und Gewinn gemacht hat. Die haben sich dann gesagt: Wenn ich meine 1,8 Millionen Geräte in Polen produziere, ist das noch viel billiger und da ist noch mehr Gewinn und Profit drin. Da hat man vom Braten was gerochen. Da muss man auch mal denen Recht geben.

Alice:
Der Betriebsrat und ich glaube auch die Gewerkschaft haben damals Zugeständnisse gemacht. Was haben die sich dabei gedacht? Wie habt ihr das gesehen?

Hueseyin:
Das musst du mal die Leute von unserem Gewerkschaft und unseren Betriebsratsvorsitzenden fragen. Was haben die überhaupt getan?

Alice:
Wie hast du das als Mitglied mitgekriegt?

Hueseyin:
Das war vor der Urlaubszeit. Viele Leute waren enttäuscht, viele Leute haben geweint, viele Leute haben gesagt: Wie kann so etwas passieren? Was werden wir machen, wenn die zumachen? Am Anfang haben alle immer noch Hoffnung gehabt, dass das AEG-Werk bleibt. Ich auch. Und dann haben die Betriebsräte den Vorschlag gemacht, man muss mithelfen, dass Electrolux im Jahr 48 Millionen spart. Dann kann das Werk hierbleiben. Wir haben dann ein Angebot gemacht: 20 Millionen von uns. Dann haben die gesagt: Das ist viel zu wenig. Es müssen mindesten 35, 38 Millionen sein, wenn die AEG überleben will. Dann haben wir gesagt: Nein dann nicht. Denn dann müssten die Leute über 22% weniger verdienen. 500-600 Leute müssen entlassen werden, weil wir umsonst mehr arbeiten.

Alice:
Wir sind langsam in der Mitte des letzten Jahres angelangt. Damals haben die Gewerkschaft bzw. der Betriebsrat das Angebot gemacht, der Entlassung der Hälfte der Belegschaft zuzustimmen, wenn die AEG in Nürnberg bleibt. Wenn man in anderen Ländern guckt, haben sie immer die gleiche Taktik gehabt: Erst Zugeständnisse, dann Schließen. Welche Gefühle hat bei euch das

Angebot erzeugt die Hälfte von euch zu entlassen, damit der Laden erhalten bleibt? Welche Diskussionen hat das ausgelöst?

Hueseyin:
Diskussion hat es schon gegeben, wo es den Entschluss gab das Werk dicht zu machen. Diskussion darüber, was das bedeutet, wenn die Hälfte entlassen wird. Mit einer halben Mannschaft konnten wir ja nicht weit kommen.

Alice:
Ja, aber die Gewerkschaft hat das doch angeboten ...

Hueseyin:
Die Gewerkschaft...

Alice:
Schriftlich.

Hueseyin:
Nicht die Gewerkschaft

Alice:
Wer war das denn?

Hueseyin:
Wenn ich das wüsste. Aber die Gewerkschaft war das nicht. Du meinst, weil die gesagt haben, um die Summe zu erreichen - und das haben die ausgerechnet - müssten zwischen 600 bis 800 Leute weg.

Alice:
Ja aber das haben sie doch angeboten.

Hueseyin:
Am Ende kann das sein. Ich weiß es nicht genau. Ich war ja nur Vertrauensmann. Aber das Angebot wurde hinter geschlossenen Türen gemacht. Das kann ich nicht nachvollziehen.

Alice:
Was habt ihr denn im Vertrauenskörper diskutiert?

Hueseyin:
Ja, der Vertrauenskörper. Einmal im Monat gehe ich in die Sitzung, wenn genug Leute da sind. Dort haben sie gesagt: Wir haben überhaupt nichts hergegeben. Ich habe dann gesagt: Was tun wir, wenn die schließen? Wirklich, ich habe das gesagt.

Alice:
Hmnh.

Hueseyin:
Ich habe gesagt: Das bringt gar nichts. Ich kann nicht für jemand Opfer bringen und dafür verliert meine Verwandtschaft, meine Arbeiterkollegen ihren Arbeitsplatz und dafür muss ich auch noch umsonst arbeiten. So haben wir das nicht gewollt. Wirklich nicht. Es wäre für mich okay, wenn die Gewerkschaft sagen würde: Wir geben 12 Stunden im Monat her, geben von den Zuschlägen und Prämien oder dem Weihnachts- und Urlaubsgeld ein bisschen Prozente. Das kann man mal akzeptieren, aber nicht, dass wir 800 Kollegen verlieren und dafür noch einen Monat umsonst mehr arbeiten.

Alice:
In dieser Zeit zwischen dem Angebot der Halbierung der Belegschaft zuzustimmen und der Gründung der Tarifkommission hat es ja ziemliche Auseinandersetzungen gegeben mit Warnstreiks etc. Kannst du uns darüber etwas mehr berichten? Warst du selbst daran beteiligt?

Hueseyin:
Da will ich mal was sagen, diese Tarifkommissionleute - das war ein faules Ei.

Alice:
Wie bist du in die Tarifkommission reingekommen?

Hueseyin:
Warte, warte mal, da sage ich gleich was dazu. Wir sind in die Sitzung gegangen und dort hat unser Vorsitzender gesagt: Leute, geht in euren Bereich als Vertrauensmann, fragt, wo es IG Metallmitglieder gibt und ob jemand Interesse hat in die Tarifkommission zu gehen. Dann bin ich mit meinem anderen türkischen Kollege in der Mittagspause hingegangen und habe ich gefragt: Frau E., du bist doch in der IG Metall. Willst du in Tarifkommission? Das ist wichtig. Doch sie hatte keine Lust, kein Interesse. Wir haben dann zusammen zehn oder dreizehn Leute gefragt. Danach sind wir in nächste Sitzung gegangen. Dort habe ich dann

gehört, dass der Betriebsrat selbst persönlich 35 Leute ausgesucht hat. Ich habe protestiert und gesagt, dass ich das nicht korrekt finde. Es war nicht so ausgemacht, dass ihr 35 Leute aussucht und wir dann den Rest besetzen können. Da habe ich schon gesagt, da ist irgendetwas faul. Schließlich sind 16 Leute von uns reingekommen, so 8 Leute aus dem Bereich Geschirrspüler, ein paar Leute aus Trocknerfertigung und ein paar Leute von Waschmaschinen.

Solidarität aus alller Welt im Streikzelt

Alice:
Und der Rest der 35 Leute..

Alice:
Wie haben sie die Leute ausgesucht?

Hueseyin:
Da musst du mal Harald Dix mal fragen. Von den 35 waren 20 Leute Betriebsräte, 7 Vorarbeiter, 5 Meister und der Rest waren wir Arbeiter. Eine Tarifkommission, lass mal, wenn man eine Tarifkommission bildet und mehr als 70% sind vom Betriebsrat ausgesucht, nur 30% von uns. Was soll das sein?

Alice:
Und habt ihr dem dann in einer Vertrauenskörpersitzung zugestimmt?

Hueseyin:
Wir waren zwei, drei Leute, die dagegen waren. Die anderen haben alle zuge-

stimmt. Wenn die Betriebsräte alle zustimmen - 21 waren da - und wir fünf, sechs Leute zusammenbekommen, die als Vertrauensmänner mit Nein stimmen, was bringt dir das? Überhaupt nichts.

Alice:
Na ja...

Hueseyin:
Die haben selbst die Leute ausgesucht. Meine persönlichen Meinung, eine Kommission muss so entstehen, dass in jedem Bereich, z.b. in den Abteilungen Geschirrspüler, Waschmaschinen, Trockner eine Vertrauenswahl stattfindet. Da müssen zehn Leute kandidieren, oder 12 oder 15, ist egal. Wer die meisten Stimmen kriegt, sagen wir mal von 30 Leute werden zehn gewählt, der kommt in die Tarifkommission. Dann sind aus unserem Bereich Geschirrspüler zehn Leute da drin, denen ich vertrauen kann und die uns dann auch vertreten können. Das war alles ein Komplott. Betriebsräte, Meister, Vorarbeiter hatten eine Mehrheit, auch wenn 15 Leute nein gesagt haben, hat sich daran nichts geändert. Was bringt das dann? Das ist alles geplant gewesen, dass die eignen Leute die Mehrheit haben, wenn es eine Urabstimmung gibt oder die Tarifkommission irgendetwas abstimmen muss. Was war das für eine Tarifkommission? Das war eine Tarifkommission nur auf dem Papier.

Alice:
Wie groß war der Vertrauenskörper vor dem Streik? Und wie aktiv war er?

Hueseyin:
Pff, nicht so sehr aktiv. Nur in bestimmten Bereichen.

Alice:
Und wie groß?

Hueseyin:
Ich kann nicht sagen wie viel es waren. Aber auf die Sitzungen sind nur ein paar Leute gekommen. Viele sind einfach nicht gekommen ohne sich zu entschuldigen. Manche haben gesagt: Ich habe keine Zeit, muss mich um die Familie kümmern oder hatten andere Gründe.

Alice:
Wie hoch war der gewerkschaftliche Organisationsgrad im Betrieb?

Hueseyin:
Im vorigen Jahr vor der Urlaubszeit hatten wir eine Vertrauenskörper- und Betriebsratssitzung. War auch Jürgen Wechsler da. Da hatten wir 38%. Jürgen Wechsler hat uns dann gesagt: Leute bewegt mal euren Arsch, nehmt neue Mitglieder auf, so viel Mitglieder wie möglich, sonst können wir nicht streiken. Da bin ich zu unseren Leuten gegangen. Wir waren fünf Vertrauensleute. In jeder Bandpause haben wir Kollegen angesprochen. Wir haben ihnen gesagt: Bitte werdet Mitglied. Wenn es zum Streik kommt, und ihr dann ein halbes Jahr eingezahlt habt, bekommt ihr auch Streikgeld. Nach dem Urlaub im September hatten wir 83% geschafft. Bei dieser Mitgliederwerbung habe ich von den Betriebsratsleuten, den Freigestellten kein Schwein gesehen. Die haben nicht mal gefragt, Leute wie läuft es, habt ihr neue Mitglieder aufgenommen? Immer nur die Kleinen müssen die Dreckarbeit machen. Ja. Ohne die 83% hätten wir nicht streiken können, mit 38% nicht.

Selma:
Da stellt sich die Frage ist, wie nach all dem das Vertrauen der ArbeiterInnen in die Gewerkschaft aussieht?

Hueseyin:
Oh, das ist sehr gesunken. Wenn ich in unserem Bereich nachfrage, vertrauen die Leute jetzt keinem mehr von denen. Denn die haben uns billig verkauft. Viele haben jetzt ihre Mitgliedschaft gekündigt. Ich warte noch, bin aber auch bald dran. Warum soll ich bei denen 14 Euro jeden Monat zahlen? Ehrlich. Nach der Enttäuschung durch diesen Abschluss möchte ich mal sehen, wie viel Leute da jetzt mit sitzen.

Alice:
In der Zeit von September bis Dezember war ja einiges los. Es fanden Warnstreiks statt. Kollegen wollten ja selbst nicht wie normal weiter arbeiten. Sie haben selbst was gemacht. Teilweise gab es Sabotageakte, etc. Kannst du mal ein bisschen von dieser Zeit erzählen? Wie hast du das erlebt und wie wurde das organisiert, oder wurde es gar nicht organisiert?

Hueseyin:
Da war viel nicht organisiert. Als ein Tag gestreikt wurde und gesagt wurde, dass 24 Stunden die Bänder stillstehen, da war nichts organisiert. Da ist keiner in die Abteilung gekommen und hat gesagt: Okay, morgen ist da was los. Die haben Freitagabend Leute vor die Pforte gestellt, es gibt ja eine allgemeine Pforte, und haben Flugblätter verteilt: Donnerstagmorgen wird alles

still gelegt. Okay, dann haben wir 24 Stunden gestreikt. Organisation war das nicht. Vor der Weihnachtszeit, wo Horst Winkler am 12. Dezember auf der Versammlung gesagt hat, wo es dann klar war, dass AEG jetzt wirklich dicht macht, da war es bei AEG richtig toll. Keinen Tag haben die Leute mehr gearbeitet, haben gesessen, die haben Bänder angehalten. Aus dem Bereich Waschmaschine sind immer Leute zur Information im Betriebsrat gegangen. Ehrlich, das hat schon ein bisschen Spaß gemacht. Da war richtig Feuer gewesen, da haben die Leute so bis neun Uhr gearbeitet, dann sind sie eine Stunde auf den Hof gegangen und haben so eine Show abgezogen. Dann sind sie nach Hause gegangen. Das waren schöne Zeiten, wirklich. Aber Organisation kann man nicht sagen, da war keine Organisation. Es hat keine Leute gegeben, die uns gesagt haben; Leute geht mal raus. Die Leute sind selber rausgegangen.

Alice:
Und diese Aktionen im Betrieb, das haben die Kollegen selbst ...

Hueseyin:
Selbst in die Hand genommen.

Selma:
Ich habe ihn über die Migranten gefragt, (...) ob sie auch richtig alles mitbekommen haben, wegen der Sprache?

Hueseyin:
Nein das war sehr schwierig. Wenn du dich bei der AEG umschaust, siehst du: viele arbeiten allein. Es gibt viele Türken, Griechen und auch viele Aussiedler.

Manche konnten, wenn die Gewerkschafter auf dem Hof geredet haben, das nicht kapieren, z.b. politische Reden von Jürgen Wechsler. Viele Leute haben Beifall geklatscht, weil da alle Beifall geklatscht haben. Fragst du mal nachher, was hat der erzählt, zuckt der Kollege nur mit den Schultern. Er hat Bravo, Bravo gerufen, weil alle geklatscht haben. Na Bravo. Warum hat die Gewerkschaft nicht auch mal übersetzt? Wir haben auch türkische Gewerkschafter, Betriebsräte bei uns, Hüseyin Kaya oder andere, oder mal griechische Kollegen oder spanische. Die hätten den Kollegen mal in ihrer Sprache sagen sollen, so und so ist die Sache, wir machen das und das. Aber da ist überhaupt nichts gemacht worden.

Alice:
Es kam zu diesem Streik für einen Sozialtarifvertrag. Wie ist es dazu gekommen? Was habt ihr euch dabei vorgestellt? Was bedeutete für euch, für die ausländischen Kollegen und Kolleginnen ein Sozialtarifvertrag?

Hueseyin:
Bevor wir den Sozialtarifplan hatten, gab es im DGB-Haus eine Sitzung mit 51 Leuten. Wir haben Forderungen besprochen. Das hat mich am Ende enttäuscht. Da haben wir alle gesagt, wir wollen drei Monatsgehälter brutto als netto, 3 Jahre GPQ (Beschäftigung- und Qualifizierungsgesellschaft) mit 100% Zahlung. Und wir haben gesagt: Leute ab 53 kriegen ihr Geld bis zur Rente, dann gehen sie in Ruhestand. Das haben wir gesprochen.

Alice:
Ja aber Moment, trotzdem ...

Hueseyin:
Wart, warte mal, bevor wir in Streik gekommen sind, haben wir in der Tarifkommission festgelegt, was in den Tarifsozialplan kommt. Da waren 51 Leute. Als dann der Streik angefangen hat, am Anfang zwei Wochen, haben viele gedacht, wir kämpfen, dass der Betrieb bleibt. Ich habe Idioten zu ihnen gesagt. In Deutschland gibt keine Gesetze dafür. Wir kämpfen für einen Sozialtarivertrag. Nein, nein, hieß es. Die Gewerkschaft kämpft, dass die AEG bleibt. Ich habe gesagt, Mann, wir kämpfen um einen Sozialtarifplan, um bessere Ab-findungen, keiner kämpft, um das Werk zu erhalten. Anfangs haben die noch große Töne geredet. Jürgen Wechsler, Harald Dix oder der Hermann Neugebauer, haben gesagt, ja wir machen das so, dass der Arbeitgeber die Schließung zurücknimmt. Dann zwei Wochen später waren ganz andere Töne zu hören.

Alice:
Ja, aber die Kollegen haben doch selbst für den Werkserhalt gekämpft.

Hueseyin:
Ja, viele Kollegen haben gekämpft, dass der Werk bleibt, nicht um den Sozialtarifplan.

Alice:
Ja aber so sahen sie den Kampf.

Hueseyin:
Manche haben gedacht, die kämpfen, damit das Werk bleibt.

Alice:
Ja aber wie lange hielt diese Stimmung an?

Hueseyin:
Ab der zweiten Woche war die Stimmung wirklich trüb. Dann haben sie ganz andere Töne geredet bei den Versammlungen. Die haben sich um 180 Grad gedreht. Wenn du das richtig kapiert hast, wie der Jürgen Wechsler so komische Worte gesagt hat. Zum Beispiel ab der 4. Woche im Zelt, wo er sagt, am Ende muss im Topf auch was drin sein, dass ihr was kriegt. Da haben wir gesagt, was reden die denn da? Vor zwei Wochen haben sie große Töne gespukt, Drohungen gemacht, aber nach der 2. Woche wurde das ganz anders. Da habe ich auch gedacht: Da ist was faul. Das wird nicht mehr lang dauern. Oh jemine.

Alice:
Bevor wir zum weiteren Ablauf des Streikes kommen, will ich noch etwas über die Boykottkampagne wissen, mit der das Sozialforum begonnen hatte. Die Stimmung in der Bevölkerung war ja: Wir kaufen nicht mehr von AEG bzw. von Electrolux. Wie habt ihr diesen Boykott als Beschäftigte erlebt?

Hueseyin:
Der Bevölkerung haben wir vieles zu verdanken. Die haben uns sehr unterstützt, auch durch ihren Boykott und durch Holz und andere Sachen. Sie haben uns auch bei der Kundgebung mit ihren Fackeln unterstützt. Wir haben so viele E-Mails bekommen, wir haben Unterschriften gekriegt, das haben wir alles aufgehängt. Das war richtig gut. Da muss man auch mal den Leuten danken, die so vieles unterstützt haben.

Alice:
Aber wie habt ihr auch selbst diesen Boykott erlebt? Wie war eure Meinung dazu?

Streikcamp in Muggenhof

Hueseyin:
Unsere Gedanken waren woanders. Viele waren nicht in Gedanken beim Boykott, oder dass die Leute nix mehr kaufen. Wir haben auch gesagt: Electrolux wir sagen euch: Wir kaufen von euch nichts mehr. Aber wirklich hat es anfangs viele Leute nicht gejuckt. Da waren die Gedanken woanders.

Alice:
Und später?

Hueseyin:
Später, später war vom Boykott nichts zu hören. Wirklich nicht. Am Anfang haben sie gesagt: Schau mal, die Leute boykottieren Electrolux, kaufen nix. Aber am Ende war vom Boykott und auch von den Unterstützern nichts mehr zu hören.

Alice:
Aber der Boykott ist immer noch am Laufen.

Hueseyin:
Ja, okay, jetzt boykottiere auch ich persönlich, werde keine Elektrolux-Sachen, überhaupt nichts mehr kaufen von denen. Ich werde das auch meinen Verwandten sagen. Warum sollten sie AEG kaufen, wo die gerade meine Frau entlassen, sie ihren Arbeitsplatz verliert? Ich würde mir eine Maschine aus Deutschland kaufen, egal ob es Siemens wär oder Bosch. Da muss mal stehen „Made in Germany" oder von Miehle. Aber von AEG nix mehr.

Alice:
Okay. Zum Streik selbst. Es ist viel passiert im Streik. Was waren für dich die Höhepunkte? Mal abgesehen von den minus 17 Grad, die regelmäßig waren. Wie war der Streik? Kannst du mal ein bisschen von dem Streik erzählen, was da abgelaufen ist?

Hueseyin:
Okay, wie Sie eben gesagt haben, war das Wetter im Streik während der ersten zwei Wochen wirklich kalt. Am Anfang hat es auch nicht so viel Essen gegeben, auch nicht warme Getränke. Aber man muss sagen: Die Stimmung war gut. Wie viele türkische Kollegen habe ich kennengelernt. Wir haben diskutiert, wir haben viele Meinungen ausgetauscht. Wir haben auch am Wochenende mal freiwillig vor den Toren gestanden, bei der Kälte. Für mich war das wirklich eine tolle Stimmung. Ich habe viele, auch deutsche, türkische und auch internationale Leute kennengelernt. Wir haben zusammen gegessen, getrunken und unsere Meinungen ausgetauscht. Es war eine schöne Zeit. Als die Zeit vorbei war, da hat man gesehen: Das war wirklich schade. Wir hatten auch gehofft, dass der Streik ein bisschen länger dauert. Als das auf einmal vorbei war, hatten wir das Gefühl, das war alles so geplant gewesen.

Alice:
Nun nochmal zum Streikverlauf selbst. Zuerst traten Dix bzw. Jürgen Wechsler als die Streikleiter auf. Dann kam der Neugebauer und später kam irgendwann auch die IG Metall in Frankfurt. In Frankfurt haben sie diesen, na ja Protestmarsch geplant mit „AEG ist Deutschland". Wie habt ihr das als ausländische Kolleginnen und Kollegen empfunden?

Hueseyin:
Viele haben das lustig gefunden, AEG ist Deutschland. Ich habe gesagt: Lasst doch den Unsinn. AEG ist doch nicht in Deutschland. Das war nur so irgendwie Show, die die IG Metall da gemacht hat. Ist wirklich AEG Deutschland? Was ist denn Deutschland? Das ist doch nicht AEG-Deutschland. Das war

nur, um bei den Leuten Eindruck zu erwecken. Für mich war nicht die AEG in Deutschland. Ich finde das ein bisschen übertrieben, dass viele Leute diese T-Shirts angezogen haben. Ich habe überhaupt nichts davon angezogen. Ich habe die Teile weggeworfen, weil für mich AEG nicht Deutschland ist.

Alice:
Was ist es denn?

Hueseyin:
Oooh, nur ein Arbeitsplatz, wirklich, das ist nur ein Arbeitsplatz. Wäre AEG nicht da, wäre ich in irgendeiner anderen Firma, die nicht so berühmt ist. Es ist mir doch egal. Das ist nicht Deutschland. Das ist nur mein Arbeitsplatz.

Alice:
Wie siehst du die Rolle der GPQ, der Entsorgungsgesellschaft GPQ? Wie beurteilst du die GPQ?

Hueseyin:
GPQ?

Alice:
Ja.

Hueseyin:
Wirklich?

Alice:
Das ist die sogenannte Beschäftigungsgesellschaft.

Hueseyin:
Ja die ...

Alice:
Wir nennen das Entsorgungsgesellschaft.

Hueseyin:
Wirklich, dann will ich dazu ein bisschen länger was sagen. Ich kenne z.B. viele türkische Kollegen, auch meine Verwandtschaft, die früher bei Grundig waren, die auch in die GPQ gegangen sind. Dazu will ich was sagen. Zum einen, wem gehört die GPQ? Wer hat das gegründet? Da muss man mal die

Frage stellen, wer die Gründer der GPQ waren, der Hansel oder wie heißt er, Hansel oder Honsel der Mann ...

Alice:
Hansel

Hueseyin:
Ja der war auch früher mal IG Metall Vorsitzender von Grundig, hat Grundig dicht gemacht mit Gerd Lobodda und der hat zusammen dieses Ding gegründet, GPQ, was auch blöde Kuh heißt, meine persönliche Meinung. Und warum haben sie das gegründet? Der denkt doch nicht an uns, die denken an sich selbst. Ich habe vor ein paar Monaten auch mal in einer komunistischen Zeitung Sachen gelesen, als die auch bei uns waren, die GPQ-Leute. Die haben gesagt: Leute, Leute, haben die gesagt, lest diese Dinger nicht, die sind von der NPD, da steht über uns nix Gutes drin. Wir sind keine Profitgeier, wir sind keine gierigen Leute. Wir haben wegen euch die GPQ gegründet. Da bin ich ganz persönlich anderer Meinung. Der Arbeitgeber hat gesagt, die GPQ-Gelder würden sie auf der Stelle mit den Abfindung zusammenrechnen und dann würden sie es uns gleich bar geben. Viele ausländische Kollegen wollten das Geld haben, nicht in die GPQ gehen. Nein, nein hat der Jürgen Wechsler gesagt, bei uns in der Tarifkommission, Nein, nein.. Sie haben gesagt, nö, nö nein, alle müssen GPQ gehen. Warum müssen wir alle in die GPQ gehen?

Was haben wir davon, wer profitiert davon? Denn für mich persönlich mit meiner Frau wäre pures Geld, bares Geld besser gewesen als GPQ. Ja, warum, wenn von den 1700 Leuten 1300 Leute GPQ gehen, was profitieren die GPQ-Leute? Warum entscheidet der Jürgen Wechsler, ein Mann, über soviel Leute? Warum hat der nicht gesagt: Okay Leute, wir machen das so, wer in die GPQ gehen will, soll in die GPQ gehen. Wer sein Geld kriegt, soll sein Geld wegholen. So und warum sagt der, müssen alle Leute in die GPQ gehen? Schau mal, die Gründer der GPQ sind Gerd Lobodda und Hansel. Und auch Jürgen Wechsler profitiert davon. Ich habe mal gehört, seine Frau arbeitet in GPQ als Sekretärin. Warum? Was habe ich davon, sagen wir mal ein Beispiel, wenn ich ein große Kaufland eröffne nur für Leute aus meiner Verwandtschaft und sage dann: okay, wegen euch habe ich ein großes Ding aufgemacht. Nein, ich habe das aufgemacht, weil ich auch mal gewinnen, davon profitieren will. Es wäre uns allen besser gegangen, wenn die uns das Geld gegeben hätten. Wenn alle ihr Geld gekriegt hätten, was hätten dann die GPQ-Leute gemacht? Hmnh da frage ich mal. Was machen dann die GPQ-Leute? Hansel kann so schlafen, doch glaub mir, was haben die, wenn sie keine Leute in der GPQ haben? Ist doch so.

Alice:
Jaja. Die müssten ein anderes Geschäft aufmachen.

Hueseyin:
Ja, siehst du, siehst du.

Alice:
Okay.

Alice:
Im Sozialforum beim Hearing hast du einiges über das Ergebnis und über die Abstimmung des Ergebnisses erzählt. Was ist deine Meinung heute am Ende dieses Streiks? Wie ist es abgelaufen und wie siehst du das Ergebnis selbst?

Hueseyin:
Wenn man gründlich überlegt, nachdenkt, 35 Tage haben wir gestreikt, dann hatten wir Faktor 0,7; 37 Tage haben wir gestreikt, dann gab es 0,77. Sie haben dann gesagt: Ja Leute, wir machen Fortschritte, millimeterweise, wenn der Streik weitergeht, das wird bis Pfingsten dauern, bis Sommerurlaub. Da haben die Leute gesagt: Bravo, das stehen wir immer zusammen durch. Dann haben sie einige Tage später gesagt: Es gibt eine Sitzung, eine Tarifkommissionssitzung. Da sind wir hingegangen. Die haben gesagt: Ja Leute, so läuft es nicht. Wir haben gleich kapiert, dass irgendwas faul war. Da haben die gesagt: Wir müssen einen Vermittler suchen. Das geht so nicht. Das dauert viel zu lang. Es muss eine Einigung da sein. Und viele Leute haben dann gesagt, auch in der Tarifkommissionssitzung: Warum jetzt hier einen Vermittler suchen? Wir haben gesagt: Das ist noch zu früh. Nein, nein, haben die gesagt, auch der Name ist egal. Ja wir müssen einen suchen, der zwischen uns und denen vermittelt. Wir haben dann erneut Nein gesagt. Dann haben sie gesagt: Das wird schon fünf Tage bis zehn Tage dauern, bis sie einen finden. Und dann auf einmal, das war so, haben sie schon jemand gefunden gehabt. Und ein Tag später, was mich mal interessiert: Wie kann das Geld von Arbeitgeber so schnell von 0,77 weiter auf 1,8 gestiegen sein? Das frage ich mich mal. Hat das der Vermittler gebracht? Oder war das nur eine Taktiksache. Das muss man mal fragen.

Alice:
Und dein Eindruck?

Hueseyin:
Mein Eindruck, höhö, wirklich, mein Eindruck war, dass die 1,8 in der Schublade war, und sie zum Beispiel auf Zeit gespielt haben. Mein Eindruck. Das war wirklich so eine, das war alles irgendeine Taktiksache.

Alice:
Und wie lief die Abstimmung und die Diskussion dazu ab?

Hueseyin:
Die Leute waren richtig enttäuscht. Dann haben sie gesagt: Jetzt muss die Tarifkommission abstimmen. Daraufhin gab es viel Unruhe. Um neun Uhr sollte Tarifkommissionsitzung sein. Ich bin hingegangen. Da haben sie gesagt: Die Sitzung ist verschoben auf Abend. Die Leute waren sehr nervös. Am Abend wurde es auf nächsten Tag verschoben. Ich was bis 18 Uhr da und habe gewartet. All diese Tarifleute haben versucht die Kollegen zu beruhigen, haben gesagt: Leute hört nicht hin, es gibt Spalter, es gibt die Verräter. Hört nicht auf diese Leute. Einer bin ich haben sie gesagt. Dann war ein Tag vorbei, zwei Tage vorbei, dann waren es fast vier Tage später. Dann war es Donnerstag um sechs Uhr. Ich bin zur AEG gegangen zu meiner Arbeit, es war ein sehr kalter Tag. Um 9.00 war Sitzung. Wir warten und um halb zehn kommt die Nachricht, die ist verschoben auf Abend 18 Uhr. Dann habe ich gewartet, gewartet, gewartet bis Abend halb sieben, dann wurde es wieder verschoben auf Freitag. Habe mir dann gesagt: Da ist irgendwas faul. Die wollten erstmal, dass die Leute ganz ruhig sind, dass es keine Provokation gibt, deshalb haben sie gewartet. Dann haben einige gesagt, Leute, am nächsten Tag, Freitag um 9 Uhr machen wir vor dem Hotel eine Protestkundgebung. Das hat ihnen nicht gefallen. Dann haben die uns viele Sachen erzählt. Ich habe von Anfang an gedacht, den Vertrag habe ich noch in meiner Tasche, ich habe den Leuten gesagt: Das ist kein Vertrag. Ich habe gesagt: Die haben von dem Vertrag nur das, was ihnen gepasst hat, genommen. Und das haben sie nur diktiert, und die Sachen, die ihnen nicht gepasst haben, davon haben sie nichts erwähnt.

Alice:
Was haben sie nicht erwähnt?

Hueseyin:
Viele Sachen. Zum Beispiel die 53er-Regelung, dass davon nur 40 Leute profitiert haben, weil die müssen 53 Jahre sein und 23 Jahre bei der AEG. Das waren nur 36 Leute insgesamt. Aber wir hatten in der Tarifkommission gefordert, dass diese Jahre nicht da sein müssen. Erstens. Zweitens: GPQ.

Triste Leere – die AEGler boykottieren das IGM-Streikabschiedsfest

Wir haben drei Jahre verlangt, die haben ein Jahr bekommen, zwischen 60 bis 67% vom Brutto. Zweitens. Da haben die uns auch gesagt, wer in die GPQ geht, der kriegt Weihnachts- und Urlaubsgeld, davon haben sie nicht erwähnt, jetzt kriegst du nichts. Und drittens, das steht so in meinem Vertrag, ich werde euch das zeigen, da steht einmalige Auszahlung von Netto 666 Euro. Da steht überhaupt nix erläutert, wo das Geld hingeht.

Alice:
Wo ging es hin?

Hueseyin:
Keine Ahnung. Da gibt es keine Antwort. Drittens, dass war die ERA für uns. Vor einem Jahr, das ganze Geld haben sie gesammelt, 12,6 Millionen. Die hätten wir Ende März bekommen, alle Leute hätten, wenn sie IG Metall Mitglied sind, 1580 Euro bekommen. Dies Geld ist auch verschwunden. Davon haben sie nichts mehr erwähnt. Ich sage nochmal: was denen nicht gepasst hat, dies haben sie überhaupt nicht erwähnt, ist mit einer Seite weggegangen, aber die 53er Regelung, 4 Seiten, davon haben nur profitiert 36 Leute. Das war für mich sehr enttäuschend. Dann hat es Urabstimmung gegeben ...

Alice:
Ja, aber bevor wir zur Urabstimmung kommen, wie war es denn mit der Abstimmung in der Tarifkommission?

Hueseyin:
Tarifkommission. Da war Urabstimmung. 46 haben Ja gesagt, drei Leute waren nicht Ja, Nein. Wir, mein Arbeitskollege und ich haben nein gesagt.

Alice:
Wieviele waren da?

Hueseyin:
Zwei Leute waren nein, drei Leute waren noch im mittleren Bereich. Die haben nicht nein und nicht ja gesagt.

Alice:
Drei Enthaltungen und ...

Hueseyin:
Ja.

Alice:
Drei Enthaltungen und zwei Gegenstimmen von 50 Leuten.

Hueseyin:
Von 51 Leuten. Und ich hab dann, eins noch sagen dürfen. Bevor es zu der Urabstimmung gekommen ist, hat Jürgen Wechsler und Werner Neugebauer immer zu mir geschaut. Dann habe ich fünf Fragen gestellt. Dann hat der Werner Neugebauer mir was gesagt. Das hat mich wirklich gefreut. Ja alle haben mich so angeschaut, als wäre ich der Verräter. Er hat gesagt: Herr Hueseyin hat gesagt, ich geb dir komplett Recht, aber hat er gesagt, wir haben ganz wenige enttäuscht. Aber sagt er, auf die fünf Fragen gibt er keine Antwort und auf keine andere Frage hat er was gesagt, ist ganz rot geworden, wirklich.

Alice:
Und was waren die fünf Fragen?

Hueseyin:
Da würde ich lieber nicht fragen.

Alice:
Hmnh.

Hueseyin:
Auch okay, ich könnte ein Beispiel sagen: Was wäre wenn, habe ich gesagt, was wäre wenn, wenn wir noch drei Wochen länger oder vier Wochen gestreikt hätten? Ich habe auch gesagt, was wäre wenn zum Beispiel wir diese 53er Regelung und die 3 Jahre so abschließen wie unsere Forderung war? Das hat ihm nicht geschmeckt, wirklich nicht geschmeckt. Der Herr ist richtig böse geworden. Ich habe dann gesagt: Herr Neugebauer, Sie haben vor drei Tagen gesagt, wir machen ein Schneckentempo, wir haben uns 37 Tage um 0,1 Millimeter bewegt. Und ich habe gesagt: Am anderen Tag habt ihr gesagt, seid ihr 33 Meter weit gesprungen. Wie habt ihr das gepackt? Da war er richtig sauer. Ja, von 0,77 auf 1,8, dann war er richtig rot. Das kommt davon, wenn die sich Gedanken hinter verschlossenen Türen und Riegeln machen. Was da alles geht, dass weiß nur ein lieber Gott und diese Leute, kein anderer Mensch.

Hueseyin:
Was ich noch vergessen habe nach dem Abschluss, was wäre gewesen, wenn wir gesagt hätten, dass die Grenze bei 130.000 Euro geblieben wäre, wie Electrolux zu Anfang gesagt hat? Da haben dann die großen Verdiener so einen Aufstand geführt, auch die Meister und Vorarbeiter, Abteilungsleiter, die Großverdiener, Tarifangestellten und dann haben sie dann die Grenze weggeschafft. Dann haben Leute 4500 Euro brutto mal 1,8 bekommen und dann haben sie sich alle gefreut. Wir haben den Streik gemacht, jetzt sagen alle: wir sind nur 470 Leute oder Großverdiener. Was hätten die gemacht, wenn die 130.000 Euro Grenze geblieben wäre? Zum Beispiel mein Meister ist 22 Jahre AEG. Er hätte zum Beispiel alleine schon 46.000 Euro verloren oder mein alter Meister, wo ich angefangen habe, 33 Jahre bei AEG, wenn die 130.000 Euro-Grenze geblieben wäre, hätte er 120.000 Euro verloren. Das sind so Sachen. Wir haben nur Streik gemacht für die großen Verdiener, nicht für die kleine Arbeiterklasse.

Alice:
Ja, bevor wir zum Geld kommen, erzähl ein bisschen von der Abstimmung zum Schluss und vor allem, da du Mitglied der Tarifkommission bist, was da gelaufen ist bei der Abstimmung zum Streik.

Hueseyin:
Okay, da sind wir zur Abstimmung, so wie wir das auf der Tarifkommission beschlossen haben. Wir sind ins Zelt gegangen. Da haben sie uns nicht alle Details gesagt, gesagt: Leute, wir müssen warten, die Unterschrift hat gefehlt, so ein Theater haben die abgezogen. Und: 1,8 - das ist das beste Ergebnis in Deutschland. Da haben Leute anfangen zu klatschen, haben gesagt, die 53er Leute gehen in Rente. Alle Leute haben geklatscht: Bravo, Bravo, Bravo! Gewerkschaft, Nee, habe ich gesagt, du weist, was faul ist, habe ich ihm gesagt, und dann haben alle Leute Beifall geklatscht. Die haben gesagt: Ja, jeder von uns hat ne Kopie gehabt. Ich habe gesagt: Was Kopie, habe ich gesagt, dass ist doch Verarschung. Da steht nicht mal Stempel, dass ist nicht unterschrieben. Die haben einfach weißes Papier geschrieben. Weist du, was der Jürgen Wechsler gesagt hat?

Alice:
Hmnh, was?

Hueseyin:
Weißt du was, hat er gesagt. Montag ist Urabstimmung hat er gesagt. Ich schwöre es dir, auch die Kollegen haben es gehört. Er hat gesagt an uns alle: Ich sage euch, liebe Kollegen und Kolleginnen, ihr solltet alle Ja sagen, wenn ihr Nein sagen werdet, könnt ihr den Streik weiterführen ohne uns, wir stehen nicht hinter euch. Ja wohl.

Selma:
Hat er das gesagt?

Hueseyin:
Ja, ja, ich schwör's dir. Ich habe soviel Zeugen dafür. Das hat er so gesagt. Wie kann ein Gewerkschafter so was sagen? Das ist meine persönliche Meinung. Das ist Freiheitsberaubung, das ist Betrug wie beim Arbeitgeber, haben sie das da gelernt, ja?

Interviewer:
Hmnh. (zustimmend)

Hueseyin:
So was kann er nicht sagen. Er kann nur sagen: Leute, ich empfehle euch, überlegt noch mal, ihr könnt nochmal ja sagen oder nein. Wie kann er sagen: Wenn ihr Nein sagt, stehen wir nicht hinter euch, ihr könnt ohne uns alleine

weiterstreiken? Was, was bedeuten diese Worte, wenn ich frage? Wir sind bei jedem Wetter, fast 46 Tage lang, Samstag, Sonntag, nachts, habe ich auch gemacht, bei dem kalten Wetter. Wir sind da gestanden, er doch nicht, oder? Wie kann ein IG Metall Funktionär so was sagen, ja?

Alice:
Und zum Ergebnis selbst?

Hueseyin:
Zum Ergebnis selbst , ja warte...

Alice:
Natürlich wo...

Hueseyin:
Warte mal ein Thema ...

Alice:
... die haben auf jeden Fall den Tarifvertrag dann abgedruckt und dann verteilt?

Hueseyin:
Ja, das habe ich doch gesagt. Ich werde es dir zeigen, warte mal. Wie wir Montag hingegangen sind zur Abstimmung, da habe ich und auch viele Kollegen gesagt: Leute sagt Nein. Und viele haben Nein gesagt. Viele Nein. Aber, was mich noch interessiert hat: Zum Beispiel haben sie Montag Urabstimmung gemacht. Da war immer dauernd die Urabstimmung. Und die Urnen, die wir gehabt haben, sind immer hin- und her gegangen. Einmal waren sie fünf Stunden weg, die Dinger. Weist du, da haben sie uns gesagt: Irgendwas ist da faul, Mann. Wenn die Urabstimmung ist, dann muss die Urne da sein, immer dastehen bis Abend. Nein, die war immer weg, fünf Stunden später ist sie gekommen, was weiß ich, wer die Schlüssel gehabt hat. Dann haben wir gesagt, wir wollen mit ein paar von den Tarifleuten, den Tarifkommissionleuten wollten wir beim Zählen dabei sein. Weist du, was sie zu mir gesagt haben?

Alice:
Was?

Hueseyin:
Die haben gesagt: Ihr habt kein Recht. Wir drei zählen ab 23.00 Uhr im DGB-Haus.

Alice:
Wer waren die drei?
Hueseyin:
Ja Honsel, dann noch einer aus...

Alice:
Hansel war dabei?

Hueseyin:
Honsel sein Vertreter, wie heißt der?

Alice:
Der Günter Wescher?

Hueseyin:
Zum zweiten Beispiel so einer mit Bart.

Alice:
Aus der GPQ? War es einer aus der GPQ?

Hueseyin:
Ja, Jajaja. Ich weiß net. Drei Leute haben gesagt, sie werden zählen. Ich habe gesagt: Ich habe das Recht, habe ich gesagt, ich will dabei sein und XY und noch ein paar Kollegen haben gesagt, wir wollen schauen, wie ihr zählt. Da hat er gesagt, was geht dich das an, hat gesagt, dir steht kein Recht zu, wir zählen, ihr hört morgen die Ergebnisse. Schaust du mal, wie kann ich sehen, was da ab 23.00 Uhr im DGB-Haus mit drei Leute, was da abgeht.

Alice:
Das heißt der Wechsler, der Hansel, ...

Hueseyin:
Ein, so ein Mann, mit...

Alice:
Hansel von der GPQ?

Hueseyin:
Noch eine war so, drei Leute haben es gezählt.

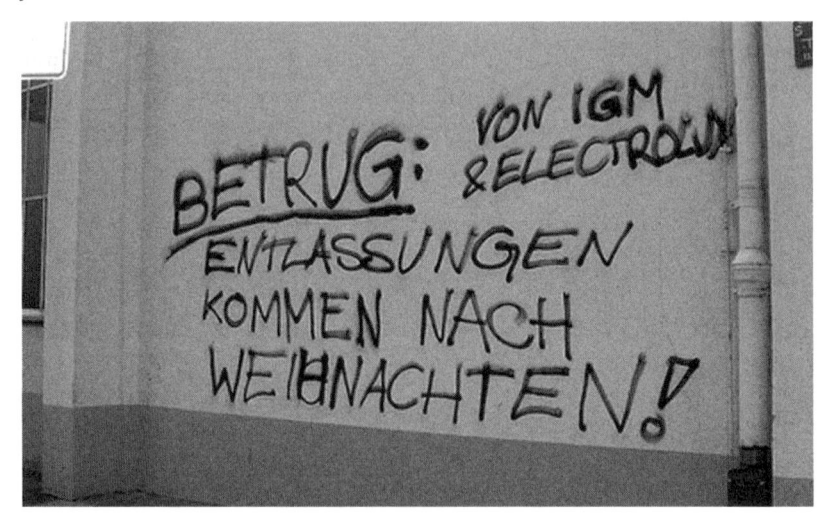

Alice:
Ja.

Hueseyin:
Da bin ich ...

Alice:
Und einer oder zwei davon war von der GPQ?

Hueseyin:
GPQ glaube ich, ja. Ist mir auch egal, wer da Jürgen Wechsler ist.

Alice:
Ja.

Hueseyin:
Okay, für Streik hätte es nicht gelangt, zum weiterzustreiken. 26% dafür macht den Streik schon kaputt. Aber die dagegen waren viel höher, die haben nur um Wechsler schön zu machen, haben sie des alles ...

Alice:
Was war mit den Kranken? Da waren unheimlich viel Leute krank.

Hueseyin:
Da waren 500 Leute krank. Viele sind an dem Tag der Urabstimmung nicht gekommen. Wer hat das alles nachgeprüft? Kein Mensch.

Alice:
Wie viel Leute sind dafür, wie viel dagegen?

Hueseyin:
Waren 81%, die haben Ja gesagt, 19% nein.

Alice:
81% von wie viel Leuten, wieviele waren das?

Hueseyin:
Keine Ahnung, habe keine Zahlen, nix.

Alice:
Er hat keine Zahlen genannt, nur die ...

Hueseyin:
Nein, nur die Prozente ...

Alice:
...nur die Prozentzahlen?

Hueseyin:
Nein, ich habe keine Ahnung, Nein. Am nächsten Tag sagt er: Wir haben gezählt 81% Ja. Da habe ich gesagt, wie viele Leute, wie viele Personen, waren da, wieviele Leute haben teilgenommen? Nix. Ich bin mir hundert Prozent immer noch sicher, dass das mehr als 30, 40% waren, die Nein gesagt haben. Schaust du mal, wenn 81%, 81% ja gesagt hätten, am Dienstag hätten alle Leute Beifall geklatscht, oder? Aber alle haben Betrug gesagt. Auch Harald Dix hat in den Himmel geschaut, wie Leute Betrug gesagt haben. 81%. Warum haben von so vielen nur 80 Leute Beifall geklatscht, wenn das so eine große Prozent gewesen wäre? Ich glaube hinter verschlossenen Türen und Riegeln ist irgendwas nicht in Ordnung gewesen. Nur drei Leute zum Zählen.

Hueseyin:
Gib es so eine Gesetz, wo man sagen kann, wir müssen dabei sein oder?

Alice:
Es muss irgendwo geregelt sein, auf jeden Fall. Aber ich denke, wenn die Tarifkommission nicht dabei ist, ist es seltsam.
Hueseyin:
Nein, die haben gesagt, muss nicht.
Alice:
Ja, aber ...

Hueseyin:
Ich, ich war auch da bei Harald Dix ...

Alice:
Aber er hat dich gefragt, wo es steht, oder?

Hueseyin:
Harald hat gesagt: Nein, dass steht dir nicht zu.

Alice:
Was steht dir dann zu? Wo steht das?

Hueseyin:
Na, was weiß ich, hab ich schon gesagt...

Alice:
Der hat nicht gesagt, wo das steht?

Hueseyin:
Ja, ja.

Alice:
Okay, na ja, man kann seine Schlüsse daraus ziehen, aber ...

Hueseyin:
Man kann schon.

Alice:
Ja.

Hueseyin:
Ab 11 Uhr im DGB-Haus, mit drei Leuten haben sie das selbst gemacht. Ich sag dir mal ein Beispiel: stell dir vor, wir würden hier mal eine große Kasse haben, das habe ich auch den türkischen Leuten gesagt, da kommt ein Haufen Geld rein und ich geh mit drei Leuten abends ein Uhr und wir zählen mal nach. Weiß jemand, wie viel da Geld ist? Ich kann sagen da sind 5000, ich kann auch sagen 15.000, kann auch sagen 3.000. Wer kann mir das nachweisen? Kannst du mir das nachweisen?
Alice:
Nein.

Hueseyin:
... dass da nur 3.000 drin waren. Nein, nicht?

Selma:
Was ist mit den Kranken, die, die krank waren? Okay, die Gewerkschaft könnte auch nach Hause gehen und die Stimmen nehmen.

Hueseyin:
Ja, ja, das haben auch viele Leute gesagt. Hundert Stimmen, fünfhundert Leute waren krank, was weiß ich, wie die das gemacht haben. Ja, die haben keine Zahlen gesagt, nur die Prozente, 81%. Sagen wir mal von 500 Leuten 81%, das haben sie nicht gesagt. Hätten sie gesagt von 1280 Leute hätten sagen wir mal 800 Ja gesagt, sagen wir mal 17%, 280 Leute haben Nein gesagt, sagen wir mal drei Prozent soviel Leute hätten Enthaltung gemacht. Oder, was weiß ich. Aber die haben keine Zahlen gesagt, das war eine interessante Zeit.

Alice:
Okay, das Ergebnis war da. Was passierte dann?

Hueseyin:
Was passierte dann?

Alice:
Was ist seitdem gelaufen?

Hueseyin:
Da sind die Leute ab 7.00 Uhr Leute erstmal ins Werk reingegangen. Dann hat man versucht zu arbeiten, aber erstmal die Moral und die Lust war nicht mehr da. Die Motivation war weg. Man hat den Tag noch vorbeigebracht, ab nächsten Tag hat es angefangen, die Leute sind noch mehr krank geworden.

Alice:
Und seitdem?

Hueseyin:
Seitdem, ist es ganz anders geworden. Die Leute reden überhaupt nix mehr, die Leute haben keine Lust mehr. Früher hat das mal Spaß gemacht, dann haben wir gegessen, uns unterhalten. Jetzt sind die Leute ganz anders geworden. Viele jammern, viele haben viel Schulden, die wo Haus gekauft haben, Auto gekauft haben, wo was investiert haben. Jetzt sagen Leute, die jammern viel. Die Kollegen tun mir auch, auch viel Leid, wo manche 90.000 Euro Schulden, haben. Manche kenne ich, die für 130.00, 150.000 Wohnung gekauft haben, vor 2, 3 Jahren oder 4 Jahren und bleiben sie im Schuldenberg stecken.

Alice:
Hmnh, das Geld geht irgendwann mal aus, dann kommt irgendwann mal ein Jahr Arbeitslosigkeit und dann Hartz IV. Habt ihr das eigentlich vorher diskutiert, dass eigentlich - egal wie hoch die Abfindung ist - einzig der Staat davon profitiert?

Hueseyin:
Ja, das habe ich auch gesagt. Ich habe auch, ich hab Wechsler persönlich gesagt: Das Geld ist gut. Okay, aber wie lange ist das gut? Wie lang, das weiß ich selber auch nicht. Ich weiß schon wie das hart ist. Ein Jahr geh ich in die GPQ. Da kriege ich gerade 980 Euro. Dann wird es ein Jahr lang später dann Arbeitslosengeld geben und was mach ich danach? Ich hab zwei Kinder, die noch Schule gehen, noch klein sind. Wir werden dann nirgendwo einen Arbeitsplatz kriegen. Dann kriegst du auch kein Hartz IV. Denn sie werden sagen, ich kenne die sehr gut. Hartz IV, da werden sie erstmal sagen, was habt ihr mit der Abfindung gemacht? Mit meiner Frau zusammen macht es - sagen wir mal - 80.000 Euro. Die werden sagen, macht erstmal das Geld weg, egal ob Bausparen, Lebensversicherung mit meiner Frau, für meine Kinder. Das sind so harte Sachen, und was mache ich, wenn die Frau zwei, drei Jahre später keine Arbeit mehr kriegt? Das weiß jeder Mensch, wie schwer das ist heutzutage.

Selma:
Hmn (zustimmend) Das ist schwierig, das glaube ich. Arbeiten viele mit ihrer Frau zusammen im Werk, genau wie du?

Hueseyin:
Ja, ja, es gibt glaube ich, noch 180 Ehepaare, die in der AEG arbeiten. Das ist schon sehr hart. Okay, ich werde mit meiner Frau arbeitslos sein, das wird sehr hart sein, glaube ich.

Alice:
Wenn du zurückblickst, was ist für dich das wesentliche? Was hast du und was habt ihr als Familie daraus für eine Lehre gezogen?

Hueseyin:
Puuh, das ist eine gute Frage, die du hier stellst.

Alice:
Hmnh.

Hueseyin:
Ich hab mir nie gedacht, dass AEG auf einmal so endet oder dass wir arbeitslos werden. Seit 21 Jahren bin ich hier und nie arbeitslos gewesen. Ich weiß nicht, wie sich die Arbeitslosen fühlen. Das ist eine sehr schwere Situation. Da kann ich schlecht was zu sagen.

Alice:
Aber, was hast du mitgenommen aus dem Streik?

Hueseyin:
Zum Streik, kann ich eins sagen: Streik war gut, wir haben viele Freunde gewonnen, am Ende die Enttäuschung war sehr groß. Das habe ich mitgenommen. Das die, unsere Funktionäre, wie die am Ende uns verkauft haben, wirklich enttäuschend ist das.

Selma:
Aber ihr habt nicht gewonnen?

Hueseyin:
Nein, wir haben nicht gewonnen. Wir haben schon von Anfang an verloren gehabt. Das haben die Leute nicht begriffen. Was sagen immer die deutschen Leute? Vertrauen ist gut, Kontrolle ist besser. Jetzt kontrollieren sie, aber jetzt ist es zu spät. Nur wir haben den Funktionären vertraut. Die haben uns am Ende aber billig verkauft, Mann, wirklich billig.

Alice:
Wenn du die Zeit wieder erleben könntest oder wieder erfahren könntest, was würdest du anders machen?

Hueseyin:
Was würde ich anders machen? Ich werde mehr riskieren, bis es nicht mehr geht, wie in Frankreich, zum Beispiel, wo auch die Firma Danone gekämpft hat, 21 Monate. Da würde ich alles auf eine Karte setzen, auch wenn wir am Ende das Ergebnis 0,1 kriegen, 0,5 oder 0,7 egal. Bis nicht mehr weiter geht, alles auf eine Karte setzen, riskieren, und am Ende kann es sein, ich bin stolz, wir haben gekämpft, wir haben am Ende alles gegeben, aber mehr als das war nicht rausgekommen. Mehr, mehr kann ich net sagen. Wirklich nicht. Die, die hätten mehr erreichen können.

Selma:
Denkt die Mehrheit so?

Hueseyin:
Mehrheit denkt so. Wirklich Mehrheit denkt so. Aah da frag ich mich auch mal persönlich, was hätten wir erreicht, wenn wir drei Wochen, vier Wochen oder noch drei Monate länger gestreikt haben? Wir haben gerade Electrolux in die Mangel gehabt ...

Selma:
Hmnh (zustimmend)

Hueseyin:
Ja, die haben zum Beispiel 30% ihrer Kundschaft verloren, europaweit. Ja, das ist ein gutes Ergebnis. 40% ist ihre Aktie runter gegangen. Wissen Sie, es geht doch alles um das Geld. Was hätten wir gemacht, wenn wir noch zwei Monate oder bis zum Urlaub gestreikt hätten? Dann geht von hier kein Teil mehr nach Polen. Die haben auch nichts mehr produzieren können, denn die neuen Trockner werden zwar in Polen montiert, aber alles geht von hier aus, die Seitenwände, Decken und alles. Ja wenn von hier keine Teile mehr gehen, wie wollen die das in Polen produzieren? Die waren gerade in der Zange. Nee, du willst jemand hängen, das Urteil ist da und am Ende holen wir ihn vom Strick runter. Wirklich.

Selma:
AEG hat doch gezeigt: Man kann nicht nur auf die AEG schauen. Der Konzern arbeitet doch länderübergreifend. Da müssen wir doch eine Antwort drauf finden.

Hueseyin:
Die Grenzen sind offen. Es gibt dafür Gesetze. Eine Firma kann überall ihre Geräte bauen, egal ob in Deutschland oder Polen, und mit wie viel Leuten, egal. Und es gibt keine Gesetze, die sagen, ihr müsst mit soviel Personal bauen oder mit denen arbeitet ihr nicht. Wenn es billige Länder gibt, billige Arbeitskräfte gibt, der Profitgeier ist da, dann wird es auch hier mehr Arbeitslose geben. Aber wir tun politisch überhaupt nix. Das ist der Problem. Ja, AEG hat immer schwarze Zahlen geschrieben. Es gab für deren Kapitalisten ganz viel Gewinn. Doch die wollen mehr Profit.

Alice:
Was würdest du jetzt deinen polnischen Kollegen sagen?

Hueseyin:
Okay, ich sag mal jetzt, ...

Alice:
Ich meine, wenn du vor denen sprechen würdest, was würdest du denen sagen? Was würdest du denen für Tipps geben?

Hueseyin:
Schau mal, die haben auch mal gestreikt, polnische Leute, Trockner. Die haben, wie sie gesagt haben, am Anfang 380 Euro bekommen müssen. Die haben aber nur 280 Euro bekommen. Die haben auch einen Monat nix gemacht. Die haben gesagt: Die haben uns das versprochen, das wir arbeiten mit diesem Geld, auf diesem Niveau. In Polen sind auch viele arbeitslos und in dieser Region, in der die Firma gebaut hat, ist die Arbeitslosenquote 22 %. Wenn die da ein Arbeitsplatz kriegen, wissen die nicht, dass in Deutschland dafür Leute ihre Arbeit geben. Man ist dankbar, wenn man als Arbeitsloser einen Arbeitsplatz kriegt. Dafür muss man den polnischen Leuten nicht die Schuld geben, da muss man den Kapitalistenschweinen Schuld geben. Denen, die wegen mehr Profit, mehr Gewinnen, mehr Aktionären, weil die Firma nach Polen weggeht, dafür das sie arbeitslos werden. Ja die polnische Leute gebe ich nicht Schuld. Der Arbeitslose ist froh, wenn er Arbeit kriegt. Ich werde sagen, den polnischen Leute sagen, sie sollen eine Gewerkschaft gründen, als Gewerkschafter organisiert sein, wenn es irgendwann mal sein muss, dass sie zusammen halten und so mehr erreichen. Aber im nächsten Jahr bekommt, glaube ich, Polen den Euro, dann wird es schon hart. Dann können sie nicht sagen, ihr müsst nur 380 Euro verdienen.

Alice:
Ich habe eine einzige Frage zum Schluss. Kannst du in einem Satz sagen oder in ein paar Worte, jetzt, nachdem fast alles vorbei ist, was für dich übrig bleibt? Was wäre dein Schlusswort zur AEG?

Hueseyin:
Dass es so endet, ist schon am Ende traurig. Mehr kann man nicht sagen. So eine traditionelle Firma, so ein Ende, da kann man nur heulen.

„Im kältesten Winter seit langem habe ich mir an den Feuertonnen die Füße abgefroren ..."

Interview mit Streikunterstützer Tim

Alice:
Wie kamst du zur AEG?

Tim:
Als es um die Verlagerung nach Polen ging, und ich einfach meine Solidarität mit der Belegschaft zeigen wollte.

Alice:
Die Verlagerung nach Polen, kannst du dich erinnern, wann du davon das erste mal gehört hast?

Tim:
Die ersten Aktionen haben im Herbst, ich denke im September stattgefunden. Als es richtig massiv wurde, dann habe ich natürlich den kältesten Winter seit langem miterlebt und hab mir an den Feuertonnen die Füße abgefroren.

Alice:
Kurz vor Weihnachten wurde die Schließung der AEG verkündet. Wie hast du die Stimmung erlebt?

Tim:
Bei sämtlichen Aktionen, die stattgefunden haben, war die Stimmung zuerst explosiv und die Leute dementsprechend geladen, weil sich jeder verschaukelt vorkam. Ich war dann regelmäßig mit im Streikzelt und mit Beginn des Streiks anwesend.

Alice:
Das Nürnberger Sozialforum hat den Boykott eine Woche vor Streikbeginn angefangen. Hast du davon etwas mitbekommen?

Es hat gebrannt in Nürnberg ...

Tim:
Den Boykottaufruf habe ich auf jeden Fall mitbekommen. Jeder, der betroffen war, der musste gar nicht erst extra aufgefordert werden. Es lag in der Natur der Sache, dass man keine Artikel von einer Firma kauft, die einen auf die Straße befördert hat. Aber der Boykottaufruf allgemein war wichtig für diejenigen, die nicht direkt betroffen waren. Es hat so auch ganz Deutschland erfasst und auch das Ausland erfasst. Firmen oder Konzernen, die so mit Menschen umgehen, denen sollte man nicht noch den Gefallen tun und deren Produkte kaufen. Das hat bis heute Bestand. Das ist für mich glasklar. Von denen kaufe ich nichts mehr.

Alice:
Streikzelt war das Stichwort. Die IG Metall hat ja einen Streik für einen Sozialtarifvertrag gemacht. Da ging es dann richtig los mit Streikzelt und so. Wie hast du den Streik erlebt?

Tim:
Für mich war das eine komplett neue Erfahrung, weil ich so in der Form Streiks noch nie so hautnah miterlebt habe. Ich habe mal den Grundig-Streik miterlebt, aber auch nur durchs Vorbeifahren, als Grundig pleite gegangen ist. Persönlich beim Streik, bei der Entwicklung und der gesamten Durchführung dabei zu sein, war für mich völlig neu. Ich bin beinahe täglich hingegangen. Ich habe

mich erstmal sehr gerne mit der Belegschaft unterhalten. Da haben ganz tolle Gespräche stattgefunden. Die Leute waren am verzweifeln. Es hat ganze Familien zerstört, weil oft nicht nur eine Person aus der Familie bei AEG beschäftigt war, sondern teilweise schon ganze Generationen. Die Großeltern, über den Vater und jetzt die Kinder haben da gearbeitet. Wenn mehrere Familienmitglieder in einer Firma arbeiten, die geschlossen oder verlagert wird, ist das ein ganz massiver Einbruch. Leute die hier zu Hause sind, die hier wohnen und sich kleine Häuschen gebaut haben oder auch Miete zu bezahlen hatten, die stehen dann plötzlich vor dem Nichts. In die Richtung sind dann eben die Gespräche gegangen. Ganz, ganz viel Ratlosigkeit herrschte. Was soll jetzt aus mir werden oder was soll aus uns werden? Es hat unendlich viele Fragen gegeben. Zum Teil war ich selber ratlos, wenn mir Leute erzählt haben: Wir haben eine Eigentumswohnung mit 130 qm. Dürfen wir die behalten? Wird die uns jetzt weggenommen, werden wir sozusagen zwangsenteignet? Was bleibt uns überhaupt noch?

Alice:
Nach dem Rummel zum Auftakt fing ja die Streikroutine an. Wie war die Streikorganisation, wie hast du die ersten ein, zwei Wochen erlebt?

Tim:
Ich fand das eigentlich schon beeindruckend. Man hat die Situation erleben müssen. Es hat gebrannt in Nürnberg, in jeder Beziehung. Also den Streik, die Situation konnte man spüren, riechen, richtig wahrnehmen, weil egal, ob man in einer Nürnberger U-Bahn oder Straßenbahn gesessen hat, durch die Qualmwolken von den Feuertonnen, wenn man stundenlang dran gestanden hat in ungünstiger Windrichtung, hat man leicht angekokelt gerochen. Man hat gestunken, man hat seine Kleidung nächtelang, tagelang auf den Balkon hängen können, man hat diesen beißenden Qualmgeruch nicht raus bekommen. Also die Luft hat gebrannt in Nürnberg in jeder Beziehung.

Alice:
Man hat die AEGler in der U-Bahn gerochen?

Tim:
Man hat sie auch erkannt, weil die Feuertonnen ja auch einen Funkenflug gegeben haben, und wenn jemand vor einem gelaufen ist, so zehn bis zwanzig kleine Brandlöcher in seiner Jacke hatte, der war entweder solidarisch mit AEG oder war ein Mitarbeiter von AEG. Es war schweinekalt. Alles was der Schrank hergeben hat an Unterwäsche, Skiunterhosen und Motorradkluft und so kam zum Einsatz. Also Hauptsache man war wind- und wasserdicht

verpackt. Alles andere war zwecklos. Drei Schichten Socken übereinander und dicke Winterstiefel. Was mich persönlich auch noch beeindruckt hat zum Streikbeginn, dass unglaubliche Solidaritätsaktionen in Nürnberg stattgefunden haben. Wenn man sonst den Franken so unterstellt, sie wären ein bisschen mumpflert und na ja nicht so gesprächig und eher maulfaul, die Meinung muss ich revidieren, es hat sich das Gegenteil gezeigt. Jeder, der an den Solidaritätsaktionen teilgenommen hat, also diverse Nürnberger Gruppen, Sozialforum, Montagsdemo, die linken Gruppen sind Klinken putzen gegangen und haben gesammelt für die AEG Belegschaft. Die Spendenbereitschaft war unheimlich groß. Arztpraxen haben zehn bis 20 Euro gegeben. Und bei Privatpersonen, wenn man da vor der Tür gestanden hat, ist man nicht angemault worden, sondern hat gehört: Selbstverständlich, warten Sie einen Moment, ich hol mal meinen Geldbeutel. Die Leute sind alle ins Laufen geraten. Was ich dann auch ganz toll fand, das waren die Lieferungen von Nürnberger Metzgereien, Bäckereien, Supermärkten, die die Streikenden mit Lebensmitteln versorgt haben.

Alice:
Wie haben die AEG KollegInnen die Situation und diese ganze Solidarität erlebt?

Tim:
Die waren sehr, sehr beeindruckt. Sie hatten es nicht für möglich gehalten, dass so eine große Anteilnahme stattfindet. Sie waren von zornig bis aggressiv. Es hat auch mal lautere Töne gegeben, weil einfach jemand über die Konzernspitze geschimpft hat. Die Leute haben sich einfach Luft gemacht. Wenn ich genauer drüber nachdenke, so hat es verschiedene Phasen gegeben. Die erste Phase war der Streikbeginn. Ich würde mal sagen: Die Leute waren aggressiv und geladen, verständlich. Am Anfang war geladene Stimmung. Das hat sich dann verändert, als es sich in den Köpfen so ein bisschen gesetzt hatte, in was für eine Situation die AEG-Mitarbeiter jetzt kommen, kam so etwas wie, wie nennt man das jetzt, Resignation, Trauer ja – je nach Charakter war es unterschiedlich – bis hin zu Verzweiflung auf. Dann ist auch ganz klar: Bei soviel Wochen, also sechs Wochen, ist auch so ein bisschen Routine eingekehrt. Dann kamen mit den Wochen auch die Themen auf: Wo kann ich mich bewerben, wo komme ich unter, welche Firmen suchen überhaupt noch Leute? Dann war eigentlich eine breite Resignation zu spüren.

Alice:
Hattest du das Gefühl, dass es in der Stimmung Veränderungen gab?

Tim: Das war abhängig von der jeweiligen Situation, was die Gewerkschaft unternommen hat. Dann war eine Zeit dabei, in der sich Politiker die Klinke in die Hand gegeben haben. Lafontaine, Müntefering und andere waren da, was von der Belegschaft als heuchlerisch empfunden wurde, weil bloß Phrasen gedroschen wurden. Das hat aber an der Situation insgesamt gar nichts geändert, was natürlich die Stimmung wieder hochgeputscht hat.

Alice:
Kannst du über den »Aktionstag Weiße Ware« etwas erzählen?

Tim:
Da bin ich auch mitmarschiert. Es gab deutschlandweite Solidarität. Es sind viele aus Norddeutschland gekommen. Es waren KollegInnen einer Zulieferfirma dabei, die ihre Solidarität mit erklärt haben, ACC aus Oldenburg. Beschäftigte von Miele und Bosch-Siemens waren auch da. Das hat mich sehr beeindruckt.

Alice:
Die Gewerkschaft hat ja an diesem Aktionstag das Motto „AEG ist Deutschland" ausgegeben und T-Shirts und Plakate damit verteilt. Wie haben das die KollegInnen gesehen?

Tim:
Die Aussage »AEG ist Deutschland« ist negativ aufgenommen worden, weil zur gleichen Zeit am 14. Februar in Straßburg die Bolkestein-Demo stattgefunden hat und da auch ein oder zwei Busse aus Nürnberg gestartet sind. Alle AEG Mitarbeiter haben dieses rote T-Shirt getragen haben mit »AEG ist Deutschland«. Der Slogan war nicht gut gewählt.

Alice:
Haben die KollegInnen das auch so gesehen oder ist das jetzt deine Meinung?

Tim:
Das war die Meinung der KollegInnen und vieler anderer auch, die die Aktion beobachtet haben.

Alice:
Warum kam das nicht gut an? Es sollte ja auf die damalige Kampagne »Du bist Deutschland« anspielen.

Tim:
Ja, aber das ist ein alter Nazispruch und ist eigentlich damit assoziiert worden. Deswegen ist es nicht gut bei den Leuten angekommen und schon gar nicht, wenn man auf eine internationale Demo nach Straßburg fährt, mit diesem Slogan durch die Stadt zu laufen, wo weltweit die Kameras drauf gerichtet sind, das war eine unkluge Entscheidung. Das war ein peinlicher Auftritt der Deutschen in Straßburg. Es gab verschiedene Aktionen von der IG Metall, die ich persönlich nicht für gut empfunden habe. Nicht nur, dass die Belegschaft von Electrolux verkauft worden ist. Ich fand zum Beispiel die Aktion von der IG Metall nicht in Ordnung, als die Werkstore in der Muggenhofer Straße geschlossen waren und der Betrieb ja rund rum bestreikt wurde, man dann aber auf der anderen Seite den Hafen hinten offen gelassen hat. Da wurde waggonweise die Ware vertrieben. Die Situation fand ich inkonsequent.

Alice:
Wurde das bei den KollegInnen diskutiert?

Tim:
Kaum. Zur der Zeit, in der ich anwesend war, habe ich da wenig mitgekriegt, weil es ja eine geheime Aktion war und nicht an die Öffentlichkeit gebracht werden sollte. Die es dann mitgekriegt haben mit dem Streikbruch, die waren sehr erbost, weil das eine inkonsequente Haltung war zum Streik. Dadurch ist letztendlich der Streik der Logistik im Hafen ins Leere gelaufen. Was der IG Metall dann natürlich auch ein Dorn im Auge war, das waren die diversen Flugblätter der Linken, die über solche Aktionen geschrieben haben. Ich habe oft genug im Streikzelt gesessen und konnte beobachten, wie IG Metall nahe Personen die Handys gezückt haben. Sie haben einen Anruf gestartet, und daraufhin kamen ein Herr Wechsler oder Herr Dix und sind durchs Zelt gesaust,

haben rechts und links die Tische abgelaufen und sämtliche Druckwerke wieder eingesammelt und in die Feuertonnen geschmissen. Die Flyer, die unmittelbar vorher verteilt worden sind, sind innerhalb kürzester Zeit wieder eingesammelt worden.

Alice:
Was waren das für Flyer? Von welchen Gruppen?

Tim:
Das war der Muggenhofer Druck, die MLPD Betriebszeitung, denen auch teilweise der Zutritt zum Zelt verwehrt wurde. Viele Flugblätter von linken Gruppen und Parteien, brisante Flyer, waren unerwünscht und sind nach einem Anruf sofort in die Feuertonnen gewandert. Mit der Zeit konnte ich dann so zuordnen, wer zu wem gehört. Weil die Leute alle so deprimiert ausgesehen haben, hat man die AEGler an ihren roten Tüten erkannt. Selbst wenn sie die Streikwesten nicht an hatten, sah man das dann mindestens an den Gesichtern. Was aufgefallen ist, und das konnte ich anfangs noch nicht zuordnen: Es gab eine Person, die hatte immer ein Lächeln im Gesicht. Also egal, wann ich den Mann gesehen habe. Er hat immer gelächelt. Ich konnte ihn nicht zuordnen und dachte immer: Es ist ein hochrangiger AEG Mitarbeiter, der sich um seinen Posten keine Sorgen machen muss. Aber dann irgendwann mal habe ich mitbekommen, dass es der Chef von der GPQ ist.

Alice:
Der Heribert Hansel?

Tim:
Ja. Der hatte natürlich allen Grund zum Lächeln. Der hat sich schon die Hände gerieben. Ich habe ihn bloß beobachtet und dachte: Was bist du für einer?

Alice:
Die Politiker wurden ja als heuchlerisch empfunden. Aber wie hast du das Verhältnis der KollegInnen zur IG Metall erlebt? Geredet haben ja immer die Funktionäre, Wechsler, Dix. Wie kam das bei den KollegInnen an?

Tim:
Zu Streikbeginn waren die Kollegen von der IG Metall sehr angetan, standen ihr positiv gegenüber. Aber nachdem so ein paar Sachen wie der offene Hafen aufgetaucht sind, oder an einem Abend eine geheime Versammlung der IG Metall in München stattfand, die nicht öffentlich werden durfte, mit Otto

Wiesheu und Neugebauer, da war die Belegschaft verunsichert, was ich aus den Erzählungen so mitgekriegt habe. Manchmal war es auch empfehlenswert, einfach bloß im Streikzelt zu sitzen, ruhig zu sein und den Gesprächen zuzuhören. Wie die Kollegen sich da so unterhalten haben, also da ist Misstrauen entstanden gegenüber der IG Metall.

Kollegenprotest während die Tarifkommission tagt

Alice:
Hatten die Aktivitäten und Flyer der linken Gruppen irgendeine Wirkung bei den KollegInnen?

Tim:
Es hatte eine aufklärerische Wirkung auf jeden Fall, weil da Sachen übermittelt worden sind, die die IG Metall niemals verbreiten oder kundtun würde. Da ist die Belegschaft schon hellhörig geworden. Da fällt mir zum Beispiel die eine Aktion im IBIS Hotel ein. Das war auch eine nicht öffentlich bekannt gewordene Aktion, oder zumindest sollte die Belegschaft nichts über diese Verhandlung mitkriegen. Da waren Leute mit einem Transparent »Nein zum faulen Kompromiss«. Die Flyer und Aktionen der linken Gruppen haben der IG Metall überhaupt nicht gepasst.

Alice:
Die Optik ums Werk war ja sehr bunt durch die Graffitis, die vielen Transpa-

rente der linken Gruppen oder auch die Unterschriften für den Boykott, die das Sozialforum quer durchs Streikzelt aufgehängt hat. Am Schluss sah das ja fast schon aus wie ein Camp von G8-Gegnern. Hat diese Optik für die Kollegen irgendeine Rolle gespielt?

Tim:
Man muss das im Gesamtbild sehen. Ob das jetzt die Lebensmittellieferungen waren, Holzlieferung, dann die ganzen Solitransparente, also das hat den Streikenden denke ich mal auch ein Stück weit Kraft gegeben. Sie hatten glaube ich nicht das Gefühl alleine zu sein. Die Situation ist von Nürnberg oder Mittelfranken aus ganz intensiv beobachtet worden. Und da waren die Transparente nicht unbedeutend. Nur hat sich die IG Metall die Freiheit genommen, unerwünschte Transparente zu entfernen.

Alice:
Ende Februar hat der Streik ja schon lange gedauert. Hat sich die Stimmung da verändert?

Tim:
Je länger der Streik dauerte, umso mehr wurde die Situation mit Hartz IV bewusst. Die Abfindung war dann ein Thema. Da gab es eine Altersgrenze, und da war ganz miserable Stimmung, weil viele da nicht drunter fielen und Leute sofort dagegen klagen wollten. Was ich so mitbekommen habe, standen gar nicht die Abschlussverhandlungen im Vordergrund. Was ich so mitgekriegt habe, haben die Leute gerechnet: Was mache ich mit 345 Euro? Wie soll ich künftig existieren, was mache ich mit meinem Ersparten, das ich jetzt habe?

Alice:
Auf der anderen Seite gab es Ende Februar ja auch die Parole: »Wir streiken bis zum Sommer«. Wie passt das zu der Stimmung, die du gerade beschrieben hast?

Tim:
Ich muss gerade schmunzeln, weil ich an die Kollegin denken muss, die gesagt hat: Jetzt macht das Streiken gerade richtig Spaß. Also die Leute hatten einen enormen Kampfgeist. Es kam immer darauf an, wie das familiäre Umfeld ist. Aber ich hatte so den Eindruck: Die die nicht allzu viel zu verlieren hatten, die haben dem ganzen enormen Auftrieb gegeben. Also die waren wesentlich kampfbereiter. Die anderen waren eher in ängstlicher Zurückhaltung.

Alice:
Wie hat sich das verteilt zwischen Leuten die gesagt haben: Jetzt macht es erst richtig Spaß, wir ziehen das Ding durch, egal was dabei rumkommt und den eher Ängstlichen, die sich zurückhielten. Wie viele waren das?

Tim:
Ich wage mal zu behaupten, das es die Hälfte etwa war der Belegschaft. Mir sind am kämpferischsten die ausländischen Mitarbeiter aufgefallen. Also da war richtig Biss dahinter. Die, die in der ängstlichen Phase waren, sagen wir mal logischerweise schon Existenzängste hatten, die haben sich ziemlich aus dem ganzen Geschehen rausgehalten, die waren sowieso krank geschrieben. Die sich kämpferisch gezeigt haben und hoch motiviert waren, die haben sowieso die Streikschichten übernommen, und die würden wahrscheinlich heute noch streiken. Der Kampfgeist hat bei denen überwogen. Die haben sich vielleicht auch gesagt: Ich bleibe hier an der Feuertonne bis zum Sommer oder bis sie mich hier wegtragen, wenn ihr was von mir wollt. Je mehr es dann zu Ende zugegangen ist, umso mehr hat es sich dann bei den Aktiven nochmal gesteigert, mit jeder Unwahrheit.

Alice:
Hatte der Kern der Streikaktiven ein Gespür für die Geheimverhandlungen? Du hast von Unwahrheiten gesprochen.

Solidaritätsaktion von Nürnberger Bauarbeitern

Tim:
Die Leute waren natürlich über sensibel. Da waren alle Fühler auf Empfang ausgestreckt. Man hat es eigentlich am deutlichsten gespürt in der Nacht vom 6. auf den 7. März, als die Umfrage rumging, dass wieder weitergearbeitet werden soll. Da ist abgestimmt worden, ob wieder gearbeitet oder weiter gestreikt wird.

Alice:
Die Urabstimmung war ja eine Woche nachdem in Geheimverhandlungen der Streikabbruch vereinbart wurde.

Tim:
Da war Schluss, Aus, Ende. Da ist es noch einmal richtig rund gegangen. Das hat die Stimmung noch einmal enorm gesteigert. Also da ist sehr viel disku-

---

Fragen zur Urabstimmung

Wechsler hat erklärte: Vorruhestandsregel mit 53. In der IG Metall Presseerklärung steht erst bei 23 Jahren Betriebszugehörigkeit. (http://www.presseportal.de/story.htx?nr=791827) **Warum erfährt die Presse mehr? Was stimmt jetzt?**

Jeder rechnet wieviel er kriegt. Schon nachgerechnet wieviel übrigbleibt? Dran gedacht, dasss die Rente weniger ist bei Vorruhestand bis 63?

Electrolux geht davon aus, dass die kompletten Kosten für die Schließung nach wie vor im früher kommunizierten Rahmen von etwa 240 Millionen Euro liegen werden. (http://www.presseportal.de/story.htx?nr=791503) **Wo ist der Erfolg?**

Übersetzung der Vereinbarung in alle von der Belegschaft gesprochenen Sprachen. Und 24 Stunden Zeit für Diskussion bis zur Urabstimmung.

Die Mehrheit muss entscheiden.

Wir bleiben hier - dafür kämpfen wir!

von KollegInnen für KollegInnen

---

tiert worden, denn an die Korrektheit der Abstimmung, was ich so mitgekriegt habe, hat keiner geglaubt. Es ist in Frage gestellt worden, wer die Urabstimmung ausgezählt hat. Für ausländische Mitbürger sind die Urabstimmungszettel nicht mehrsprachig gewesen. Es ist auf dem Ausdruck schon in einem Kästchen vorgegeben gewesen, was man anzukreuzen hat. Also das hat schon eine Spur Sarkasmus an sich. Da hat die Luft noch mal gebrannt. Was ich bei den ganzen Abstimmungen nicht korrekt finde, nicht begriffen habe und auch bis heute nicht begreifen konnte, ist, dass man bei der Urabstimmung für den Streik 75% der Stimmen brauchte und für das Streikende aber nur 25%. Das geht nach meinem Demokratieverständnis nicht in meinen Kopf rein.

Alice:
Wie hast du die letzte Woche erlebt. Du hast ja gesagt, dass der Kampfgeist

sich bei den Aktiven nochmal gesteigert hat. Man kann ja nun die Frage stellen: Wenn der Kampfgeist so groß war, warum wurde dann nicht weiter gekämpft?

Tim:
Die Überlegung war, dass die Abfindung verloren geht, wenn weiter gestreikt würde. Im Endeffekt war das nichts anderes als eine Erpressung. Die Kollegen sind sich dann gegenseitig in den Rücken gefallen und zwar diejenigen, die hätten weiterkämpfen wollen gegen diejenigen, die gesagt haben, ich werde sowieso entlassen und nehme die Abfindung mit. Die Solidarität der Streikzeit war da abrupt beendet als die Leute sich untereinander bekriegt haben und sich so quasi als Verräter oder Spalter hingestellt haben. Noch erwähnenswert ist, dass einen Tag vor der Urabstimmung im Streikzelt ein Karton mit weißen Buttons stand, auf denen der Streikbeginn und das Streikende aufgedruckt war. Offensichtlicher geht es ja gar nicht. Diese Urabstimmung war einfach nur gefaked. Es hat eine gezielte Manipulation stattgefunden. Die Belegschaft ist gezielt verunsichert worden, durch solche Äußerungen wie: Du verlierst deine Abfindung, wenn du nicht aufhörst mit dem Streik. Selbst von Harald Dix kamen solche Äußerungen. Mit der Belegschaft ist, jetzt so im nachhinein betrachtet, gespielt worden. Erst ist sie hoch geputscht worden, nach dem Motto »Ihr habt zu machen was ich will oder was wir wollen« und dann ist, als der Kampfgeist noch existiert hat, den Leuten sozusagen der Boden unter den Füßen weggezogen worden. Das war wie ein Schlag ins Genick. Bis hier hin und nicht weiter.

Alice:
Wie hast du persönlich das Streikende erlebt?

Tim:
Ich war frühmorgens um 6 Uhr am Streikzelt und habe erlebt, wie Harald Dix die Streikmauer einschlägt. Das ganze war noch einmal so auf Dramatik ausgerichtet, medienfreundlich natürlich. Jedenfalls hat die Belegschaft wieder angefangen zu arbeiten. Ich habe mich ins Streikzelt gesetzt. Das war jetzt leer. Nur eine Gruppe Presseleute saß da.

Druckwächter ist ein Teil, das in jeder Waschmaschine eingebaut wird

»Netzwerk IT« im Interview mit Dagmar und Rüdiger über das Projekt »Druckwächter«

Das nachfolgende Interview wurde im Februar 2006 kurz vor Streikende für ein freies Radio in Frankreich geführt. Aufgrund des Streikabbruches ist es dann nicht mehr zu der eigentlich geplanten längeren Reportage über die AEG gekommen. Wir veröffentlichen das Interview trotzdem, da es einen ganz guten Einblick in die Arbeit des Projekts »Druckwächter« und von »Netzwerk IT« im Internet gibt und verdeutlicht, wie auf diesem Wege Kommunikation und Öffentlichkeitsarbeit möglich war, die den Kampf voran bringen konnte.

Irene:
Vielleicht kannst du als Erstes mal das »Netzwerk IT« vorstellen.

Rüdiger:
»Netzwerk IT« ist eine offene Plattform für Beschäftigte und Erwerbslose. Dort tauschen sich Interessierte über ihre wirtschaftliche und soziale Lage aus, teilen ihre Erfahrungen mit anderen, informieren sich gegenseitig und organisieren sich. »Netzwerk IT« ist ein Zusammenschluss, der sich sowohl in der „virtuellen" Welt des Internets abspielt wie auch im ‚echten Leben'. Als Netzwerk stellen wir eine Verbindung zwischen Menschen, Gruppen und Projekten her. Damit schaffen wir die Voraussetzungen, um durch gemeinsame Aktionen Veränderungen zu erreichen.

Irene:
Was sind die Ziele von »Netzwerk IT«?

Rüdiger:
Die konkreten Ziele ergeben sich aus der jeweiligen Situation der Kolleginnen und Kollegen bzw. der Projekte. Dies kann ein gemeinsamer Widerstand gegen Entlassungen, Hilfe bei der Wahl eines Betriebsrates, die Schaffung von Basisinitiativen im Betrieb oder die Verhinderung von Zwangsumzügen nach Hartz IV usw. sein.

Daneben ist »Netzwerk IT« der Versuch, Beschäftigten und Erwerbslosen einen Platz zu schaffen, an dem sie ihre Vereinzelung aufbrechen können. Durch Erfahrungsaustausch und daraus entstehende Aktivitäten erhalten sie eine Stimme, die sie bisher in der Öffentlichkeit und der Politik nicht haben. Jede und jeder muss sein Schicksal in die eigenen Hände nehmen. Das ist einer der wenigen und ganz wichtigen Grundsätze von »Netzwerk IT«. Wir lehnen es ab, für andere die Kastanien aus dem Feuer zu holen. Wir sind solidarisch und organisieren Hilfe zur Selbsthilfe.

Bei allen drängenden Existenzsorgen und alltäglichen Problemen sind wir nicht einfach nur dagegen. Wir haben Träume, positive Utopien, auch wenn sich manche davon nur langfristig umsetzen lassen werden. Wir streben eine andere Welt an. Eine Welt, in der die Menschen frei und gemeinsam über ihre Angelegenheiten entscheiden. Eine Welt, in der die Wirtschaft sich nach den Bedürfnissen der Menschen richtet und unser Leben nicht dem Profitstreben unterworfen ist. Eine Welt, in der Ausbeutung, Unterdrückung und Krieg als barbarische Erscheinungen einer niederen Zivilisationsstufe gelten.

Irene:
Seid ihr eine Gewerkschaft?

Rüdiger:
Nein. Wir sind keine Gewerkschaft und streben das auch nicht an.

Irene:
Was seid ihr dann?

Rüdiger:
Wir sind eine soziale Bewegung. Als offener Zusammenschluss vertreten wir nicht die Interessen z.b. unserer „Mitglieder" oder der Lohnabhängigen in Deutschland. Wir, dass heißt alle die mitmachen, nehmen gemeinsam unsere Interessen wahr. Dazu ermutigen wir Menschen, ihr Schicksal in die eigenen Hände zu nehmen und aktiv zu werden. Als soziale Bewegung in der Arbeitswelt sind wir dem ursprünglichen Gedanken der Arbeiter- und Gewerkschaftsbewegung verpflichtet.

Irene:
Welche Rolle spielt »Netzwerk IT« bei der Auseinandersetzung um die AEG?

Rüdiger:
»Netzwerk IT« ist an der Auseinandersetzung um die AEG in Nürnberg auf drei verschiedenen Ebenen beteiligt. Es gibt das Projekt Druckwächter, das von und für Kolleginnen und Kollegen bei der AEG gemacht wird. Daneben gibt es im journalistischen Teil von »Netzwerk IT« regelmäßig Nachrichten über die Auseinandersetzung, und schließlich ist noch die Kampagnenseite des Electrolux-Boykotts „Jobkiller Electrolux -ich kaufe nix" bei uns untergebracht.

Irene:
Was muss man sich unter dem Projekt »Druckwächter« vorstellen?

Dagmar:
Wir sind eine Gruppe von AEGlern, die von Anfang an der Gewerkschaft nicht vertraut haben. Daher wollten wir uns eine eigene Struktur schaffen. Weil uns kein Namen einfiel, haben wir ein Teil gewählt, dass in jeder Waschmaschine verwendet wird - den Druckwächter. Wir fanden das passend, weil die Waschmaschinen ja die größte Produktionslinie mit 6 Bändern in Nürnberg sind. Als wir dann im Herbst unser erstes Flugblatt bei der Frühschicht

> **Ein neues Internet-Projekt von und für Arbeiter und Arbeiterinnen der AEG**
>
> **DRUCKWÄCHTER**
>
> Viele fragen sich nach der Protestkundgebung vom Mittwoch, wie es weitergehen wird. Der Betriebsrat hat uns letzte Woche leider nicht mehr informiert. Was kam bei den Gesprächen zwischen Betriebsrat/IGM und Electrolux am Donnerstag in Frankfurt raus? Auch interessiert uns natürlich was bei dem Treffen der IGM-Vertrauensleute und Betriebsräte am Freitag in Nürmberg besprochen worden ist.
> Unsere Aktion vom Mittwoch hat ja viel Wirbel gemacht. Zeitungen und Fernsehen haben tagelang über die AEG berichtet. Das war ein guter Anfang!
>
> Das wird aber sicher nicht reichen, um unsere Existenz zu retten! Es gibt viele Fragen. Einige sind der Meinung wir sollten weiter streiken. Andere überlegen für sich, ob sie wo anders einen Job finden könnten. Ältere Kollegen befürchten, dass auf sie Hartz IV wartet. Die Angst und Unsicherheit ist groß. Viele haben aber doch noch die Hoffnung, dass bei den Verhandlungen was erreicht wird. Die Ungewissheit ist das schlimmste und zermürbt einen. Die Familie fragt auch jeden Tag, was es neues gibt.
>
> **Mit wem soll man reden?**
> Der „Druckwächter" ist ein Ort, wo wir uns austauschen können, diskutieren, oder einfach auch nur mal meckern.
>
> **Das läuft so:**
> Geht im Internet auf die Adresse **http://www.netzwerkit.de/projekte/aeg**
>
> Schaut euch dort um. Ihr findet dort regelmäßig neue Informationen, Presseartikel und vieles mehr.
> Aber ihr könnt dort nicht nur lesen, sondern auch eure Meinung schreiben und eure Fragen stellen!
> Ihr könnt auch zu jedem Beitrag eure Meinung äussern. Klickt dazu unter den Artikeln auf die Buttons „add comment" oder „kommentieren"!
> **Das ganze ist völlig anonym!**
> Und im „Offenen Forum" können wir alles miteinander besprechen, was uns bewegt.
>
> **AEG MUSS BLEIBEN!**
>
> **STRÅBERG MUSS WEG!**

verteilt haben, meinte ein Kollege: Druckwächter, des gibt's bei uns auch. Da mussten wir lachen, aber er hat das Flugblatt genommen.

Allgemeiner bekannt geworden ist der Name dann durch die Internetseite auf »Netzwerk IT«. Im Internet-Projekt »Druckwächter« haben wir eine Chronologie, die fortlaufend ergänzt wird. In den Pressespiegel nehmen wir nur die

tionen berichtet; das ging per Handy direkt vom angehaltenen Band und den Streikversammlungen im Hof ins Internet und von dort in alle Welt hinaus. Wenn wir um 10.30 Uhr nach der Versammlung alle nach Hause gegangen sind, stand es um 11 Uhr im Netz. Na ja, und dann hat es halt die Presse abgeschrieben und so ist das überhaupt öffentlich bekannt geworden, dass wir streiken.

Das lief ja damals alles ohne die Gewerkschaft. Wichtig nach innen in die Belegschaft rein war das aber auch, weil die Spätschicht wusste ja nicht, dass wir z.B. um 10.30 Uhr nach Hause gegangen sind. Denen hätten sie ohne die Informationen im Internet ja alle möglichen Lügen erzählen können. Da hat sich dann ein richtiger Wettbewerb zwischen den einzelnen Hallen und Schichten entwickelt, wer am schnellsten die Bänder stoppt.

Die dritte Aufgabe ist am schwierigsten zu erklären. Ein bisschen kannst du es mit der Art von Massenkommunikation vergleichen, wie sie z.B. bei einer pfiffigen Werbung läuft, bei der dann jeder drüber spricht und am Ende alle das Teil kaufen müssen. Oder noch besser mit der Art, wie die Bild-Zeitung ein Thema hochkocht. Alle reden plötzlich drüber und am Ende müssen irgendwelche Politiker drauf reagieren. Was ich damit sagen will, ist, dass du so eine Art starken Sender hast, z.B. die Bild, der eine Botschaft ausstrahlt. Die geht anonym an eine Vielzahl verteilter Empfänger, also die Bild-Leser, die alle irgendwie auf die Botschaft reagieren. Aber es gibt eben nicht wie in einem Gespräch eine direkte Kommunikation zwischen Sender und Empfänger über die Botschaft. Das Schöne bei der Sache ist, dass am Ende noch eine dritte Seite, z.B. die Politiker, darauf reagieren.

Ich bin mir nicht sicher, ob die Beispiele wirklich richtig sind. Aber egal, jedenfalls läuft das irgendwie so in der Art beim Druckwächter und der AEG-Auseinandersetzung. Auch wenn wir uns das selber noch nicht richtig erklären können; es läuft total erfolgreich. Öfters sind wir selber von der Wirkung überrascht, die wir erzielen.

Als Internetprojekt übt der Druckwächter einen starken Druck auf die Gewerkschaftsfunktionäre aus, viel stärker, als wenn wir z. B. als kleine Oppositionsgruppe offen im Betrieb oder jetzt im Streikzelt auftreten müssten. Die wissen nicht, wer wir sind und wie viele. Die können uns nicht fassen. Darüber sind die richtig sauer. Die Kolleginnen und Kollegen finden aber unsere Informationen gut und die Forderungen richtig.

Das hat dann manchmal durchaus überraschende Auswirkungen. Um nur mal ein Beispiel zu nennen: Dann ist eben so eine Parole an der Wand, ich meine jetzt die erste „Stråberg muss weg -AEG bleibt". Das ist dann nicht irgendetwas von einer radikalen Minderheit von außen, sondern wird zur Forderung der AEGler, weil es halt alle richtig finden. In den Zeitungen steht: Ar-

> # Da sollten wir mit diskutieren:
>
> Auf einer Veranstaltung des Sozialforums Nürnberg diskutieren Vertreter der IG Metall, des Betriebsrats der AEG, Organisatoren des weitergehenden Electrolux-Boykotts und von Netzwerk IT.
>
> ## Samstag, 25. März 2006 um 13 Uhr
>
> Thema:
>
> ## Betriebskrisen, Strukturwandel, Arbeitslosigkeit
>
> ### Die AEG wird ein Hauptthema sein
>
> Warum wird ein Streik dann abgebrochen, wenn er gerade anfängt zu wirken? Wer hat, und warum, den Streik in Rothenburg kurzfristig abgesagt? Was sollte das Theater mit dem Schlichter und den Geheimverhandlungen? Warum wurde der Sozialtarifvertrag so schlampig ausgehandelt, daß bis heute nachverhandelt werden muß? Warum wird die Abfindung aus unserer eigenen Tasche – (schnellere Schließung vor Ende 2007, Auflösung ERA, Beschiss beim Vorruhestand usw.) - mitfinanziert.
>
> Welche Rolle werden IGM und Betriebsrat bei den anstehenden Entlassungen übernehmen? Kündigungen sind Sache der Firma – kein Betriebsrat darf der Firma dabei helfen! Wir fordern:
>
> - Jetzt gehen die, für die das Angebot passt. Alle anderen bleiben bis zum 31.12.2007.
> - Niemand muß etwas unterschreiben, der Betriebsrat widerspricht allen Kündigungen, die Electrolux aussprechen will.
> - Freies Wahlrecht zwischen Abfindung und Vorruhestand für alle über 53 Jahre. Die Voraussetzung einer Betriebszugehörigkeit von 23 bzw. 25 Jahren muß gestrichen werden.
>
> Veranstaltungsort:
>
> ### K4 - Künstlerhaus (ehemaliges KOMM), Königsstr. 93, Nürnberg, im Festsaal im ersten Stock
>
> (Zugang über den hinteren Seiteneingang)
>
> **DRUCKWÄCHTER**
>
> www.netzwerkit.de/projekte/aeg

beiter haben ihren Protest an die Fabrikwand gesprüht. Am Ende übernimmt es sogar der Betriebsratsvorsitzende Dix ganz offiziell als Gewerkschaftslosung für den Streik.

Irene:
Gibt es den »Druckwächter« nur im Internet?

Dagmar:
Nein, wie schon gesagt, wir sind ein Kreis von Kolleginnen und Kollegen, die sich im Betrieb selbst organisieren. Das Internet ist nur ein Mittel. Es ist sozusagen unser Gesicht nach außen. Wir nutzen verschiedene Mittel. So haben wir am Anfang mal einige Flugblätter verteilt. Jetzt im Streik machen wir das nicht, denn da schauen ja jeden Tag die linken Gruppen mit irgendwelchen Flugblättern vorbei. Da würden wir nur untergehen.

Außerdem hatten wir vor allem am Anfang, um uns bekannt zu machen, Aufkleber und kleine Zettel gemacht, die dann überall im Werk aufgetaucht sind. Das wichtigste sind aber immer die persönlichen Gespräche. Bevor die verkündet haben, das Werk zu schließen, haben wir ja noch gearbeitet. Da war es natürlich schwieriger und hat daher auch länger gedauert, bis man mit einem Kollegen oder einer Kollegin soweit ins Gespräch kam, dass man über bestimmte Sachen reden konnte. Da gehört ja auch Vertrauen dazu. Beim wilden Streik und jetzt geht das natürlich viel leichter. Wir sitzen ja Tag und Nacht an den Feuertonnen.

Irene:
Selbstorganisation hört sich gut an. Wie läuft das konkret ab?

Dagmar:
Wir wurden mal gefragt, ob wir eine politische Gruppe sind, also wie etwa z.B. die Opposition bei Opel in Bochum. Als die Kolleginnen und Kollegen damals 6 Tage wild gestreikt haben, hat ja die Gruppe „Gegenwehr ohne Grenzen" (GoG), die es dort schon seit Jahrzehnten als gewerkschaftliche und politische Opposition gibt, eine wichtige Rolle gespielt.

So etwas gibt es bei der AEG in Nürnberg nicht. Wir haben uns erst im Sommer 2005 zusammengetan, als klar wurde, dass es ernst wird und Electrolux den Laden dichtmachen will. Ein Teil von uns ist in unterschiedlichen politischen Gruppen organisiert. Wir sind aber als Druckwächter keine politische Gruppe, die irgendeiner Richtung angehört. Wir sind verschiedene Kolleginnen und Kollegen, die der IGM nicht trauen und dafür kämpfen, dass unsere Jobs erhalten bleiben.

Das Problem ist auch, dass die Gewerkschaft, also der Betriebsrat oder der Vertrauenskörper, die Belegschaft nicht wirklich erfassen. Der Vertrauenskörper war vor dem Streik ziemlich tot. Da ist nichts gelaufen. Die haben bestenfalls mal die Gewerkschaftszeitung in der Abteilung verteilt. Klar, jetzt im Streik stellt die Gewerkschaft die ganze Logistik. Sie haben auch einen festen Kern von Leuten, die sie bedingungslos unterstützen. Aber die meisten laufen ihnen einfach hinterher, weil sie halt die Gewerkschaft sind und man die braucht, um zu streiken.

Die eigentlichen Strukturen im Betrieb sind völlig andere. Dies sind weder politische Strukturen noch ist es die Gewerkschaft. Das sind die Freundes-, Familien- und Bekanntenkreise, die sich traditionell im Rahmen der einzelnen Nationalitäten gebildet haben. Also die Türken, die Griechen, die Russen und die Deutschen, um nur mal die wichtigsten Gruppen zu nennen, die bei der AEG arbeiten, sind eher unter sich geblieben. Auch wenn es jetzt an den Feuertonnen schon mal ein bisschen aufbricht, es bleibt schwierig, die ganze Belegschaft zu erreichen und eine offene Kommunikation unter allen in Gang zu bringen.

Irene:
Warum betont ihr die Kommunikation so? Wie muss man sich den Betrieb vorstellen?

Dagmar:
Wenn du noch nie in der Fabrik gearbeitet hast, stellst du dir das am besten wie ein großes Gefängnis vor. Auf dem Gelände der AEG in Nürnberg, dass nach außen durch einen Zaun und die Mauern der Gebäude abgegrenzt wird, befinden sich drei Hallen. Gegenüber auf der anderen Straßenseite befindet sich das Lager. Da läuft ein Förderband hin und dort sind auch einige Zulieferer in eigenen Gebäuden. Das sind frühere Abteilungen von AEG, die inzwischen verkauft wurden. Die Angestellten sitzen alle in den Büros in den oberen Stockwerken im Hauptgebäude.

Wir stellen ja in Nürnberg Wäschetrockner, Waschmaschinen und Geschirrspüler der verschiedensten Marken für Electrolux her, das Ganze im Drei-Schicht-Betrieb und 5-Tage-Woche, wobei die Nachtschicht relativ klein ist.

Jetzt überlegt dir mal, wie du eine Kommunikationsstruktur auf die Beine stellst, um z.B. zu erreichen, dass sich alle um 10 Uhr im Hof versammeln. Es gibt ja keinen Ort, an dem alle zusammen kommen. In anderen Firmen kann so etwas über die Kantine laufen. Aber die gibt es bei uns nicht. Die offiziellen Betriebsversammlungen des Betriebsrates haben immer im Lager auf der anderen Straßenseite stattgefunden, weil das der einzige Bereich ist, an dem überhaupt genug Platz ist, dass sich dort alle versammeln können. Beim wilden Streik haben wir das so gelöst, in dem wir uns einfach auf dem Hof im Freien versammelt haben.

Aber das Problem besteht ja darin, dass du zunächst einmal zumindest alle Abteilungen erreichen musst, damit du dich über eine Aktion austauschst und auch genügend Leute hast, die am Ende mitziehen. Und das ist halt wie im Gefängnis. Du kannst nicht einfach frei rumspazieren. Du bist ans Band in deiner Abteilung gefesselt. Und Aufpasser haben wir mindestens so viele wie ein Gefängnis Wärter. Wenn du es dann nicht schaffst, eine Kommunikation über deine Abteilung hinaus über die ganze Belegschaft aufzubauen, hast du keine Chance. Du musst diese ganzen idiotischen Spaltungen wie Waschmaschine, Trockner, Geschirrspüler, Früh- und Spätschicht, Deutsche und Ausländer, Türken und Kurden, Männer und Frauen überwinden. Sonst wird die Rebellion von den Aufpassern erstickt, bevor sie richtig angefangen hat.

Irene:
Wie lief das dann beim wilden Streik im Dezember und Januar?

Dagmar:
Zunächst war ja die Stimmung so: Nachdem Winkler die Schließung verkündet hat, haben alle gesagt, wir schmeißen den Brocken hin. Wir haben ja den Winkler niedergeschrieen und mit Sitzkissen und Feuerzeugen beworfen. Er ist dann mit seinen Bodyguards aus der Halle geflüchtet und wir sind dann als spontane Demo einmal ums Werk gezogen. An dem Tag ist dann ja keiner mehr arbeiten gegangen.

Am nächsten Tag war alles anders und doch wie immer. Irgendwie lag etwas in der Luft. Aber wenn du 20 Jahre Schicht am Band geklopft hast, bist du halt auch abgestumpft. Da fängst du halt auch an so einem Tag an zu arbeiten, so wie du es immer morgens um 6 Uhr tust.

Wir haben gewusst, wenn es denen gelingt, uns heute normal zur Arbeit zu bringen, ist alles verloren. Der Druckwächter ist ja nur ein kleines Grüppchen gewesen und wir haben lange hin und her geredet. Am Ende war klar, scheiß drauf, wir setzen alles auf eine Karte. Zu verlieren hatten wir eh nichts mehr. Also wir lösen einen wilden Streik aus. Das klingt jetzt verrückt, war es ja auch ein bisschen, wir paar Hanseln gegen die mächtige IG Metall und Electrolux. Am nächsten Morgen wurden die Kolleginnen und Kollegen schon auf dem Weg von der U-Bahn zum Werkstor angesprochen: „Morgen Kollege, was geht ab heute? Gibt's einen Streik?" Es war total wichtig, die Leute aufzurütteln, sie aus dem normalen Trott rauszuholen. Die Reaktionen waren ermutigend. Die meisten kriegen um viertel vor sechs den Mund auf für eine Antwort. Die häufigste ist: „weiß nicht". Aber wichtiger sind die Leute, vielleicht ein Drittel, die irgendwas von zwölf Uhr Versammlung sagen und vor allem jene geschätzten 10% positive Reaktionen „Ja, das wäre richtig - das müssten wir machen". Jetzt war klar: Wir haben eine Chance, die Stimmung für Streik ist gut.

Aber in den Hallen liefen die Bänder zunächst normal an. Erste kurze Gespräche, endlich Vesperpause, die Stimmung schwankt. Eigentlich würden alle streiken wollen, aber keiner traut sich. Noch können wir die Mehrheit der

Kolleginnen und Kollegen nicht mitreißen. Die meisten sagen: Warten wir ab, was die Gewerkschaft sagt. Die Gewerkschaft und der Betriebsrat hatten am Vortag sehr unbestimmt eine Informationsversammlung für zwölf angedeutet, also praktisch zum Ende der Schicht. Wir stimmen uns per Handy ab und greifen auf Plan B zurück. Wir konzentrieren uns jetzt auf die Vertrauensleute. Wir müssen sofort streiken. Das müsst ihr auf der Sitzung durchsetzen. Diesmal läuft es besser. Die VK-Sitzung beginnt um 9 Uhr und sofort nach ihrem Ende werden die ersten Bänder gestoppt. Innerhalb von zehn Minuten steht die Fabrik, und alle strömen zur ersten Streikversammlung auf den Hof. Am Ende der Reden der Funktionäre wird abgestimmt. Alle sind dafür. Wir gehen jetzt sofort alle nach Hause.

In der Spätschicht und den nächsten Tagen wiederholt sich das immer wieder, wobei die Kommunikation unter den Kolleginnen und Kollegen zunimmt. Es entsteht ein Wettbewerb, welche Halle, welche Schicht stoppt zuerst die Bänder. Gemeinsame Besuche beim Betriebsrat greifen als Aktionsform immer mehr um sich. Das ist ja in Deutschland legal, dass du jederzeit das Recht hast zum Betriebsrat zu gehen. Das können auch kleinere Gruppen aus einzelnen Abteilungen tun. Wenn dann der Gang zum BR-Büro von Leuten verstopft gewesen ist, müssen die Betriebsräte aktiv werden. Dann beginnt wieder eine Streikversammlung im Hof, zu der dann auch die kommen, die sich vorher noch nicht getraut haben. Viele Kolleginnen und Kollegen haben sich auch krankschreiben lassen und auch das werden jeden Tag mehr. Dadurch verzögert sich auch der Produktionsstart zu Schichtbeginn immer stärker, weil sie die Bänder ständig neu zusammenstellen müssen. Das gibt uns Zeit, um zu reden, zu reden und nochmals zu reden. Wir haben das natürlich auch im Druckwächter im Internet bekannt gemacht, Streik per Krankenschein sozusagen.

Irene:
Schwächt individuelles Krankschreiben nicht die Kampfkraft? Wäre es nicht besser gewesen alle hätten die Bänder besetzt?

Dagmar:
Klar wäre es besser gewesen, wir hätten gleich die Revolution gemacht. Wollten wir ja auch, aber leider hat sich die bestellte Lieferung mit den Luftabwehrraketen und Kalaschnikows verspätet und da mussten wir die Revolution erstmal verschieben.

Also, jetzt mal ohne Scheiß, das ist doch so eine typische linke Frage vom Schreibtisch aus. Am Tag nachdem Winkler die Schließung verkündet hatte, und dann wieder nach der verlängerten Weihnachtspause am 4. Januar, als die Arbeit aufgenommen wurde, mussten die Bänder stillgelegt werden. Ist in der

Situation doch klar. Wenn wir normal weiterarbeiten, sind wir tot. Jetzt kann ich mir am Schreibtisch natürlich eine ideale Situation vorstellen, die uns auch lieber gewesen wäre. Also sagen wir mal, wir haben ein von allen Kolleginnen und Kollegen gewähltes autonomes Streikkomitee, dass unabhängig von der Gewerkschaft eine Streikversammlung einberuft. Alle treffen sich im Hof und beschließen gemeinsam, wir besetzen den Betrieb. Nur im echten Leben hast du leider solche idealen Situationen sehr selten. Wir mussten die Bänder stoppen und da war jedes Mittel willkommen, auch dass der Krankenstand auf über 20% gestiegen ist. Das war sehr wirksam, weil die ständig die Bänder neu zusammenstellen mussten und trotzdem jeden Tag weniger Linien zum Laufen gekriegt haben. Später kamen dann Bummelstreik und gemeinsame Besuche beim Betriebsrat und selbstbestimmte Beendigung der Arbeitszeit hinzu. Electrolux hat das alles bezahlt, weil sie vor uns Schiss hatten.

Rüdiger:
Sicherlich ist Krankschreiben erst einmal eine individuelle Sache. Aber wie schon Engels geschrieben hat, gibt es die Dialektik von Quantität und Qualität. Ich finde, die AEG ist ein sehr schönes Beispiel für dieses philosophische Gesetz. Wenn sich ein paar Leute krankschreiben lassen, ist das eine individuelle Handlung, die auf der Ebene des Betriebes nichts bewirkt. Wenn die Quantität steigt und sich wie bei der AEG 20 oder 25% krankschreiben lassen, bekommt das eben eine andere Qualität. Obwohl es immer noch eine Handlung von jedem einzelnen ist, wird es zu einer Form kollektives Handelns mit starken Auswirkungen auf den normalen Ablauf im Werk.

Irene:
Wie läuft es jetzt beim offiziellen Streik seit dem 20. Januar ab?

Dagmar:
Jetzt haben wir eine ganz andere Situation. Wir stehen draußen vor dem Werkstor, und der Tagesablauf wird von der Gewerkschaft bestimmt. Die IG Metall stellt ja die ganze Streiklogistik, also das Zelt, die Feuertonnen usw., zahlt Streikgeld. Aber dadurch haben sie auch die Kontrolle über die Aktionen wiedergewonnen.

Wir blockieren das Werk rund um die Uhr im Schichtbetrieb, auch am Wochenende. Es ist richtig kalt. Ausgerechnet dieses Jahr haben wir einen richtigen Winter mit Nachttemperaturen von minus 20°. Du bist also nur am frieren, aber trotzdem ist die Stimmung an den Feuertonnen super. Wir haben unheimlich viel Solidarität bekommen aus der Bevölkerung und von anderen Werken. Also nicht nur aus der Branche oder vom Metallbetrieben, nein, es waren z.B. auch die streikenden Kolleginnen und Kollegen von Gate Gourmet zum Besuch da oder die ver.di Leute, die wegen der Tarifrunde eine große Demo in Nürnberg gemacht haben.

Wir streiken jetzt schon die sechste Woche und die Stimmung ist immer noch super. Wir werden das durchziehen bis Electrolux nachgibt. Es gibt keine Streikbrecher, die hätten hier auch keine Chance. Auf der anderen Seite muss man auch sehen, dass sich so eine Routine eingespielt hat. Das sehen wir als eine gewisse Gefahr, dass die versuchen werden den Streik totlaufen zu lassen. Das eigentliche Problem ist die Gewerkschaft. Denen ist die Sache längst zu heiß und sie suchen nach Wegen, den Streik abzubrechen. Deshalb ist es so wichtig gewesen, dass sie sich darauf festlegen mussten, dass unsere Streikparole ist „Wir bleiben hier dafür streiken wir!" und nicht ihr Sozialtarifvertrag mit einer Abfindung, die am Ende nur wenigen nützen würde.

Die andere Sache, die wir unter den Kolleginnen und Kollegen verbreitet haben, und die dann von vielen aufgenommen wurde, war, dass die AEGler selbst entscheiden über das Ende des Streikes. Wir haben ja diese Erfahrung mit Infineon oder auch dem abgebrochenen Streik im Osten für die 35-Stunden-Woche, wo irgendwelche Funktionäre einfach einen Streik abblasen. Bei uns musste sich Streikleiter Wechsler von der IG Metall dazu verpflichten, dass nur die AEGler selbst über ein Ergebnis in einer Urabstimmung entscheiden und der Streik bis dahin weitergeht und nicht unterbrochen werden kann durch die Streikleitung.

Irene:
Kommen wir zu »Netzwerk IT« zurück. Die zweite Ebene war die Boykottkampagne des Sozialforums. Wieso wurde die Seite bei »Netzwerk IT« gemacht? Widerspricht das nicht eurem Selbstverständnis, wonach keine politischen Gruppen bei »Netzwerk IT« sind?

Rüdiger:
Die Boykottseite auf »Netzwerk IT« zu machen, hatte den ganz pragmatischen Grund, dass es sehr schnell gehen musste.

Während Electrolux die KollegInnen zur Beruhigung der Situation über die Feiertage in den verlängerten und bezahlten Urlaub schickte, haben einige Freunde aus politischen Gruppen diskutiert, was sie zur Unterstützung der AEGler machen können. Zu dem Zeitpunkt hat die Gewerkschaft noch nicht gestreikt. Es sah auch so aus, als wollten sie das Werk in Verhandlungen abwickeln. Der bayerische IG Metall-Chef Neugebauer hatte Electrolux über die Presse angeboten über die Feiertage jederzeit 24 Stunden am Tag für Verhandlungen bereit zu stehen.

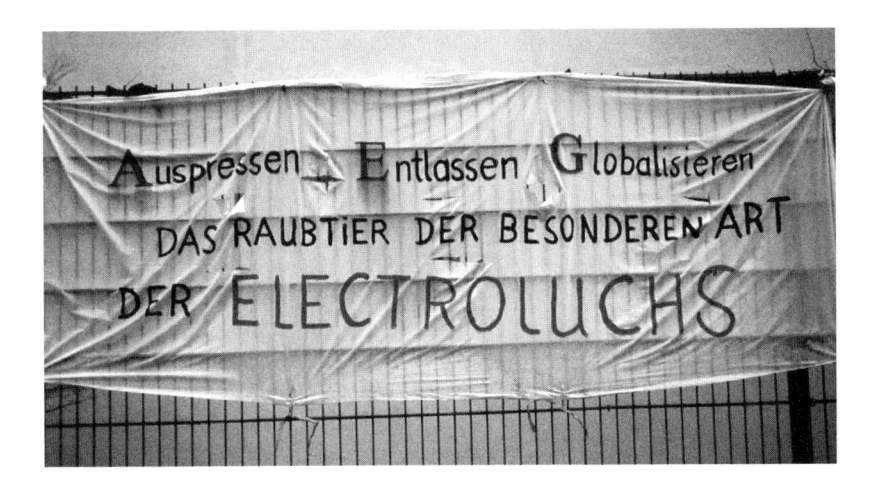

Auf der anderen Seite ist unklar gewesen, in welcher Stimmung die Kolleginnen und Kollegen nach der langen Weihnachtspause mit den Familien ins Werk zurückkommen. Ehrlich gesagt, hatten auch wir befürchtet, dass die Stimmung kippt. Das ist dann ja glücklicherweise anders gelaufen. Aber das konnte zum Jahreswechsel niemand vorhersehen.

Die Boykottidee hat ja im Raum gestanden. Spontan lief in Nürnberg schon ein Konsumentenstreik. Vor Weihnachten hatte das Sozialforum die Käuferrückgabeaktion bei der Lichterkette gemacht. Jetzt ist es darum gegangen das zu bündeln und es möglichst schnell zu einer öffentlich wahrnehmbaren politischen Aktion zu entwickeln.

Das ist ein bisschen wie im Krieg. Da musst du erst schießen und hinterher fragen. Die Linke macht das häufig andersherum: endlos diskutieren und irgendwann mal eine Aktion machen. Mit Diskussionen kann man einen Konzern wie Electrolux nicht in die Knie zwingen. Da müssen die Argumente schon etwas schlagkräftiger sein. Der Boykott ist ein sehr schmerzhaftes Mittel, der kostet Electrolux inzwischen richtig Geld. Das schönste dabei ist: Der Boykott ist eine echte Massenaktion, die unabhängig von der Gewerkschaft läuft und von ihr auch nicht auf Knopfdruck beendet werden kann.

Wie gesagt, die Situation zum Jahreswechsel war so, dass alles sehr schnell gehen musste. »Netzwerk IT« hat die Infrastruktur für eine einfache Webseite stellen können. Technisch arbeitet »Netzwerk IT« mit einem sogenannten `Content Management System´, was bedeutet, dass jeder Texte ohne Programmierkenntnisse reinstellen kann. Wichtig ist das für die gewünschte Online-Unterschriftenliste gewesen. Da haben wir einfach ein Wiki dafür genutzt. Dadurch konnten wir die komplette Kampagnen-Website in 24 Stunden herstellen. Ein weiterer Grund ist die Medienbekanntheit von »Netzwerk IT«. Wir sind offiziell von den großen Suchmaschinen z.b. bei „Google News" als Nachrichtenquelle anerkannt.

Die sinnvolle Verknüpfung von Aktivitäten von außen, der Boykottkampagne des Sozialforums und der eigenständigen Proteste im Betrieb, die im »Druckwächter« öffentlich zum Ausdruck gekommen sind, ist ein weiterer Grund gewesen. Der Erfolg hat uns recht gegeben. Die Wirkung der beiden Seiten hat sich vervielfacht. Trotzdem hätte die Boykottseite natürlich auch woanders gemacht werden können. Ich sehe einen Vorteil von losen Strukturen wie Netzwerken und Sozialforen darin, dass sie nicht auf Gruppenegoismen und Eifersüchteleien achten müssen, sondern das tun können, was effektiv ist. In einem Punkt hast du recht. Wenn der Boykott von einer politischen Gruppe allein gemacht worden wäre, hätte es möglicherweise mehr Probleme geben können. Es hat sich ganz gut getroffen, dass »Netzwerk IT« und das Nürnberger Sozialforum einen ähnlichen strukturellen Ansatz als offener Raum haben und zugleich ein breites politisches Spektrum abdecken.

Irene:
Als dritte Ebene hast du die Medien genannt, die durch euch bedient wurden. Wie lief das konkret ab?

Rüdiger:
Wie schon erwähnt ist »Netzwerk IT« eine offizielle Nachrichtenquelle bei Google und Yahoo News. Wir stehen da in einer Reihe mit den großen Tageszeitungen oder auch den Nachrichtensendern. Das wurde durch jahrelange, harte Arbeit erreicht. Wir haben das dann bei der AEG gezielt nutzen können, indem ganz bewusst »Netzwerk IT« ein paar mal Nachrichten über die Proteste geschrieben hat. Die wurden dann wie gewöhnlich von den Suchmaschinen gefunden. Aber da AEG ja in den Schlagzeilen gewesen ist, hat dass schnell dazu geführt, dass die Suchmaschinen und damit auch Journalisten auf das Projekt »Druckwächter« gestoßen sind.

Die Grundlage für unseren Erfolg ist eine professionelle journalistische Arbeit gewesen. Wir haben Leute, die sich ganz gut mit den Medien auskennen und wissen, wie die funktionieren. Es gibt da einige Regeln, die man beachten sollte, z.B. möglichst kurz fassen, da kein Mensch vier Seiten am Bildschirm liest; bei der Wahrheit bleiben, weil man sonst seine Glaubwürdigkeit verliert und Neuigkeiten bringen, weil man nur so interessant ist. Das wichtigste ist das Verständnis darüber, wie Medien im Kapitalismus arbeiten. Für sie sind Informationen auch nur eine Ware, die verkauft werden muss. Deshalb geht es den Presseleuten auch nicht um Information, sondern

um Nachrichten und Schlagzeilen.
Die Informationen hatten wir durch den »Druckwächter« zum Titel ja exklusiv bzw. quasi als Live-Übertragung während des wilden Streiks. Jetzt ging es nur noch darum, sie zur Nachricht zu machen. Ein Beispiel dafür ist der Begriff »wilder Streik«, wenn man so will unsere Schlagzeile. Faktisch liefen bei der AEG eine Vielzahl von spontanen Protestformen und Aktionen, die von niemand koordiniert wurden. Aber welche Zeitung würde schon schreiben „selbstbestimmte Beendigung der Arbeitszeit"? Das wäre vielleicht die korrektere Information aber als Nachricht völlig untauglich. Wilder Streik zieht da viel mehr und bringt es auf den Punkt.
Die Frage der Zeit ist ein anderer entscheidender Punkt, der dabei zu beachten ist. Schnelligkeit und der richtige Zeitpunkt sind bei der Pressearbeit oft wichtiger als der Inhalt. Außerdem werden Presseleute wie alle Beschäftigten im Kapitalismus immer mehr ausgebeutet, d.h. sie haben immer weniger Zeit, um selbst zu recherchieren. Wenn man das berücksichtigt und ihnen ihre Artikel sozusagen mundgerecht gebacken liefert, so dass sie nur noch abschreiben müssen, kann man auch mit radikalen Inhalten in die bürgerlichen Zeitungen kommen. Es ist halt so: Wer eine Nachricht verbreitet, bestimmt auch ein Stück weit ihren Inhalt.
Am Ende haben alle von uns abgeschrieben. Wir konnten dadurch viele unserer Inhalte vermitteln, wie zum Beispiel, dass die Arbeiterinnen und Arbeiter die Sache in ihre eigenen Hände nehmen müssen.

Irene:
Habt ihr nur die linken Medien erreicht?

Rüdiger:
Wir haben lokal alle Zeitungen und Radios erreicht, aber auch überregional die wichtigen Zeitungen und TV-Sender. Das reicht bis zur Wirtschaftspresse. So hat die z. B. die »Financial Times Deutschland« in einem Bericht über den Boykott »Netzwerk IT« als Quelle aufgeführt. Gerade die nach dem erfolgreichen Auftakt der Kampagne zum Teil ausführlichen Berichte im Wirtschaftsteil konservativer Zeitungen über den Boykott waren enorm wertvoll für uns. Die Konzernmanager lesen eben den Wirtschaftsteil und nicht die Nürnberger Lokalnachrichten. Das gilt sowohl für Electrolux als auch die Konkurrenz.

Dagmar:
Ich will mal noch zwei Beispiele geben, die vielleicht verdeutlichen, wie wir die Medien genutzt haben, um unsere Ziele zu verfolgen. Die Geschichte mit der Wandparole „Stråberg muss weg – AEG bleibt" habe ich ja schon erzählt. Das

war nicht nur eine bestimmte Aktionsform. Sprühen, die zu einer bestimmten Zeit einen wichtigen Inhalt rübergebracht hat. Es war auch ein Teil einer Pressearbeit. Das wurde nämlich schon im Herbst von mehreren Zeitungen in Berichten über die AEG aufgegriffen. Das hat natürlich die Wirkung einer solch einfachen Sache wie einer Parole an einer Fabrikwand, sagen wir mal verhundertfacht, zur Verbreitung dieser Idee beigetragen und die Gewerkschaftsfunktionäre unter Druck gesetzt.

Das andere Beispiel ist die Schlagzeile „wilder Streik", von der Rüdiger gesprochen hat. Wir haben im »Druckwächter« nicht einfach nur Schlagzeilen gemacht, total übertrieben und Dinge frei erfunden. Das kann sich nur die Bild-Zeitung leisten. Uns wäre so etwas auf die Füße gefallen. Aber dadurch, dass wir wahrheitsgemäß und als erste berichten, was gerade im Werk abgeht, auch wenn die Bänder gelaufen sind, haben wir Glaubwürdigkeit bei den Journalisten gewonnen. Das ist ganz wichtig, da sie einer unabhängigen Arbeiterwebseite als Quelle zunächst mal sehr misstrauisch gegenüberstehen. Wir mussten es schaffen, dass sie uns vertrauen und sich darauf verlassen können, dass wir ihnen keine Falschmeldung unterjubeln. Gleichzeitig haben wir ihnen ein Stück Arbeit abgenommen, in dem wir schon die Schlüsselbegriffe für die Schlagzeilen und im Prinzip den fertigen Artikel formuliert haben. Deshalb haben sie bei uns abgeschrieben, vielleicht noch ein paar Sachen umgestellt oder in ihren Worten formuliert, damit es nicht sofort auffällt. Aber sie haben dabei auch unsere Sicht mit übernommen. Am irrsten war das bei »Bild« und »Abendzeitung« zu beobachten, die auf der Straße verkauft werden und davon leben, fette Schlagzeilen zu bringen. Es hat Zeiten gegeben, da haben diese politisch reaktionären Zeitungen richtig Stimmung für den, ich sag jetzt mal, Aufstand gemacht, wie es eigentlich die Linke tun müsste, aber leider oft genug verpennt. Die »Abendzeitung« hat so zum Beispiel geschrieben „Arbeiter übernehmen das Werk". Das war maßlos übertrieben. Wir sind ja nach Hause gegangen und haben nicht den Betrieb besetzt. Also, im Druckwächter hätten wir das so nie geschrieben. Aber die Kolleginnen und Kollegen fanden das natürlich geil und das hat die Stimmung dann nochmal richtig angeheizt.
Ist schon ziemlich verrückt, wenn du bedenkst, dass das im Grunde auf der Berichterstattung im Druckwächter beruht.

Irene:
Läuft das nur über das Internet?

Rüdiger:
Was »Netzwerk IT« betrifft, so läuft das im Wesentlichen übers Internet. Wir haben aber auch schon Anfragen von JournalistInnen erhalten, die O-Töne

von der AEG-Basis wollten. Die haben wir dann an den Druckwächter weiter vermitteln können. Daneben macht das Sozialforum eine sehr professionelle Pressearbeit für die Boykottkampagne mit Pressekonferenzen und Pressemitteilungen. Wichtig sind dabei die direkte Ansprache von Journalisten und das Liefern von Bildern und Action. Ein Beispiel für Letzteres ist die Käuferrückgabeaktion bei der Lichterkette vor Weihnachten, bei der das Sozialforum das Werkstor mit alten AEG-Geräten verbarrikadiert hat. Die Fotos davon und in der Folge auch die Erwähnung der Aktion sind in ziemlich vielen Medien gewesen. Einmal haben sie sogar für ein Fernsehteam eine Boykottaktion vor einem großen Elektronikmarkt wiederholt. Die hatten zu dem Tag, als dort Unterschriften gesammelt wurden, keine Zeit. Also sind die AktivistInnen am nächsten Tag nochmal mit den Fernsehleuten hin, haben den Infotisch mit Transparent aufgebaut und Unterschriften gesammelt. Das ist natürlich unangemeldet gewesen. Es sollte ja nur für die Kamera-Aufnahmen nachgespielt werden. Da ist dann sogar die Polizei gekommen, aber als sie die Kameras gesehen haben, sind sie wieder abgezogen. So etwas gehört zur Pressearbeit dazu.

Irene:
Wieso sagt ihr, dass ihr die interessierte Öffentlichkeit erreicht habt?

Rüdiger:
Die Berichterstattungen auf »Labournet Germany« und in der »Jungen Welt« zeigen unseren Einfluss. Das sind die beiden wichtigsten Medien für die gewerkschaftspolitisch interessierte linke Öffentlichkeit. In den Lokalmedien ist der AEG-Streik die ganze Zeit präsent, und bundesweit habe ich einige Beispiele aufgeführt, wie wir unsere Inhalte in den großen Zeitungen platzieren konnten.
Wir haben auch einige Mittel unseren Einfluss statistisch zu verfolgen, also z.B. indem wir schauen, wer und wie oft auf unsere Webseite verlinkt wird. Außerdem misst »Netzwerk IT« seit Jahren die Zahl der Rechner, die auf die Seite zugreifen. Da gibt es aktuell mit der AEG neue Rekordwerte. Beim Boykott haben wir mal über Google Suche nach der ersten Pressemitteilung des Sozialforums geschaut, wie viele Treffer es auf „Electrolux und Boykott" gegeben hat. Das waren über 250 Zeitungen und Online-Seiten von TV-Sendern.

Irene:
Wie haben sich die IG Metall und der Betriebsrat zu eurer Öffentlichkeitsarbeit und der Webseite verhalten?

Dagmar:
Sie machen natürlich ihre eigene Öffentlichkeitsarbeit und versuchen ihre In-

> # Heute kämpfen
> # Morgen ist es zu spät !

Aufkleber des Druckwächters

halte rüberzubringen. Für das, was die Gewerkschaften sonst so an Müll produzieren, ist die Pressearbeit der IG Metall bei der AEG sogar richtig gut. Da sie aber inhaltlich, z.b. beim Boykott, so einen Eiertanz aufführen – sie sind nicht dafür, aber stellen sich auch nicht dagegen – stört uns das weniger. Im Gegenteil, je mehr sie gegen Electrolux vom Leder ziehen und über das Kapital schimpfen, umso mehr verstärken sie dadurch ungewollt unsere Arbeit auch gegenüber den Medien. Klar, in der Lokalpresse gibt es eine SPD-Mafia und da kommt von uns nichts rein, wenn die IG Metall ihr Veto einlegt. Aber, wenn halt bundesweit alle Zeitungen über wilde Streiks bei der AEG schreiben, können auch die »Nürnberger Nachrichten« das nicht mehr totschweigen.

Innerhalb des Betriebes hat der Betriebsrat versucht, die Möglichkeit der unzensierten Kommunikation über die Druckwächterseite durch ein eigenes Diskussionsforum auf Yahoo zu kontern. Das ist aber eine Totgeburt. Dort gibt es nur ab und zu ein paar Beiträge, meistens von Angestellten. Das hängt damit zusammen, dass du dort nur Zugriff erhältst, nachdem du dich angemeldet hast und als AEG-Beschäftigter identifiziert wurdest. Du kannst dann zwar mit deinem Nickname schreiben, aber der Betriebsrat weiß natürlich, wer dahinter steckt. Also, das ist wenig attraktiv im Vergleich zum anonymen Kommentieren im Druckwächter.

Irene:
Trotzdem, überschätzt ihr nicht euren Einfluss auf die IGM?

Dagmar:
Unser Einfluss ist schwer einschätzbar. Aber wir gehen davon aus, dass wir ihren Handlungsspielraum für faule Kompromisse und einen möglichen Verrat eingeschränkt haben. Wir streiken jetzt sechs Wochen und demnächst stehen die Bänder in Polen, weil ihnen die Teile von hier fehlen und wir die Stanzwerkzeuge nicht rausrücken. Bei uns gibt es bis heute keine Streikbrecher.
Bei Infineon kam nach drei Tagen die Polizei und hat den Streikbrechern den Weg freigeräumt. Danach hatte Neugebauer so Schiss bekommen, dass er so-

fort Geheimverhandlungen führte. Nach einer Woche hat die IG Metall den Streik mit einem Sozialtarifvertrag abgebrochen, der einen Abfindungsfaktor 1,3 beinhaltete.

Frag wen du willst. Jeder in Deutschland wird dir bestätigen: Freiwillig hat die IG Metall hier in Nürnberg keine sechs Wochen gestreikt und den Kolleginnen und Kollegen zugesagt, dass nur die AEGler selbst über ein Ergebnis und ein Streikende entscheiden werden.

Irene:
Eine letzte Frage. Wird Electrolux nachgeben?

Dagmar:
Wenn es der IG Metall nicht gelingt, den Streik abzubrechen, wird denen gar nichts anderes übrigbleiben, als nachzugeben. Der Streik und der Boykott nimmt sie in die Mangel. Wirtschaftlich wäre es für sie schon längst billiger zu sagen: Okay, wir haben nochmal nachgerechnet und Nürnberg kann unter den und den Bedingungen bis 2010 erhalten werden, bla bla. Die könnten sich als soziale Wohltäter hinstellen, obendrein noch Subventionen kassieren für erhaltene Arbeitsplätze und Zeit gewinnen, um beim nächstenmal besser vorbereitet zu sein.

Dass sie bisher nicht mit so einem Angebot gekommen sind, ist eine rein politische Entscheidung, sie wollen halt ihr Gesicht nicht verlieren. Wenn wir uns durchsetzen, wird das ein Beispiel für viele überall auf der Welt werden, wo Electrolux und auch andere Konzerne Werke schließen wollen. Das wissen die und das wissen wir. Deshalb kann auch nur einer gewinnen. Wir sind sicher, wir können es schaffen. Aber wie es ausgehen wird: schau mer mal.

„Mich erinnert das hier übrigens eher an eine Fabrikbesetzung ..."

Interview mit Rossano della Ripa (FIOM/CGIL)[1]

Rossano war Mitglied einer Gewerkschaftsdelegation aus den italienischen Electrolux-Werken. Er gab Radio Z das Interview während des Besuches am 23. Februar 2006.

Radio Z:

Sie sind von sehr weit hier her gekommen. Welche Rolle spielt denn dieser Streik hier in Nürnberg für Sie in Italien?

Rossano:
Wir sind gekommen, um unsere Solidarität hier mit den Arbeitern zu bekunden. Wir wollen den Austausch von Informationen intensivieren, darüber wie der Konzern Electrolux in Europa arbeitet und was er für Absichten hat. Das ist notwendig, damit wir eine Strategie entwickeln können, um europaweit die existierenden Betriebe zu retten, eine Strategie gegen die Entlassung von ArbeiterInnen. Wir müssen eine Synergie schaffen, um das Fortbestehen der

Betriebe in unseren Ländern zu sichern.

Radio Z:
Sind denn die Beschäftigten bei Electrolux in Italien ebenfalls von Maßnahmen des Konzerns betroffen, von ähnlichen Maßnahmen wie hier in Deutschland?

Rossano:
Die Situation in Porcia ist noch nicht so dramatisch wie hier in Nürnberg. Allerdings hat die Betriebsleitung angekündigt, 400 Stellen zu streichen.

Radio Z:
Solche Ereignisse wie hier - ein Werk wird verlagert in ein anderes Land - das kommt ja teilweise durch eine Politik, die auf europäischer Ebene gemacht wird. Würden Sie sagen, dass die Arbeitnehmer in Europa, in Italien, in Deutschland, in anderen Ländern genug tun, um sich auch auf einer europäischen Ebene zu wehren?

Rossano:
Man muss zunächst von der wirtschaftlichen Situation in Italien ausgehen. Seit einigen Jahren gibt es eine im Vergleich zu Deutschland starke Stagnation. Das schlägt sich in den Betrieben dadurch nieder, das verstärkt versucht wird, Kosten zu reduzieren und Arbeitnehmerrechte abzubauen. Die ArbeiterInnen werden permanent mit der Drohung erpresst, die Produktion werde in Länder mit niedrigeren Arbeitskosten verlagert. Wir müssen aus dieser Logik heraus und die Aktivitäten im gewerkschaftlichen und politischen Bereich ausweiten, und zwar auf europäischer Ebene, denn sonst werden alle Einbußen haben, Einbußen an Wettbewerbsfähigkeit und an Einkommen. Wir müssen auf europäischer Ebene dafür sorgen, dass die Politik gegen die aktuelle Unternehmensstrategie angeht.

Radio Z:
In Deutschland hatte man in den vergangenen Jahren den Eindruck, dass die Gewerkschaften Schritt für Schritt zurück weichen, immer mehr an Stärke verlieren. Wie ist denn die Situation der Gewerkschaften, der Arbeitnehmer in Italien?

Rossano:
Die Gewerkschaften in Italien und Deutschland sind schwer zu vergleichen. Sie haben ganz unterschiedliche kulturelle Wurzeln. Wir stehen hier für die CGIL, die größte Gewerkschaft in Italien. Wir haben in letzter Zeit vermehrt

Zulauf bekommen, weil wir in den Betrieben grundsätzliche Diskussionen angestoßen haben. Die Frage der Umverteilung des gesellschaftlichen Reichtums kann nicht mehr nur auf lokaler Ebene besprochen werden. Wir brauchen ein Zusammengehen der Gewerkschaften europaweit, wie das in kleinen Anfängen steckend ja hier für den Electrolux-Konzern passiert. Was wir hier tun, kann für eine langfristige Perspektive von Nutzen sein, und diese Perspektive kann durchaus aus verschiedenen gewerkschaftlichen Kulturen heranwachsen; der deutschen, die eher auf einer Versöhnung von Unternehmern und Arbeitern ruht, und unserer, die wir uns eher als kämpferische Opposition verstehen. Wir werden etliches vom deutschen System der Streikkassen übernehmen. Das ist hier viel fortgeschrittener als in Italien. Wir dürfen einfach nicht erst in der Krise aktiv werden. Wir müssen die Mobilisierung der Leute weiterhin vorantreiben. Das ist eine gute Organisation, wie wir sie nicht haben.

Radio Z:
In Italien stehen ja demnächst Wahlen an. Was ist da für den Arbeitnehmerstandpunkt, für die Gewerkschaften zu holen?

Rossano *(lacht)*:
Natürlich sieht es die Delegation der FIOM als wünschenswert an, dass die nächste Regierung keine Berlusconi-Regierung ist. Berlusconi hat immer wieder versucht, die Kampfkraft der Gewerkschaft zu schwächen und hat weite Teile der Arbeiterschaft verarmen lassen. Er hat auch sehr wenig getan für den industriellen Bereich. Natürlich sehen wir einen Regierungswechsel als wünschenswert an, aber ich möchte auch unsere Unabhängigkeit von jedweder Regierung betonen. Wir unterstützen Parteien, die ähnliche Ziele haben wie die FIOM, aber die Autonomie der Gewerkschaft bleibt auch weiter bestehen. Das heißt die Kampfkraft der Gewerkschaft wird auch unter einer Regierung Prodi bestehen bleiben, der schon vor Berlusconi einigen Schaden angerichtet hat.

Radio Z:
Welchen Eindruck konnten Sie sich von diesem Streik verschaffen?

Rossano:
Es ist natürlich schwer ein Vergleich zwischen deutschen und italienischen Verhältnissen möglich. Aber angesichts der Tatsache, dass der Wind sehr gegen die Streikenden bläst, finde ich das Durchhaltevermögen erstaunlich. Wir freuen uns sehr darüber, wie gut der Zusammenhalt ist und dass die ArbeiterInnen während des Streiks bezahlt werden. Bei uns ist das anders. Es ist tatsächlich so, dass die ArbeiterInnen am Ende des Streiks selbst draufzahlen,

weil es diese Form der Streikkasse nicht gibt. Wir müssen noch eine Möglichkeit finden, wie wir eine solche Form des Streiks auch durchführen können. Wenn wir streiken, dann gibt es einzelne Streiktage, an denen wir versuchen die öffentliche Meinung zu beeinflussen über die Massenmedien und durch Demonstrationen. Ich bin beeindruckt über die Stärke der Arbeiterklasse in Deutschland. Mich erinnert das übrigens hier eher an eine Fabrikbesetzung. Fabrikbesetzungen sind bei uns erlaubt. Sie finden aber eher innerhalb der Fabriken statt und nicht wie hier außerhalb der Fabrik auf der Straße. Bei uns ist das auch eine sehr extreme Form des Protestes. Das wird dann angewandt, wenn eine Fabrik aufgelöst werden soll. Dann wird sie besetzt, und wir schlafen und leben richtig in der Fabrik, um ihre Schließung und den Abtransport der Maschinen zu verhindern. Das heißt, zwischen unseren Streikmethoden gibt es ziemliche Unterschiede. Aber das hier entspricht eher unserer Aktionsform einer Fabrikbesetzung.

Anmerkungen

1 Wir haben die deutsche Übersetzung ungekürzt wiedergegeben. Wer italienisch versteht, findet das ganze Interview von Radio Z auf der Website „freie-radios.net" in der Sammel-Datei „20060301-zipfm0103-11691.mp3" (Mehrere Beiträge aus Nürnberg) unter „http:// www.freie-radios.net/portal/content.php?id=11691"

„Wir wollen die Stimmung im Stadtteil verändern"

Wie erfolgreiche Basisarbeit aussehen kann, erläutert Franziska von der Organisierten Autonomie (OA)[1]

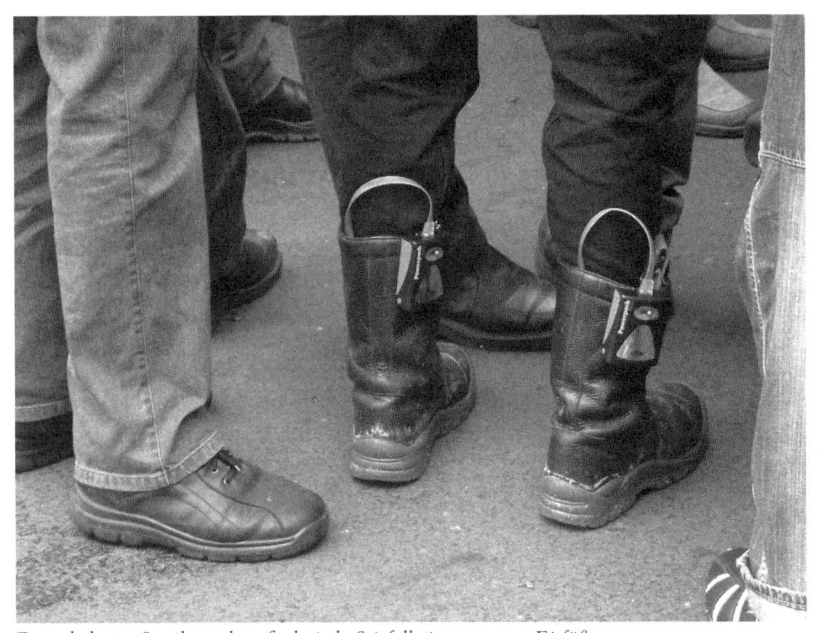

Dauerkälte im Streik macht erfinderisch: Stiefelheizung gegen Eisfüße

Mike:
Leben die ArbeiterInnen der Fabrik hier in der Nachbarschaft? Oder leben sie weiter unten, dort wo mein Hotel ist, in dem Teil von Gostenhof?

Franziska:
Nein, das ist ein anderer Stadtteil. Die AEG ist in Muggenhof. Die ArbeiterInnen leben über ganz Nürnberg und Fürth verstreut, auch in der Region und in den umliegenden Dörfern. Aber eine ganze Reihe leben auch in Gostenhof.

Mike:
Ist dies der Stadtteil, in dem die kleinen Geschäfte sind, die die Petition unterschrieben und die Aktion unterstützt haben?

Franziska:
Ja. Wir hatten nur drei Arbeitstage Zeit, um die Unterschriften zu sammeln und wir waren nicht so viele GenossInnen, die imstande waren, tagsüber durch die Geschäfte zu gehen und zu versuchen, die Geschäftsleute anzusprechen. Am Ende hatten wir nur 85 oder 86 Unterschriften, aber wir waren in neunzig oder ein paar mehr Geschäften und davon haben uns 85 oder 86 unterstützt. Das war ein ziemlicher Erfolg. Fast keiner hat abgelehnt. Es mag sein, dass einige ihre Unterschrift gegeben haben, weil sie nicht die einzigen sein wollten, die es nicht getan haben. Einige haben vielleicht befürchtet, sie würden in Verruf geraten, da sie nicht die AEG unterstützen. Aber ich bin mir sehr sicher, dass die große Mehrheit bereit und willens war. Das zeigte sich, als wir in den Läden um Unterschriften gebeten haben. Die Mehrheit der Geschäftsleute war erfreut, wenigstens etwas tun zu können.

Mike:
Wie seid ihr auf die Idee gekommen, eine Stadtteildemonstration zum AEG-Streik zu machen?

Franziska:
Wir haben ein strategisches Konzept, dass darauf abzielt, uns im Stadtteil zu verankern. Nimm zum Beispiel diesen Stadtteil Gostenhof. Wir wollen die Stimmung im Stadtteil verändern, das öffentliche Straßenbild. Wir wollten zeigen, dass es hier Solidarität gibt und die Leute daran interessiert sind, was mit der AEG geschieht.

Mike:
Ihr wolltet also die verschiedenen Bereiche, Stadtteil und Fabrik politisch verbinden.

Franziska:
Das ist richtig. Wir wollten den BewohnerInnen des Stadtteils auch die Möglichkeit geben, nicht nur über Electrolux und den Streik am Abend in der Kneipe zu reden, nach dem fünften Bier darüber zu reden, dass man Stråberg erschießen müsste, sondern einen kleinen Schritt zu machen, den sie tun können. Es ging darum, sie in einen Kampf einzubeziehen, in den sie einbezogen werden wollten. Das nächste Mal hast du dann eine Basis, die du mobilisieren kannst. In der lin-

SOLIDARITÄT MIT DEN AEG/ELECTROLUX - BELEGSCHAFTEN

BOYKOTTIERT ELECTROLUX

KAPITALISMUS ABSCHAFFEN!

Infos zum Boykott: www.redside.tk

ken Bewegung hast du Leute, die du immer leicht mobilisieren kannst. Aber als radikale Linke hast du Schwierigkeiten, andere Menschen außerhalb deines Umfeldes zu erreichen und ihnen unsere Motive nahezubringen. Damit haben wir versucht uns eine Basis im Stadtteil zu schaffen. Daran haben wir ein grundsätzliches Interesse als Organisation. Es mag Leute geben, die behaupten, wir hätten die ArbeiterInnen nur deswegen unterstützt. Das ist aber nicht wahr.

Mike:
Aber die meisten Organisationen, die in so einer Kampagne beteiligt sind, verfolgen dabei auch ihre eigenen Interessen.

Franziska:
Sicherlich, das ist z.B. auch bei den Kirchen so gewesen. Aber uns macht man so etwas zum Vorwurf. Es gibt noch einen weiteren Grund, warum wir die Aktionsform der Stadtteildemo gewählt haben. In der Linken gibt es eine weit verbreitete Herangehensweise, die in Deutschland besonders populär ist. Wenn es einen Kampf, einen Streik, irgendeine Aktion gibt, gehen die linken Gruppen hin zu diesem Event. Sie führen nicht ihre eigenen Kämpfe, bilden keine eigene Basisbewegung, sondern schauen eher, wo die Action ist und gehen da hin. Sie verkaufen ihre Weisheiten in Form von Zeitungen an die ArbeiterInnen.

Mike:
Ist das in diesem Fall auch passiert?

Franziska:
Ja. Es passiert in allen solchen Fällen. Bei der AEG gab es etliche Gruppen, die jeden Tag hingegangen sind und den Leuten ihre Sachen verkaufen wollten. Sie haben mit den KollegInnen geredet, so wie Kirchen es tun. Kennst du diese religiösen Gruppe, die Zeugen Jehovas, die von Tür zu Tür gehen, um zu missionieren? Es gibt linke Gruppen, die tun dasselbe. Das ist auch bei der AEG passiert. Wir haben beschlossen, das nicht zu tun. Wir wollten ihnen nicht unsere Publikationen andrehen, weil wir gesehen haben und es schon vorher wussten, dass die AEGler von Leuten umringt werden, die ihnen ihre Flugblätter in die Hand drücken. Wir haben die Stadtteildemonstration gemacht. Das hat gepasst. Dazu gab es ein kurzes Flugblatt, einfach geschrieben, indem die Solidarität mit den ElectroluxarbeiterInnen ausgedrückt wurde. Es hat in einfachen Worten versucht zu erklären, warum eine markt- und profitorientierte Wirtschaft zu solchen Verlagerungen führt. Dieses Wirtschaftssystem ist unvernünftig, weil es am Profit einiger weniger orientiert ist, statt an den Bedürfnissen aller. Das Flugblatt ist antikapitalistisch, aber trotzdem haben es viele kleine Geschäftsleute aus dem Stadtteil unterschrieben.

Mike:
Es gibt in dem Flugblatt einen Bezug auf Hartz IV und was diese Reformen für den Sozialstaat und den Arbeitsmarkt bedeuten. Habt ihr bei eurer Stadtteilaktion auch den Zusammenhang zur gesamten staatlichen Reformpolitik und zum Neoliberalismus hergestellt?

Franziska:
Ja, es fängt mit dem an, was passiert ist: Electrolux versucht das Werk zu schließen. Gelingt das, werden 1.750 ArbeiterInnen ihren Job verlieren. Wie es dann weiter geht, das wissen wir alle. Für die meisten heißt das Hartz IV.
 Es gab eine starke Verbindung zwischen Gruppen von Erwerbslosen und den Streikenden, denn die kannten diese Realität. Die meisten von ihnen werden nie wieder einen Job finden, vielleicht mit Ausnahme der Jüngeren. Die Erwerbslosengruppe, die Arbeitsgemeinschaft Nürnberger Arbeitsloser (ANA), hat aktiv ihre Solidarität gezeigt und die Streikenden besucht.

Mike:
Wie sind die Erwerbslosen organisiert? Sind sie eine unabhängige Gruppe oder sind sie mit linken Gruppen verbunden, die im Erwerbslosenbereich arbeiten?

Franziska:
Es gibt eine Gruppe, die mehr oder weniger unabhängig ist. Sie treffen sich aber im Haus des DGB und einige von ihnen haben Verbindungen zu linken Gruppen. Aber sie sind offen und es interessiert nicht, ob du z.b. religiös bist oder was auch immer. Du kannst einfach zu ihnen kommen und mit ihnen gegen die Zerstörung der sozialen Sicherheit aktiv werden.

Mike:
Das Flugblatt enthält eine Verknüpfung zur Jobkiller Electrolux Website. Diese Website war aber nicht von eurer Gruppe sondern die breite Kampagnenseite, oder? Kannst du mir etwas zu eurer Gruppe sagen?

Franziska:
(gibt einen kurzen Abriss über die Geschichte der Organisierten Autonomie und des revolutionären 1. Mai in Nürnberg) [2]
(...) Wir haben bei unserer Gründung vor vielen Jahren eine Grundsatzentscheidung getroffen. Wir zählen die Teilnehmer unserer Demonstrationen. Und wenn wir Zahlen veröffentlichen, dann nur die echten, keine ‚politischen', was manchmal von anderen getan wird. Deshalb kann ich dir sagen: An der Stadtteildemonstration zur AEG haben sich nur 240 Leute beteiligt.

Mike:
Wie hat sich die Gewerkschaft zur Stadtteildemonstration verhalten? Wie stehen sie zu euch?

Franziska:
Wie du dir vorstellen kannst, mögen uns die Gewerkschaften nicht, auch weil dieses Jahr das erste Jahr war, in dem die revolutionäre 1. Mai Demonstration mit 3.000 TeilnehmerInnen größer als die DGB-Demonstration gewesen ist. Sie hassen uns dafür.
 Wir hatten den Ärger, als wir uns entschlossen diese Petition zu machen, Unterschriften und Spenden für die Streikenden zu sammeln und die kleine Stadtteildemonstration zum Werk zu machen. Wir wussten, dass die Streikleitung und die IGM darüber nicht glücklich waren. Daher haben wir die Tage vor der Demonstration damit verbracht, mit der Streikleitung zu reden, mit Gewerkschaftern, aber auch direkt mit den Streikposten. Wir hatten reformistische UnterstützerInnen, die das für eine gute Idee hielten. Sie hatten gute Kontakte zu den Gewerkschaftsfunktionären und sie haben mit denen diskutiert. Für zwei, drei Tage war es eine große Frage für die Funktionäre: Sollen wir die KommunistInnen hierher ins Streikzelt lassen oder nicht? Sie haben

sich entschieden, nachdem die Demonstration gestartet war. Harald Dix stand an einer Straßenecke und hat sich die Demonstration angeschaut. Was steht auf den Plakaten und Transparenten, die wir tragen? Was er gesehen hat, waren eine Menge Kinder, ältere Menschen, keinen schwarzen Block und keine Transparente, die die Gewerkschaften angegriffen haben. Dann hat er der Streikleitung übers Handy gesagt: Okay, lasst sie rein. Sie haben uns dann bis ins Streikzelt laufen lassen.

Es war ein Samstag. Es waren vielleicht 80 bis 100 ArbeiterInnen der AEG versammelt. Viele von ihnen sind normalerweise an einem Samstag nicht da.[3] Einige von ihnen sind extra zum Werk gekommen, um die Demonstration zu empfangen. Es herrschte eine gute Stimmung, jeder war zufrieden, die Gewerkschaften waren zufrieden und entspannt, dass es keinen Ärger gab. Die Polizei hatte sich nur am Auftaktort der Demonstration aufgebaut, um Leute von der Teilnahme abzuschrecken. Das tun sie manchmal. Sie umstellen dich mit 200, 300 Polizisten, um Leute davon abzuhalten, bei der Demonstration mitzumachen. Das haben sie auch diesmal getan, aber dann haben sie sich während der Demonstration zurückgezogen. Wir sind dann zum Streikzelt gelaufen und haben dort eine kurze Rede gehalten, die begrüßt wurde.

Mike:
Habt ihr die Rede im Streikzelt im Namen des Stadtteilkomitees gemacht?

Franziska:
Ja, und wir haben die 1080 Euro, die wir gesammelt hatten, übergeben. In der Rede haben wir ungefähr dasselbe gesagt, was auch in dem Flugblatt steht. Die Rede war also auch antikapitalistisch. Wir haben diese Aktionsform einige Monate später im Oktober 2006 bei einer Neonaziprovokation[4] wieder benutzt und sind durch die Geschäfte gezogen, um Unterstützung und Geld zu bekommen. Damals hatten wir mehr Zeit zur Vorbereitung. Wir haben beinahe 200 Unterschriften und Spenden von Geschäften und Initiativen aus dem Stadtteil zusammen bekommen.

Ich denke, dass ist ein zukunftsweisender Weg, wie man Menschen aus der Gesellschaft z.B. im Stadtteil einbeziehen kann, Menschen, die du üblicherweise nicht erreichen kannst. Es ist ein Beispiel für die Linke sein, neue Wege zu gehen, um so Menschen in den Kampf einzubeziehen.

Mike:
Kann man sagen, dass die Anti-Nazi-Aktion im Oktober 2006, bei der ihr über 200 Unterschriften von kleinen Geschäften bekommen habt, auf den Erfahrungen der AEG Kampagne aufgebaut hat?

Franziska:
Ja, diese Aktionsform, Unterschriften unter ein Flugblatt mit linken Inhalten zu sammeln, haben wir bei der AEG zum ersten Mal ausprobiert.

Mike:
Ihr geht in die Geschäfte und zu den BewohnerInnen, um Unterschriften unter ein Manifest zu bekommen und fragt: Wollen Sie diese Petition unterzeichnen? Wie ihr das macht, so nehme ich an, hängt vom aktuellen Anlass ab. So was ist doch immer ganz spezifisch.

Franziska:
Du kannst nicht erwarten, dass Leute, die z.B. Sozialdemokraten, Christen oder was auch immer sind, ein kommunistisches Manifest unterzeichnen. Wir wollen die Leute auch nicht reinlegen oder benutzen. Wir haben ihnen erzählt, um was es geht, in zwei, drei Sätzen. Und natürlich haben auch alle die Möglichkeit gehabt, zu lesen, was sie unterschreiben sollen. Nicht alle haben es gelesen.

Wir alle haben Beispiele erlebt, als wir die Unterschriften sammelten und erklärten, dass die Unterschrift mit einer Spende von 10 € für die Streikenden verbunden ist, dass zwei oder drei der Unterschreibenden uns erzählten: Okay, ich kann euch das Geld geben. Aber ich war bereits bei den Streikenden und habe ihnen Obst, Cola oder was auch immer gebracht. Ich gebe euch die 10 € gern. Aber ich war bereits dort und habe die KollegInnen unterstützt.

Mike:
Sind die Leute einfach spontan hingegangen und haben Sachen vorbeigebracht?

Franziska:
Ja, das lief schon die ganze Zeit. Schon als der Streik begann, gab es solche Beispiele. Leute, die mit ihren Autos an den Streikposten vorbeigefahren waren, haben angehalten und den KollegInnen Geld gegeben, manchmal nicht nur einfach zwei oder drei Euros, sondern wirklich viel Geld. Es war eigentlich die ganze Gesellschaft, die versucht hat, den Streik zu unterstützen.

Mike:
Das ist interessant.

Franziska:
Es gab Motorradclubs, die den Streik unterstützt haben. Es gab linke Gruppen, kleine linke Gruppen so wie uns. Ein Beispiel ist eine autonome Gruppe mit dem Namen Pension Ost. Die kennen jemand, der als

Waldarbeiter arbeitet, sozusagen als Holzfäller. Sie brachten eine große Menge Brennholz für die Feuertonnen zu den Streikenden. In einen Teil der Holzstämme hatten sie „Kapitalismus abfackeln" eingebrannt. Die Streikenden haben das erfreut aufgegriffen. Sie hatten jetzt Brennholz für die nächsten paar Tage.

Mike:
Es gab also eine spontane Reaktion der Menschen auf den Streik, ohne groß organisiert zu sein bzw. in die Richtung gebracht zu werden durch verschiedene Gruppen in der Stadt.

Franziska:
Ja.

Mike:
Durch Biker, Kirchen und linke Gruppen. Sind die Kirchen normalerweise in solche sozialen Konflikte involviert?

Franziska:
Teile der Kirchen sind das. Sowohl die katholische wie die evangelische Kirche haben Arbeitskreise und Gruppen von Menschen, die die Gewerkschaften unterstützen und in soziale Konflikte eingreifen.

Mike:
Wir haben dasselbe in Australien. Junge ChristInnen und junge christliche ArbeiterInnen und diese Art von Initiativen.

Franziska:
Aber im Fall der AEG waren nicht nur diese kirchlichen Gruppen beteiligt. Es gab eine Unterstützung durch breite Kreise in den Kirchen. Es gab auch noch andere Reaktionen in Nürnberg. Eine häufige Haltung war zu sagen: Das ist schon okay, der Streik und was ihr macht. Ich habe nichts gegen den Streik, aber es wird sich nichts ändern. Am Ende werdet ihr verlieren. Es macht überhaupt keinen Sinn. Also warum sollte ich euch unterstützen? Das war die eine Reaktion.

Mike:
Aber, was eure Erfahrung aus der Nachbarschaft betrifft, waren es doch nicht so viele, die so dachten.

Franziska:
Es waren 85 von ca. 90, die unterschrieben haben. Die vier, fünf, die uns nicht unterstützten, haben exakt das gesagt: Es macht keinen Sinn. Es gab einen, der gesagt hat: Ich werde das nicht tun. Der Streik ist Scheiße. Er war anti-gewerkschaftlich eingestellt. Er dachte, es sei die Schuld der Gewerkschaft, dass die Fabrik geschlossen wird. Das war eine andere Reaktion, neben der zu denken, es mache keinen Sinn. Diese Leute meinen, wenn die Gewerkschaft in der Vergangenheit nicht dieses und jenes gefordert hätte, würde die Fabrik nicht geschlossen werden. Es sei also die Schuld der Gewerkschaft, dass die AEG geschlossen wird. Aber solche Stimmen, auch wenn sie existierten, waren nicht so verbreitet. Sie kamen eher von vermögenderen Leuten, von der Spitze.

Mike:
Gab es vom Management irgendwelche Versuche in der Stadt gegen die Gewerkschaft, den Streik und den Boykott zu argumentieren? Gab es irgendeine Reaktion von Electrolux auf die Kampagne z.B. durch Presseerklärungen?

Franziska:
Nicht direkt. Sie hatten natürlich ihre Pressearbeit. Aber die war ziemlich schlecht. Sie hatten nie wirklich eine Chance. Alles was sie gesagt haben, zum Beispiel die Geschäftsführung in Deutschland, oder was Stråberg erzählen konnte, war schwach. Die bürgerliche Presse schrieb, dass das Management die ArbeiterInnen verhöhnt. Die Medien waren sehr aggressiv gegen das Electrolux-Management. Sie hatten nie eine wirkliche Chance zu reagieren, die

Meinungsführerschaft zu erringen und ihre Version der Geschichte unter die Leute zu bringen.

Mike:
Die Gruppen, die zusammen gekommen waren, um den Boykott zu machen, hatten Probleme in der Linken. War das wegen der Geschichte des Boykotts?

Franziska:
Teilweise ja. Denn es gab ja den Boykott der Nazis gegen die jüdischen Geschäfte und JüdInnen. Das ist der eine Grund. Aber es gibt noch einen weiteren, wichtigeren Grund. Die Linken haben beim Boykott ab gewunken. Es gab ja Boykotts, nationale wie internationale, gegen alle möglichen Firmen aus den verschiedensten Gründen. Viele haben einfach keinen Sinn mehr in einem Boykott gesehen. Die meisten der von Linken ausgerufenen Boykotts haben nicht funktioniert und man hat nie wieder etwas von ihnen gehört. Es war daher keine populäre Aktionsform und wir mussten viel erklären, warum es Sinn macht, eine Firma zur Unterstützung der ArbeiterInnen zu boykottieren. Teilen der Linken in Deutschland ist das nicht klar bzw. sie gehen nicht von einem Klassenstandpunkt aus, sie sind z.B. antirassistisch, antifaschistisch, aber sie haben kein Klassenbewusstsein. Du kannst diese Gruppen nicht mit einem Boykott erreichen, der bezweckt ArbeiterInnen zu unterstützen, die für den Erhalt ihrer Jobs kämpfen. Einige sagen zum Beispiel: Wir wollen keine kapitalistische Arbeit, wir wollen uns nicht an andere verkaufen. Die ArbeiterInnen sollen doch zufrieden sein, dass sie nicht mehr ausgebeutet werden und solchen Unsinn. Ich weiß nicht, ob du solche Sachen aus Australien kennst, ob es dort auch solche Leute gibt.

Mike:
Ja, es gibt einige, aber sie sind nicht sehr stark.

Franziska:
Unseren Kontakten in Deutschland mussten wir erst einmal erklären, warum ein Boykott Sinn macht. Bei einem Teil unserer Kontakte mussten wir argumentieren, warum es Sinn macht, die AEG-ArbeiterInnen überhaupt zu unterstützen. Das war ziemlich schwierig und wir haben es nicht geschafft, das innerhalb weniger Tage hinzukriegen. Wir hatten große Schwierigkeiten, die Idee des Boykotts in Nürnberg zu verkaufen. Die Idee entstand in verschiedenen Gruppen und es gab vorher schon spontane Aufrufe von Einzelpersonen für einen Boykott.[5] Es war daher offensichtlich, dass die allgemeine Stimmung uns die Möglichkeit eröffnete, einen effektiven Boykottaufruf zu starten, der

mehr ist als heiße Luft. Wir beschlossen es zu probieren und sprachen mit den anderen Gruppen im Sozialforum.

Mike:
Warst du auf diesen Treffen, auf dem die Entscheidung getroffen wurde es mit einem Boykott zu versuchen?

Franziska:
Nein, ich selbst war nicht dabei, aber andere GenossInnen von uns.

Mike:
Wie effektiv war der Boykott deiner Meinung nach? Es ist offensichtlich, dass der Boykott in der Stadt funktionierte. Auch für Deutschland insgesamt gibt es wohl Auswirkungen. Wie weit hat sich der Boykott verbreitet und wie lang dauerte er? Lief er ungefähr für einen Zeitraum von sechs Monaten oder nur während des Streiks?

Franziska:
Ja, das lief ungefähr so über vier, fünf, sechs Monate bis vielleicht April 2006. Der Boykottaufruf wurde im Januar gestartet, und spontane Boykottstimmen gab es schon längere Zeit vorher. Ich glaube, dass die Gewerkschaften und andere, vielleicht auch wir, das gesellschaftliche Engagement und die Macht der KonsumentInnen nicht effektiv genutzt haben. Man hätte viel mehr tun können, z.B. andere Städte aktiv einzubeziehen, um dort vor Kaufhäusern, in denen Electroluxartikel verkauft werden, für den Boykott zu werben. Man hätte viele verschiedene Sachen machen können, und es hätte eine große Resonanz in der Bevölkerung gegeben. Wir haben das nicht genutzt, und die Gewerkschaften haben sich offensichtlich aus dem Boykott herausgehalten. Ich würde sagen: Breite gewerkschaftliche Kreise haben mit dem Boykott sympathisiert und ihn unterstützt. Aber die Gewerkschaften haben ihre Finger von Boykottaufrufen gelassen.

Mike:
War das aus rechtlichen Gründen oder aus politischen?

Franziska:
Ich nehme an beides. Sie waren aus rechtlichen Gründen zurückhaltend bei Boykottaufrufen. Selbst wenn sie eine Kampagne gegen eine einzelne Firma machen, sagen sie normalerweise immer: Wir rufen nicht zum Boykott dieser Firma auf. Stattdessen fordern sie auf, sich mit den Beschäftigen zu

solidarisieren und beim Management zu protestieren. Ein Grund dafür mag sein, dass, wenn die Gewerkschaften z.b. zum Boykott einer Supermarktkette aufrufen, die Manager zu den Beschäftigten gehen und sagen: Wenn die Leute den Laden boykottieren und der Umsatz zurückgeht, sind die Gewerkschaften schuld, dass wir Leute entlassen müssen. Das würde dem Management in die Hände spielen und die Beschäftigten von den Gewerkschaften fernhalten. Wir sagen auch nicht, dass ein Boykott immer und überall Sinn macht. Er war in diesem Fall sinnvoll.

Mike:
Gab es irgendwelche Aktionen in den Einkaufsmeilen, vor Supermärkten, wo Electrolux-Produkte verkauft werden?

Franziska:
Ja, das hat es gegeben, organisiert vom Sozialforum und hauptsächlich von drei, vier Gruppen innerhalb des Sozialforums. Die beiden großen autonomen Gruppen in Nürnberg, wir haben hier zwei, haben Unterschriften in der Innenstadt gesammelt. Es war niemals so einfach gewesen, Menschen zur Unterschrift für eine Petition zu bewegen. Und in diesem Fall ging es um einen Boykottaufruf bei der AEG. Du musstest nicht den Leuten hinterher laufen und versuchen sie zu überzeugen, sondern sie kamen zu dir und wollten unterschreiben. Was sie unterschrieben, lass mich schauen, ich habe es dabei, war ebenfalls nicht nationalistisch oder standortchauvinistisch.

Mike:
Was meint standortchauvinistisch?

Franziska:
Standortchauvinistisch bedeutet, wenn die Gewerkschaft in Nürnberg z.B. für diesen Standort auf Kosten der ArbeiterInnen in München kämpft.

Mike:
Yeah, ich verstehe.

Franziska:
In diesem Fall wäre es einfach gewesen zu sagen: Die Jobs gehen nach Polen. Das ist das Problem, und sie sollten in Deutschland bleiben. Aber natürlich hat das Sozialforum nicht so etwas gesagt. Der Boykottaufruf zeigte Solidarität mit den KollegInnen in Polen.

Mike:
Es würde mich überraschen, berücksichtigt man die kurze Zeit: War es möglich, Kontakte zu linken Gruppen oder anderen AktivistInnen an der Basis in Polen zu knüpfen? Die Art, wie der Boykottaufruf formuliert wurde, war solidarisch. Doch gab es eine konkrete Beteiligung von irgendjemandem aus Polen?

Franziska:
Es wäre großartig gewesen, wenn es uns gelungen wäre, das hinzukriegen. Aber das Problem besteht darin, dass die Linke, alle Teile der Linken in Deutschland, nur sehr wenig Verbindungen zur Linken in Polen und generell nach Osteuropa haben. Es ist einfacher, Gruppen oder Menschen in den USA oder Mexiko, Nicaragua zu kontaktieren als in unseren Nachbarländern. Das ist auch ein Punkt, an dem wir arbeiten müssen.

Mike:
Soweit ich verstanden habe, ist das Konzept der Sozialforen ziemlich locker und offen. Aber viele andere Sozialforen in Deutschland werden von großen Gruppen und Parteien dominiert. Ist das richtig?

Franziska:
Ja.

Mike:
Ist das Nürnberger Sozialforum relativ autonom bzw. unabhängig in dem Sinn, dass es keine starke Koordination gibt, die eine Richtung für die Aktivitäten vorgibt? Ist es ein offenes Form?

Franziska:
Ja, das stimmt so. Der Grund dafür liegt in seiner Vielfalt. Du hast ChristInnen und Leute aus der Friedensbewegung im Nürnberger Sozialforum, die eine wichtige Rolle spielen. Diese FreundInnen haben zum Beispiel auch eine sehr wichtige Rolle in der AEG-Mobilisierung gespielt. Was du auch hast, ist ein starker Einfluss der Autonomen, weil sie eine Menge Leute auf die Straße mobilisieren können, was den anderen Gruppen im Sozialforum nicht möglich ist. Sie sind imstande, die ganze Technik und den organisatorischen Kram zu schmeißen, Material zu beschaffen und so Sachen. Das heißt: Sie übernehmen einen Großteil der praktischen Arbeit und haben daher einigen Einfluss. Das ist vielleicht ein Punkt, der vergleichbar ist mit Sozialforen in anderen Städten, wo größere Parteien oder Teile der Gewerkschaften diesen Einfluss haben. Alles in

allem ist das Nürnberger Sozialforum aber kein Forum. Es ist eine Art Bündnis verschiedener Gruppen und politischer Leute. Es ist nicht so, wie ich mir ein soziales Forum vorstelle, wie es sein sollte. Ein Forum sollte für alle Menschen, organisiert oder nicht, offen sein. Sie müssen mitmachen und ihre Anliegen diskutieren können. Sie sollten das Forum für Diskussionen nutzen können und dazu, Aktionen zu machen. Doch davon sind wir noch weit entfernt.

Mike:
Gibt es jährliche Treffen im Sozialforum, sagen wir für ein, zwei Tage wie bei anderen Sozialforen?

Franziska:
Nein.

Mike:
Dann ist es also eher eine virtuelle Struktur.

Franziska:
Es gibt Treffen einmal im Monat, die normalerweise nicht mit Leuten von außerhalb des Sozialforums stattfinden. So ist es nicht mehr unbedingt offen. An den Treffen nehmen fünfzehn bis fünfundzwanzig Personen aus verschiedenen Gruppen teil. Wir könnten versuchen bzw. wir versuchen, Leute ein bisschen stärker zu beteiligen, und mehr für die Idee eines Sozialforums zu interessieren, auch mit der AEG-Kampagne haben wir das getan. Aber unsere Schwäche besteht in dem Mangel an Kontinuität bei der Einbeziehung von Leuten. Nachdem der AEG-Streik zu Ende war, gab es nichts mehr, was wir hätten tun können. Wir hätten versuchen können und versuchen sollen den Boykott und die Boykott-Kampagne aufrecht zu erhalten. Aber der Grund, dass wir es nicht taten, liegt zum Teil darin, dass wir als Linke in Nürnberg oder auch das Sozialforum in Nürnberg nicht genug Menschen haben, die die Arbeit machen.

Mike:
Um die Kampagne fortzuführen?

Franziska:
Ja, und um Kontinuität hineinzubringen.

Mike:
Die Gewerkschaften waren ja offensichtlich ziemlich vorsichtig hinsichtlich eurer Aktionen. Galt das auch für andere Gruppen, die zum Streik gegangen

sind? Gab es Gruppen, die eigenständige Besuche organisiert haben, Demonstrationen etc., kirchliche Gruppen oder andere Verbände? Oder gab es das in organisierter Form gar nicht?

Franziska:
Ich glaube, es gab einen kleinen Zug, der nicht von der Gewerkschaft organisiert wurde. Die Gewerkschaften haben einige Demonstrationen und Kundgebungen organisiert. Sie haben z.b. KollegInnen aus anderen Städten eingeladen, die Streikenden zu besuchen. An einer großen Demonstration haben ca. 6.000 Menschen teilgenommen. Meiner Meinung nach hätten es 16.000 sein können, wenn es eine wirkliche Zusammenarbeit mit den sozialen Bewegungen gegeben hätte.

Mike:
Das ist interessant. War diese Demonstration mit 6.000 TeilnehmerInnen die größte?

Franziska:
Ja, das war die größte Demonstration.

Mike:
Fand diese Demo tagsüber oder abends statt?

Franziska:
Das war am Nachmittag. Sie brachten Busse mit KollegInnen z.B. aus München zu der Demo. Die Gewerkschaften in Deutschland zahlen normalerweise die Fahrtkosten oder geben dir sogar Geld, wenn du an Demonstrationen teilnimmst.

Mike *(lacht)*:
Schöne Art zu protestieren.

Franziska:
Du erhältst die Zugkarte oder die Kosten für den Bus und du bekommst üblicherweise 10 € für Essen und Trinken.

Mike:
Wie war deiner Wahrnehmung nach die Reaktion der Gewerkschaften auf eure und die Beteiligung anderer AktivistInnen des Sozialforums an „ihren" Aktionen? Soweit ich verstehe, habe sie ja insbesondere versucht, die Beteiligung durch antikapitalistische Gruppen einzuschränken und zu begrenzen.

Franziska:
Ja.

Mike:
Machen sie das, weil sie diese Gruppen für gewalttätig halten oder befürchten, dass sie direkte, unkontrollierbare Aktionen machen? Oder liegt das daran, dass sie die politischen Positionen der ‚Externen' ablehnen?

Franziska:
Sie haben sicherlich die Einschätzung, dass wir eine gewalttätige politische Kraft sind. Aber ich denke nicht, dass das der Hauptpunkt ist. Der Hauptpunkt ist, dass sie versuchen zum Beispiel organisierte Trotzkisten und Parteien wie die MLPD rauszuhalten, nicht weil sie befürchten, sie würden Gewalt anwenden. Sie wissen, dass dem nicht so ist. Aber diese Gruppen verfolgen das Ziel, Einfluss in der Gewerkschaft zu gewinnen. Sie haben dabei einige Erfolge. Natürlich versuchen die Gewerkschaftsführer solche Einflüsse zu bekämpfen, weil es ihr Interesse ist, die Gewerkschaften weiterhin auf sozialdemokratischen Kurs zu halten und an die SPD zu binden. Was sie nicht können, ist die Partei ‚Die Linke', die frühere PDS, rauszuhalten, weil diese neue Partei teilweise aus der WASG gebildet wurde. Die WASG wurde von Gewerkschaftsfunktionären gegründet, die nicht mehr länger mit der SPD einverstanden waren. Sie haben eine starke Position innerhalb der Gewerkschaften. Sie stellen nicht die Mehrheit, aber auf der unteren Funktionärsebene haben sie fast die Mehrheit. Sie sind eine ernsthafte Bedrohung für die Gewerkschaftsführer, die Sozialdemokraten sind. Sie führen eine Auseinandersetzung. Doch vertreten beide, die Linken wie die Sozialdemokraten innerhalb der Gewerkschaft, dass Gruppen wie die MLPD oder andere, die sie als Abenteurer bezeichnen würden, aus der Gewerkschaft raus gehalten werden müssen.

Es gibt da instinktive Abgrenzungsrituale gegenüber den sozialen Bewegungen. Dadurch haben sie sich Möglichkeiten vergeben, ihren Kampf zu verstärken. Wir sehen das so, dass sie das Gefühl haben, wenn sie die sozialen Bewegungen oder Gruppen beteiligen, die jenseits der Sozialdemokraten und der Linken stehen, wir verlieren teilweise die Kontrolle. Sie wollen aber die totale Kontrolle darüber, was passiert. Ich würde es so sehen, sie hätten ihr Ding tun können und die Kontrolle behalten, was natürlich ihr Interesse gewesen ist, warum auch nicht.

Mike:
Du meinst, dass sie eine Mehrheit der Leute hinter sich hatten und die Aktion sowieso angeführt hätten.

Franziska:
Aber sie hätten ein Bündnis mit den sozialen Bewegungen eingehen und diese beteiligen können. Sie hätten dann immer noch Elemente raus halten können, die für die ganze Sache gefährlich sein könnten. Nehmen wir mal ein extremes Beispiel. Wenn es eine Gruppe gegeben hätte, die den Streik unterstützen und ein Bündnis mit den Streikenden wollte und öffentlich vertreten hätte, man muss Stråberg töten, oder irgendeine andere radikale Sache unternehmen, wäre dies ein Schlag für den Streik und die Gewerkschaft, die so etwas nicht akzeptieren kann. Aber ich denke nicht, dass diese Gefahr wirklich bestanden hat.

Mike:
Gab es in der Linken hier in der Stadt oder auch anderswo in Deutschland Strömungen oder Gruppen, die mehr direkte Aktionen wollten?

Franziska:
Ich nehme das an, sicher hat es das gegeben. Aber wir haben das nicht diskutiert, weil wir haben zwei Punkte gesehen.
Der eine Punkt ist, dass die Gewerkschaft den Streik kontrolliert hat. Sie haben den Streik angeführt. Um den Streik zu unterstützen, kannst du nicht die Gewerkschaft angreifen. Du kannst es wissen und sogar sagen, dass die Gewerkschaften nicht ihr Bestes geben und am Ende wird die Gewerkschaft klein beigeben und nicht die Schritte unternehmen, die gemacht werden sollten, wie z.B. den Betrieb zu besetzen oder solche Dinge. Andere Linke haben sie deshalb offen attackiert und versucht, die Belegschaft von der Gewerkschaft wegzubringen. Das ist jetzt falsch ausgedrückt, aber ich glaube du verstehst, was ich sagen will. Das ist ein falsches Vorgehen.[6]

Mike:
Falsch zu diesem Zeitpunkt?

Franziska:
Ja, falsch während des Streiks. In unseren Diskussionen mit den ArbeiterInnen an den Feuertonnen haben wir vertreten, dass es weiterer Schritte bedarf, und Teile der Belegschaft waren bereit, weiter zu gehen.
Wie auch immer, sie haben nicht gewonnen. Wir sehen es nicht als Sieg, weil die Fabrik geschlossen wurde. Aber sie haben mehr Geld bekommen und wohl möglich viel mehr, als sie ohne Streik und ohne die Gewerkschaft erhalten hätten. Daher war es zumindest ein Teilerfolg für sie. Wir haben nicht das Recht zu sagen: Scheiß auf diesen kleinen Erfolg. Entweder die Revolution oder gar nichts. Das wäre Unsinn. Es gab andere Gruppen, die Graffitis um das Werk

herum gemacht haben. Du kannst dir die Fotos von den Graffitis auch auf »Jobkiller Electrolux« ergänzen und auf der Seite der KollegInnen von AEG, sie heißt »Druckwächter«, auf »Netzwerk IT« anschauen. Sie haben Bilder von Graffitis, die teils die Gewerkschaften angreifen und zum Beispiel sagen: Vertraut nicht der IG Metall, die betrügen euch, und solche Sachen.

Mike:
Eure Haltung war also: Man hätte sich auf eine gemeinsame Plattform, eine Aktionseinheit verständigen können und so wäre es auch möglich gewesen, andere Gruppen in den Streik einzubeziehen.

Franziska:
Exakt. Es hat funktioniert, sich im Sozialforum auf einer bestimmten Grundlage zu treffen und eine Vielzahl von verschiedenartigen Gruppen zu akzeptieren, politische Strömungen, die auf einer gemeinsamen Grundlage zusammenkommen. In diesem Fall wäre die Grundlage der gewerkschaftliche Kampf gewesen. Aber wie wir gesehen haben, waren sie zu ängstlich, diesen Weg zu gehen. Teile der Gewerkschaften versuchen jetzt, so wie wir es verstehen, zurück zu den Wurzeln zu gehen, wie sie sagen. Sie übernehmen z.b. dieses Organizing-Modell aus den USA. In der Dienstleistungsgewerkschaft ver.di haben diese Kräfte eine ziemlich starke Position, auch wenn sie die Minderheit bilden. Was die anderen wollen, die man vielleicht als Traditionalisten bezeichnen kann, ist so eine Art Versicherung für die Beschäftigten zu sein. Sie wollen sich aber nicht um Erwerbslose oder Leute kümmern, die morgen keinen Job mehr haben. Aber wir sind nicht mehr in den 70er Jahren. Ich denke, dass sie immer noch die Mehrheit stellen. Die anderen machen einen Fehler, weil sie das amerikanische Modell übernehmen, ohne es vollständig zu verstehen. Wenn du z.B. erfolgreich Leute organisierst, ist der nächste Schritt, dass du sie erfolgreich schützen musst. Sie können das nicht tun.

Mike:
Man muss dabei sehr sorgfältig vorgehen.

Franziska:
Es gibt keinen Nutzen darin, einfach nur Organizing zu betreiben, ohne zu verstehen, was man tut.

Mike:
Bist Du Gewerkschaftsmitglied?

Selten hat es soviel Spaß gemacht Unterschriften zu sammeln

Franziska:
Ja.

Mike:
Hat ver.di oder haben andere Gewerkschaften diese Aktion unterstützt? Haben sie ihre Mitglieder mobilisiert? Oder sind die anderen Industriegewerkschaften in Deutschland außerhalb dieser Art von Kämpfen geblieben? Waren die meisten ArbeiterInnen, die den Streik unterstützt haben, eher IGMler als ArbeiterInnen, die von außerhalb her mobilisiert wurden?

Franziska:
Es gab eine große Demonstration, an der auch ver.di offen teilnahm und eine Menge Leute mitbrachte. Natürlich haben alle Einzelgewerkschaften den Streik unterstützt. Es gibt eine starke Konkurrenz zwischen den Einzelgewerkschaften. Insbesondere ver.di und IG Metall können sich gegenseitig nicht leiden. Im höheren Management der Gewerkschaften geht diese Konkurrenz bis zu persönlichem Hass. Aber sie alle mussten diese Anstrengungen der IG Metall unterstützen und ich vermute, dass die untere Funktionärsebene und alle Mitglieder das gerne getan haben.

Mike:
Die größte Demonstration hatte 6.000 TeilnehmerInnen. Ich habe den Ein-

druck: Es hätte größere Mobilisierungen geben können. Das ist für mich schwer zu verstehen.

Franziska:
In Bochum, zwei Jahre vorher, als Opel versuchte zu verlagern und es letztlich auch getan hat, haben sich über 20.000 Menschen beteiligt. Du kannst einen großen Teil der Bevölkerung in der Region zu solchen Protesten mobilisieren, wenn du sie richtig einlädst. Für die Sozialforen und die Linke ist es immer ziemlich schwierig, die Menschen zu erreichen. Wir haben nicht die Ressourcen, um ...

Mike:
... tausende Flugblätter zu produzieren?

Franziska:
Tausende schon, aber nicht hunderttausende. Ich denke wir haben einige Erfahrungen gemacht, wie man Leute mobilisieren kann. Aber aufgrund dieser Probleme können wir nicht wie der riesige Apparat der Gewerkschaften arbeiten, die 100.000 Flugblätter an die ArbeiterInnen verteilen, damit dann hoffentlich 5.000 kommen. Wir müssen effektiver vorgehen. Wir, damit meine ich kleine Gruppen, die die Sozialforen bilden, die versuchen, die Bevölkerung und breite gesellschaftliche Schichten in Streiks usw. einzubeziehen. Ich denke wirklich, wenn die großen Gewerkschaften neue Wege der Mobilisierung suchen, könnten sie etwas von kleinen Gruppen lernen, die das in ihren Größenordnungen ziemlich effektiv tun.

Mike:
Wie macht ihr das? Läuft das durch mündliche Ansprache, Telefon, direkte Kontakte, um so sicherzustellen, dass Leute zur Aktion kommen?

Franziska:
Nein, das läuft über den traditionellen Weg, einfach über Flugblätter. Die Sache ist, dass es keinen Sinn macht, einfach hunderttausende Flugblätter zu produzieren. Was du brauchst, ist eine bestimmte Kontinuität. Zum Beispiel gibt es eine unabhängige Szenezeitung, die monatlich herauskommt und nichts kostet. Wenn du Dinge tust, die eine Kontinuität aufweisen, die attraktiv für die Menschen sind, dann musst du ihnen nicht hinterherrennen und sie dazu bringen, das zu lesen, was du gerne hättest, dass sie es lesen. Sie kommen zu dir und wollen die Sachen, weil es sie interessiert.

Mike:
Ich glaube, ich werde die Leute von der Gewerkschaftszeitung befragen. Mich interessiert dieser Punkt. Es scheint keine Koordinationsgruppe für Gruppen außerhalb der Gewerkschaft gegeben zu haben, nichts dergleichen, vielleicht mit Ausnahme der großen Demonstration mit den 6.000 Leuten. Das Ziel scheint eher gewesen zu sein, nur Gewerkschaftsmitglieder dabei zu haben, etwas, das sie kontrollieren können anstatt einer wirklich großen Mobilisierung, die, wie du sagst, die viel Arbeit macht bei der Produktion und der Verteilung der Flugblätter.

Franziska:
Die Art der Verteilung wäre von Bedeutung für sie. Was haben sie getan? Sie haben große Anzeigen in den Tageszeitungen geschaltet. Das ist aber noch lange nicht genug, was du als Gewerkschaft tun kannst. Zum Beispiel versuchen wir nicht einfach Flugblätter zu verteilen, sondern ein Event zu veranstalten, also die Leute durch eine optische Sache aufmerksam zu machen. Die Leute müssen etwas sehen, hören. Dann hast du vielleicht ihre Aufmerksamkeit gewonnen und kannst ihnen dein Flugblatt geben. Nicht nur, es ihnen einfach in die Hand drücken und sie schmeißen es danach weg. Es bedarf also einiger weiterer Anstrengungen, als es einfach nur zugänglich zu machen. Das ist es, was die Gewerkschaft macht, die Sachen in einer riesigen Größenordnung zugänglich machen. Aber sie kümmern sich nicht darum, wie es akzeptiert wird. Das ist vielleicht ihr Fehler. Ich vermute mal: Die Leute sind zu dieser Demonstration mit den 6.000 nicht gekommen, weil sie nicht eingeladen wurden. Die Menschen haben sich nicht eingeladen gefühlt. Sie haben nicht gespürt: Die brauchen uns, es ist wichtig, dass ich mir diese zwei, drei Stunden Zeit nehme und teilnehme. Die Leute haben gedacht: Okay, das ist in Ordnung, sie machen diese Demonstration. Richtig so, aber ich muss da nicht dabei sein. Sie brauchen mich nicht unbedingt. Ich bin mir sicher. Wenn man die Stimmung in der Stadt in Rechnung stellt, das, was die Menschen in den Diskussionen gesagt haben und wie schnell sie den Boykott unterschreiben wollten: Sie wären froh gewesen, wenn man sie eingeladen hätte. Du kannst spekulieren und es macht heute keinen Sinn zu sagen: Es hätten 20.000 oder 50.000 mitgemacht. Aber es hätten auf jeden Fall viel mehr sein können.

Anmerkungen

1 Das Interview wurde im August 2007 von Mike geführt. Im Vorgespräch ging es zunächst um die Geschichte des Stadtteils Gostenhof sowie um die von der OA organisierte Stadtteildemo zur Unterstützung des Streiks. Da es das erste in einer Reihe von Interviews gewesen ist, wurden in dem Gespräch auch einige allgemeine Fakten und eine Chronologie der Ereignisse angeschnitten. Wir haben diese Teile weggelassen, da sie hier an anderer Stelle behandelt werden. Franziska legt Wert auf die Feststellung, dass das Interview nicht Ergebnis eines kollektiven Diskussionsprozesses in ihrer Organisation gewesen ist und daher zunächst einmal nur ihre private Meinung darstellt.
2 Ausführliche Informationen darüber sind auf www.redside.tk zu finden.
3 Die KollegInnen waren entsprechend der regulären Arbeitsschichten als Streikposten eingeteilt, d.h. also von Montag bis Freitag. Die Wochenendschichten wurden, neben dem harten Kern der StreikaktivistInnen insbesondere auch von Gewerkschaftern, teilweise auch aus anderen Betrieben, gemacht. Die Wochenendschichten waren deutlich geringer besetzt als die regulären Streikposten unter der Woche.
4 Anlässlich des 60. Jahrestags der Nürnberger Kriegsverbrecherprozesse wollten militante Neonazis aus der Umfeld der NSDAP/AO und der Anti-Antifa vom Nürnberger Justizpalast aus durch den Stadtteil Gostenhof demonstrieren. Durch eine breite Mobilisierung, die zur Blockade der Naziaufmarsches aufrief, wurde eine Stimmung geschaffen, in der es mehreren tausend AntifaschistInnen mit Unterstützung der AnwohnerInnen gelang, die Neonazis nach wenigen hundert Meter zu stoppen und zum Abbruch ihres Marsches zu zwingen.
5 Bereits direkt nach der Verkündung der Werksschließung gab es z.B. Leserbriefe in der Lokalpresse, in denen ein Boykott gefordert wurde bzw. Leute ihre Meinung zum Ausdruck brachten, sie würden nie wieder etwas von Electrolux kaufen.
6 Inhaltlich kritisiert die OA die taktische Position anderer revolutionärer GenossInnen, deren Aktivitäten während des Streiks darauf abzielten, durch offene Kritik am Gewerkschaftsapparat und den Funktionären der IGM-Streikleitung die Kontrolle über den Kampf zu entreißen und so den Raum für weitergehende Aktionen der Belegschaft zu öffnen.

„Das Ganze drohte sich politisch unkontrolliert zu entwickeln ..."

Interview mit Hans Patzelt über seine Erfahrungen im Arbeitskampf bei der AEG

Mike:
Wir haben jetzt die AEG-Kanis Kampagne abgeschlossen. Vielleicht starten wir jetzt mit der AEG-Electrolux-Kampagne. Wenn wir uns beide Kampagnen anschauen, stellt sich die Frage, warum eine erfolgreich und die andere nicht so erfolgreich gewesen ist, jedenfalls im Hinblick auf ihr Ziel Jobs zu retten und das Werk zu erhalten.

Hans:
Als ehemaliger AEG-Kollege hatte ich ein ganz persönliches Motiv gegen die Werksschließungspläne des Electrolux-Konzerns. Ich konnte und wollte nicht zuschauen. Ein Schwerpunkt des Widerstands bei AEG-Kanis war, eine breite Öffentlichkeit herzustellen. Und das musste auch bei AEG-Hausgeräte geschehen. Aber wie? Man muss wissen, dass ich in Nürnberg schon viele Jahre in der Friedensbewegung aktiv war und im Sozialforum Nürnberg. Die Frage war: Was kann das Sozialforum Nürnberg dazu beitragen? Es gab ja erhebliche Vorbehalte der Gewerkschaften gegenüber der Sozialforumsbewegung. Wir sind mit Globalisierungsargumenten aktiv geworden, die weit über den Betrieb hinausgehen und bis hin zum G8 Gipfel Heiligendamm reichen. Ein Erfolg des Arbeitskampfes war nicht vorauszusehen, weder bei AEG-Kanis noch bei AEG-Hausgeräte.

Mike:
Warum haben die Gewerkschaften so eine Wahrnehmung vom Sozialforum? Über welche Gruppen sind die Gewerkschaften besorgt? Ich verstehe die Sicht auf das Sozialforum nicht. Ist es zu stark gegen die Globalisierung eingestellt?

Hans:
Meine Kollegen Gewerkschafter waren noch sehr sozialpartnerschaftlich orientiert. Wir vom Sozialforum nicht. Wir verstehen uns nicht als Partner des

Unternehmens. Wir befassen uns mit den katastrophalen Auswirkungen der Globalisierung der Konzerne und des Kapitals. Das geht den Gewerkschaften zu weit. Das stört auch ihr traditionelles Verhältnis zur SPD.

Mike:
Ist das, weil sie das Modell der Sozialpartnerschaft immer noch für stark halten und denken, dass man über den institutionellen Weg etwas erreichen kann?

Hans:
Die Sozialpartnerschaft war mal nach dem Krieg im Aufbau relativ erfolgreich und hat die politischen Widersprüche verdeckt. Nach dem Wegfall der Mauer 89 hat sich die Situation aber grundlegend verändert. Maßgebliche Gewerkschafter meinen immer noch, sie können alles partnerschaftlich lösen. Sie spüren aber, dass es nicht mehr geht. Ihr Einfluss geht zurück, die globalen Probleme werden größer.

Mike:
Aber nehmen wir die Friedensbewegung. Auch in der katholischen Kirche gibt es die Bewegung für soziale Gerechtigkeit. Ist eine Unterstützung von solchen Kreisen für sie akzeptabel?

Hans:
Natürlich ist das gut und akzeptabel, stößt aber dann an die Grenzen, wenn es um Systemfragen geht. Aber jetzt werden auch in der Friedensbewegung die Auswirkungen der Globalisierung stärker diskutiert. Ein Beispiel: Wir fahren jetzt am 15. September[1] zur Großdemonstration nach Berlin. Wir sind für drei Forderungen gegen den Krieg in Afghanistan: 1. keine Tornados 2. keine Verlängerung der Mandate der deutschen Soldaten 3. Rückzug der deutschen Truppen. Große Themen, die aber von den Kirchen und von den Gewerkschaften nicht konsequent verfolgt werden.

Mike:
Liegt das an ihrer Verbindung zu der Sozialdemokratie, zur SPD?

Hans:
Ja, die SPD ist ja in der großen Koalition, mit Merkel, Steinmeier und in Treue fest zur US-Politik. Die haben aber eigene Interessen. Wir sagen, die Amis müssen raus aus Irak, die indirekte deutsche Unterstützung muss aufhören. Der deutsche Afghanistan-Einsatz wird als humanitäre Hilfe verkauft und wir Deutschen sind die Guten, die in Afghanistan helfen. Dabei geht es in Zen-

AEGler im Stadion – Parole im Stadion: „Nürnberg ohne AEG ist wie Fußball ohne Fans"

tralasien um geostrategische Interessen und um die Sicherung von Gas und Öl und Pipelines und da will man mitmischen. Der Bundestag wird gegen uns entscheiden, obwohl zwei Drittel der Bevölkerung gegen diesen Einsatz sind. Deshalb fahren wir nach Berlin, um von außen Druck zu machen und die wirklichen Interessen, die verschleiert werden, sichtbar zu machen. Die Menschen glauben nicht, dass unsere Freiheit am Hindukusch verteidigt wird. Am 1. September, am Antikriegstag, werden wir uns als Friedensbewegung mit den Gewerkschaften vor der Nürnberger Lorenzkirche sichtbar machen. Wir stellen symbolisch Holzkreuze auf für die 50.000 toten Afghanen und legen eine Pipeline darüber. Das wird deutlich. Die SPD wird da nicht begeistert sein.

Mike:
Fühlen sich die Gewerkschaften vielleicht nicht wohl dabei, solche Themen wie Imperialismus oder die Ungleichheit zwischen dem globalen Norden und dem Süden zu den ArbeiterInnen zu bringen?

Hans:
Es gibt eine Minderheit in der Gewerkschaft, die diskutieren in die Richtung. Aber das ist eine Minderheit. Der Mehrheit geht diese Betrachtung zu weit. Sie orientiert sich noch zu sehr an den sozialdemokratischen Argumenten.

Mike:
Sie beziehen sich ausschließlich auf Löhne, Arbeitsbedingungen, sonst nichts?

Hans:
In erster Linie ja. Aber es gibt zunehmende Probleme, die darüber hinausgehen, zum Beispiel die gesamten sozialen Widersprüche, die Folgen der Globalisierung und die zunehmende Militarisierung. Dies alles macht den Gewerkschaften zunehmend zu schaffen.

Mike:
Das war jetzt die Seite der Gewerkschaften. Aber wie lief es im Sozialforum? Gibt es dort auch Vorbehalte gegen eine Zusammenarbeit mit der ArbeiterInnenbewegung und den Gewerkschaften?

Hans:
Leider ja. Als ich erfahren habe, dass Electrolux die AEG in Frage stellt, haben wir das im Sozialforum andiskutiert. Die Sozialforumsleute reagierten eher distanziert. AEG war ja eigentlich nur ein Beispiel für die negativen Auswirkungen der Globalisierung. Meine Position war: Wenn wir hier in der Stadt so ein Beispiel haben, dann können wir nicht nur zuschauen, sondern müssen was tun. Aber was? Da waren wir[2] am Anfang im Sozialforum eine Minderheit. Die Mehrheit war der Meinung, wir haben so viele globale Themen, und jetzt auch noch das lokale Thema AEG. Es war niemand direkt dagegen, aber Begeisterung kam auch nicht auf. Es kam ihnen mehr auf die große Sichtweise an und nicht so sehr auf das lokale Detail.

Mike:
Liegt das daran, dass einige der AktivistInnen des Sozialforums aus der Mittelschicht, dem Kleinbürgertum[3] kommen, aus der Ökologiebewegung, interessiert an sozialer Gerechtigkeit, aber nicht an typischen Themen der ArbeiterInnenklasse oder an Arbeitskonflikten?

Hans:
Sicherlich, auf jeden Fall. Ein großer Teil der Teilnehmer am Sozialforum hat eine akademische Ausbildung und somit auch eine akademische Sichtweise. Alles gute Leute. Ich komme von unten und bin Gewerkschafter. Und Richard hatte die Konzernstrategien im Auge. Wir waren uns da sehr nahe, auch, was die große Politik betrifft.

Mike:
So, wenn wir jetzt von der großen Politik sprechen, reden wir über „Down with WTO" und „Block G8 Summit" und diese Art von Politik?

Richard:
Jein, auch solche Themen, die du jetzt erwähnt hast. Aber es geht hier nicht nur um die Dialektik lokal und global. Das hat verschiedene Ebenen. Wenn du so willst, kannst du es als Widerspruch im Spannungsfeld von Reform oder Revolution sehen.

Hans:
Ja, dann sind wir ganz schnell bei Electrolux und bei dem Verhältnis von Gewerkschaft und Sozialforum, das von beiderseitigen Vorbehalten geprägt ist. So kam es z.b., dass ich zwischen allen Stühlen saß: einmal als Gewerkschafter im Sozialforum misstrauisch beäugt, andererseits den Gewerkschaftern als Sozialforumsmensch ziemlich suspekt.

Mike:
Wann hat das Sozialforum sich das erstemal mit der AEG beschäftigt?

Hans:
Jetzt kann ich konkret werden. Im Juni 2005 haben wir im Sozialforum darüber diskutiert, dass sich bei der AEG hier vor Ort etwas zusammenbraut. Mein Vorschlag war, mit einer Resolution des Sozialforums unsere unterstützende Solidarität dem Betriebsrat zu übergeben. Das hat geklappt. Wir wurden also zu zweit als Delegierte des Sozialforums fast vom kompletten Betriebsrat empfangen. Auch deshalb, weil ich die Betriebsräte seit vielen Jahren kenne, denn sie haben uns ja bei unserem Kampf um AEG-Kanis ja ebenfalls unterstützt. Ich war ihnen aber als Kollege[4] immer etwas zu weit links.

Mike:
Für die Gewerkschaft?

Richard:
Für die Gewerkschaft und den Betriebsrat. Die Betriebsräte bei der AEG sind alle Mitglieder der IG Metall gewesen.

Hans:
Ganz geheuer war den Betriebsräten unser Sozialforumsbesuch nicht. Der Betriebsratsvorsitzende Harald Dix kannte mich ja gut aus unserer langjährigen IG Metall-Arbeit und von unserem erfolgreichen Arbeitskampf. Aber was hat denn so ein Metallerkollege wie ich im Sozialforum zu suchen? Die sind doch viel zu weit links! Es galt also in dem Gespräch mit den Betriebsräten Vorbehalte gegen uns[5] abzubauen, was auch ein Stück gelungen ist. Wir haben

gesagt, dass wir von außen als Sozialforum mithelfen wollen, Öffentlichkeit herzustellen gegen die beabsichtigten Werkschließungspläne von Electrolux. Denn Öffentlichkeit ist von großer Bedeutung, nicht nur kommunalpolitisch, sondern auch bundesweit, um den Druck auf Electrolux zu erhöhen. Dies galt auch für die Friedensbewegung[6] in Nürnberg.

Mike:
Man musste also in die Öffentlichkeit nach außen gehen.

Hans:
Ja, die Kollegen haben gemerkt, Electrolux zieht durch und will keine Kompromisse. Sie wollen den Laden dicht machen. In unserem Gespräch haben wir erfahren, dass die Kolleginnen und Kollegen kampf- und streikbereit sind und nach außen gehen wollen. Dann hat Electrolux im Dezember verkündet: Wir machen den Laden dicht. Es gab eine zunehmende Diskussion in der Stadt, die ist immer größer wurde. Wir waren der Meinung, der Stadtrat muss jetzt Flagge zeigen.

Richard:
Jetzt muss ich mal eine Frage stellen. Es war doch so, dass du ganz oft zum Stadtrat, der IGM usw. gegangen bist. Das war doch letztlich überhaupt erst durch deine Idee entstanden?

Hans:
Wir sind ja bei den Protestkundgebungen vor dem Werk nicht selber zu Wort gekommen und ich habe meinem in der IG Metall verantwortlichen Kollegen Jürgen Wechsler in den Ohren gelegen, dass die Stadt endlich aktiv werden muss. Bei einer weiteren Demonstration, bei der die Arbeiter und Angestellten um das Werk herum marschiert sind, habe ich den Wirtschaftsreferenten der Stadt, Fleck, der hier geredet hat, angesprochen. Ich habe zu meinem Kollegen Jürgen Wechsler gesagt, morgen tagt der Stadtrat, der sollte doch seine Sitzung unterbrechen und demonstrativ im Zentrum der Stadt vor der Lorenzkirche gegen die Werkschließung öffentlich auftreten. Diese Chance sollte nicht vertan werden. Die Zeit drängte. Ich hatte den Eindruck, er empfand meinen Rat als Anmaßung.

Richard:
(...) demonstrativ protestieren, als Stadtrat seine Solidarität erklären, während zeitgleich die ArbeiterInnen wild gestreikt haben. Die Reaktion war erschrocken, ablehnend: Das geht doch nicht. Aber gleichzeitig hat Hans das öffentlich gemacht, in dem er zur Presse gegangen ist.

Hans:
Eine Woche später haben sie dann zu einer Großkundgebung aufgerufen. Ohne Sozialforum, ohne jemand von der Basis. Es war ausschließlich eine Aktion des DGB und des Stadtrates, der akzeptierten Institutionen und der offiziellen Politik.

Richard:
Das ist sehr wichtig. Hans ist hier zu bescheiden. Er hat da wirklich einen Stein ins Rollen gebracht. Das war schon eine taktische Meisterleistung. Ich erzähle mal die Geschichte im Zusammenhang. Hans hat sie vorwärts geschoben, wobei der Druck der Gesamtsituation eine entscheidende Rolle gespielt hat. Er ist direkt zu ihnen hingegangen und hat parallel dazu die Medien informiert. Er erzählt den Medien als (Ex)-Betriebsratsvorsitzender der AEG, dass wir was tun müssen und dass er mit der Stadt, Herrn Fleck gesprochen habe. Dann haben die Medien natürlich als nächstes zum Telefon gegriffen und den Wirtschaftsreferent angerufen. Herr Fleck, wir haben gehört, dass die Stadt Nürnberg zur AEG Stellung beziehen und ihre Stadtratssitzung am Donnerstag sogar für eine Protestaktion unterbrechen will. Können sie das bestätigen? Fleck war dann natürlich in der Zwickmühle und stand als Verwaltungsbeamter unter Druck, da die politische Entscheidung noch nicht getroffen war. Wenn er jetzt dementiert, würde die Presse schreiben, die Stadt Nürnberg läßt die AEG im Stich. Außerdem konnte er das stattgefundene Gespräch mit Hans nicht leugnen und dabei hatte er ja auch „nur" ausweichend geantwortet. Das hat Hans, großzügig wie er ist, als grundsätzliche Unterstützung der Idee interpretiert und so an die Presse weitergegeben. Außerdem musste Fleck in dem Moment in Rechnung stellen, dass Hans auch mit den politischen Entscheidungsträgern gesprochen hat. Die ganze Situation war im Fluss und die offizielle Lokalpolitik[7] beriet ihr weiteres Vorgehen. Fleck konnte natürlich auch nicht sagen, ja wir werden das tun. Also lavierte er rum und damit war die Idee für die Medien, die ja immer auf der Jagd nach Neuigkeiten sind, offiziell in der Welt. Hans hat also seine Verbindungen zur Presse und seine Glaubwürdigkeit als ehemaliger AEG-Betriebsrat und Gewerkschafter benutzt, um den Druck auf die Gewerkschaftsführung und die Lokalpolitik zu erhöhen.

Mike:
Hat Hans Presseerklärungen gemacht?

Hans:
Ja, jede Menge. Davon habe ich einen ganzen Stoß. Als ehemaliger Betriebsratsvorsitzender habe ich dann immer gleich das Sozialforum mit reingenom-

men. Die Presse hat mich immer gefragt: Was denken Sie? Ich habe immer die Position des Sozialforums vertreten, dass es um den Erhalt des Werkes und aller Arbeitsplätze geht.

Richard:
Die Forderung Erhalt aller Arbeitsplätze war sehr wichtig.

Hans:
Während der Betriebsrat und die Gewerkschaft schon Angebote gemacht hatten, Arbeitsplätze zu verringern, ich weiß nicht 200, 300 oder 500, wieviel waren das?

Richard:
800.

Hans:
Trotzdem hat Electrolux gesagt: Nein, wir verlagern nach Polen.

Mike:
Die Firma hat auf die Konzessionen der Gewerkschaft nicht reagiert.

Hans:
Da war alles klar. Aber noch mal zurück. Als wir erfahren haben, dass die Stadtverantwortlichen endlich aktiv werden wollen, haben wir beim DGB nachgefragt, ob das Sozialforum und das Friedensforum an den Großanzeigen in den Nürnberger Zeitungen für eine Großkundgebung und einen Fackelzug mit beteiligt werden. Mein Kollege Stephan Doll[8] sagte zu meinem Erstaunen, dass er das nicht entscheide sondern der Oberbürgermeister. Ich sagte ihm, dass man doch froh sein sollte, wenn sich auch außerparlamentarische Gruppen wie das Nürnberger Friedensforum und das Sozialforum Nürnberg solidarisch erklären. Die Veröffentlichung fand ohne uns statt. Wir waren sauer. Dann habe ich gesagt: Gut, dann machen wir was Eigenes. Wir machen eine eigene Aktion.

Mike:
Wer stand unter der Anzeige, nur Gewerkschaftsmitglieder?

Richard:
Nein, die Gewerkschaften, der Stadtrat als Institution und verschiedene Gruppen.

Der Medienrummel war immer gewaltig

Mike:
Was für Gruppen? Gruppen aus welcher politischen Richtung?

Hans:
Beckstein, die Parteien, die Dekane der Kirchen, die offiziellen Sozialverbände u.s.w.

Mike:
Wer ist Beckstein?

Richard:
Der Nachfolger des bayerischen Ministerpräsidenten Stoiber, damals noch bayerischer Innenminister. Es haben also immer die Spitzen der Parteien oder Institutionen unterschrieben, die Prominenz und nicht die Leute von der Basis.

Mike:
Wen haben sie eingeladen, wen haben sie nicht eingeladen?

Hans:
Die Stadt hat dies zusammen mit dem DGB und den Einzelgewerkschaften gemacht, auch mit dem Ausländerbeirat und den schon genannten. Nur niemand

von der außerparlamentarischen Basis, dem Sozialforum, der Friedensbewegung. Die waren ihnen wahrscheinlich politisch zu unbequem.

Mike:
Wie viele Leute haben an der Menschenkette teilgenommen?

Hans:
6.000, das war gut gewesen.

Mike:
Gab es Sendungen im Radio und Fernsehen?

Hans:
In Zeitungen, Radiosendern und Fernsehen in ganz Bayern und in ganz Deutschland wurde darüber berichtet.

Richard:
Er fragt jetzt nach der Mobilisierung.

Hans:
Die Mobilisierung war am Anfang lokal auf Nürnberg begrenzt.

Mike:
Wären mehr Leute gekommen, wenn die sozialen Bewegungen und das Sozialforum direkter eingebunden gewesen wären?

Hans:
Nicht unbedingt, wir haben ja kräftig mobilisiert. Aber mit uns wäre das alles politischer verlaufen. Unsere Forderung nicht nur für den Erhalt des Werkes, sondern auch für alle Arbeitsplätze zu kämpfen, sollte weiteren Kompromissen vorbeugen. Nur mit dem Erhalt der Strukturen ist das Werk zu halten. Das war aber ein unausgesprochenes Spannungsfeld zwischen uns und den Gewerkschaften. Dann kam unsere Aktion. Das war unsere Antwort auf das Ausbooten des Sozialforums. Ich hatte so etwas Ähnliches von den Grundigkollegen gehört. Wir mieteten einen LKW, klapperten die Recyclinghöfe nach ausrangierten Herden und Waschmaschinen ab und fuhren voll beladen damit direkt zum AEG-Haupttor, hinten rein und ohne Genehmigung des DGB. Während die Großkundgebung mit 6.000 Menschen an anderer Stelle lief, lüfteten wir unser Geheimnis und bauten unsere Lautsprecher auf der Rampe des Lastwagens auf. Während immer mehr Menschen mit Fackeln zum Werktor

strömten, luden wir die ganze Ladung ab und verstellten den gesamten Haupteingang mit den Geräten. Ein toller Anblick! Über unseren Lautsprecher riefen wir den Electrolux-Managern zu: Hier habt ihr eure Geräte zurück!

Richard:
(...) Die Situation war ziemlich heikel, weil der Organisationsleiter des DGB kam wutentbrannt angerannt und wollte uns des Platzes verweisen. Er tobte, wir würden ihre Aktion kaputt machen. Sie hätten das genau überlegt, die Lichterkette, in der Jahreszeit, das seien die Bilder, die sie in die Medien transportieren wollen. Das würden wir kaputtmachen. Na ja, das war ja auch so. Hans hat dann in seiner unwiderstehlichen Art zu ihm gesagt: Ihr wollt ja nur die AEG zu Grabe tragen. Da ist der Typ ausgerastet. Ich dachte, der geht jetzt auf Hans los. Er hat uns dann beschimpft, der Boykott sei faschistoid. Ich habe ihn dann gefragt, ob er seinen Boss für einen Faschisten hält, weil der IGM Vizechef Berthold Huber ja schon im Oktober mit einem Boykott gedroht hatte. Da war er baff. Ich habe ihn in eine Diskussion verwickelt. Du weist ja, wer verhandelt, der greift nicht an. Also der Typ rastet immer mehr aus, weil er keine Argumente gegen uns findet, redet auf uns ein, und vergisst in seiner hilflosen Wut dabei, was er hätte tun müssen. Als Veranstalter hat er ja das Hausrecht. Der politische Staatsschutz und das USK[9] standen zehn Meter daneben und warteten auf das Signal zum Eingreifen. Aber wir sind nicht gegangen.

Mike:
Wie viele Leute wart ihr da?

Richard:
Wir waren ca. 15, maximal 20 Leute. Aber der Staatsschutz kannte uns und die wussten, dass wir nicht freiwillig gehen würden. Sie hätten uns festnehmen müssen. Das war dem Funktionär dann doch zu riskant. Außerdem kamen ja immer mehr AEGler und DemonstrantInnen vorbei, denen die Reden der Großkopferten zu langweilig waren. Die KollegInnen blieben neugierig stehen.

Hans:
Das Fernsehen war ja inzwischen auch dazu gekommen und hatte angefangen zu filmen. Und die ganze Presse. Ich habe dann immer über Lautsprecher gesagt, wir machen eine Käuferrückgabeaktion. Wir unterstützen so die AEGler in ihrem Kampf für den Erhalt des Werkes und aller Arbeitsplätze.

Mike:
Was habt ihr mit den Maschinen gemacht?

Hans:
Das war wunderbar generalstabsmäßig vorbereitet. Stell' dir vor, Mike, die vielen Menschen mit den Fackeln vor dem Werkstor, das mit unseren Geräten zugestellte Haupttor. Das war spektakulär. Viele Menschen, auch der Oberbürgermeister waren neugierig und hörten zu, was ich vom Wagen herunter über den Lautsprecher sagte. Der DGB war sauer.

Hans:
Die Polizei hat mich gefragt, was mit den Maschinen passiert? Ich habe gesagt, die soll der verantwortliche Manager vor Electrolux, Herr Straberg, abholen. Die Polizei sagte, wenn Sie die Maschinen nicht wegräumen, kriegen Sie eine Anzeige und müssen das Entfernen bezahlen. Nachdem die Presse dann ihre Fotos gemacht hatte, haben wir nach mehreren Stunden die Geräte wieder eingeladen. Dann war erst mal Eiszeit zwischen uns und den Gewerkschaften. Auch in den ganzen Wochen im Streikzelt vor der AEG. Aber das war der Auftakt für unsere Käuferboykott-Aktion gegen Electroluxprodukte mit dem Slogan: Für den Erhalt des ganzen Werkes und aller Arbeitsplätze. Wir wussten, dass dies ein hoher Anspruch war.

Hans: *(zeigt Mike einen Ordner mit Unterschriftenlisten)*
Hier sind unsere Unterschriften. 3.000 Unterschriften und weitere sind im Internet auf Netzwerk IT gesammelt.

Mike:
3.000 Unterschriften?

Richard:
Wir haben mehr gesammelt, aber 3.000 wurden im Streikzelt aufgehängt.

Hans:
Die haben wir in der Innenstadt gesammelt. Und Netzwerk IT hat da eine gute Arbeit gemacht. Die haben bundesweit Unterschriften gesammelt, übers Internet, fürs Sozialforum. Das ging zusammen.

Mike:
Hat die Gewerkschaft ihre eigene Unterschriftenkampagne gemacht?

Hans:
Nein. Aber sie haben, dass muss man sagen, schrittweise gute Arbeit gemacht, wenn auch die Forderungen nicht so konsequent waren. Wir waren permanent

im Streikzelt präsent. Ich konnte mir es zeitlich leisten. Bei allen Ereignissen waren wir mit unseren Plakaten da: Erhalt aller Arbeitsplätze, Erhalt des Werkes, Sozialforum Nürnberg. Überall wo eine Kamera war, sind wir schnell hin und haben unsere Plakate reingehalten. Meistens haben das die Medien aber unterdrückt.

Mike:
Habt ihr bei der Menschenkette schon die Boykottkampagne gestartet?

Hans:
Nein, zu der Zeit waren die internen Diskussionen im Sozialforum noch nicht beendet. Was machen wir jetzt nach unserer spektakulären Geräte-Rückgabeaktion? Im Januar haben wir dann den Boykott angefangen. Wir haben Unterschriften gesammelt und Kopien der Unterschriftenlisten mit Wäscheleinen im Zelt und im Freien vor dem Haupteingang aufgehängt. Unübersehbar sichtbar für alle Kolleginnen und Kollegen und alle, die zur AEG kamen. So waren wir über die ganzen Wochen des Arbeitskampfes total präsent mit unseren Plakaten.

Mike:
Hat die Gewerkschaft die Forderung die Fabrik zu erhalten gestellt?

Hans:
Ja, am Anfang schon. Und das war auch mehrere Wochen das durchgängige Ziel. Wir waren früh um 6.00 Uhr bei Schichtbeginn da mit Fackeln, mit unseren Plakaten. Es war kalt, 15° minus. Meine Frau hat gesagt, ich solle mein Bett langsam dort im Zelt hinstellen. Jürgen Wechsler hat sicher manchmal gedacht, der Patzelt könnte doch mal bisschen mehr daheim bleiben. Aber wir waren stur. Da gibt es jetzt viel zu erzählen, von den ganzen einzelnen Blättern der Information[10], wie wir reagiert haben darauf mit den Flugblättern. Wir haben permanent diesen zunehmenden Streik und die Streikbereitschaft gefördert.

Mike:
Kannst du etwas über die Stimmung der ArbeiterInnen sagen?

Hans:
Die war gut. Die ArbeiterInnen haben gesagt: Wir kämpfen. Jürgen Wechsler hat gesagt: Wir kämpfen, nicht nur bis Frühjahr, sondern bis zum Sommer. Und wir haben ihm gesagt: Wir helfen euch, wir begleiten euch, mit unserer

Boykottaktion. Die zeigte ja zunehmend Wirkung, nicht nur in Nürnberg, sondern weit darüber hinaus. Das ging vier Wochen gut, nach fünf Wochen war es schon etwas schwierig. Es gab bundesweite Solidarität. Die IG Metall in Frankfurt hat kräftig unterstützt, auch publiziert und bundesweit mobilisiert. Es sind aus verschiedenen Bundesländern Delegationen gekommen zu einer Großkundgebung. Es ging da auch um die sogenannte weiße Ware der Branche. Es gab Solidarität aus der ganzen Bundesrepublik, auch von anderen Firmen der Branche, also nicht nur aus Werken von Electrolux, sondern auch von Bosch, Miehle und anderen. Ja, und der Müntefering kam auch noch.

Mike:
Haben sie auch Solidaritätsstreiks gemacht? Oder Delegationen geschickt?

Hans:
Zahlreiche Delegationen kamen, Infineon aus München, die streikenden Catering-Leute von Gate Gourmet[11] und viele andere. Andere Betriebe hatten ja auch Probleme. Der Widerstand weitete sich politisch aus. Auch in der Bevölkerung. Die Solidarität, auch bundesweit, wuchs ständig. Sollte das Ganze eine neue politische Dimension bekommen? Der Druck im Kessel hat zugenommen. Das Ganze drohte, sich politisch unkontrolliert zu entwickeln. Electrolux hat gedroht: Wenn ihr so weitermacht, schließen wir euch noch schneller als geplant. Gewerkschaften und Betriebsräte waren mächtig unter Druck. Die Streikbereitschaft war trotz Kälte stabil. Jürgen Wechsler versicherte: Wir geben nicht nach.

Richard:
Die KollegInnen haben das geglaubt.

Hans:
Ja, und sie wurden auch zunehmend von außen materiell unterstützt.

Mike:
Welche materielle Unterstützung, Geld?

Hans:
Ja, Geld, Feuerholz, Catering, wir haben viel zu Essen bekommen und gut gegessen.

Mike:
Überall aus Deutschland?

Hans:
Aus ganz Deutschland, speziell aus der Region, Wurst aus Westfalen, köstliche Sachen aus den östlichen Bundesländern, wirklich tolle Unterstützung.

Mike:
Kein Hungern mehr beim Streik.

Hans:
Ein moderner Streik, keine hungrigen ArbeitInnen mehr.

Hans:
In der fünften Woche kam dann der Bruch, so Anfang/Mitte Februar. Das kann ich ganz kurz machen.

Deutliche Ansage der Gewerkschaft: Das Abstimmungsergebnis stand vorher fest.

Jürgen Wechsler hat den bekannten Gewerkschafter Bleicher zitiert, der sagte: wenn du in einen Streik gehst, musst du wissen, wie du wieder raus kommst. Es gab Unsicherheiten, ob der Streik durch zu halten ist. Und dann ging's immer mehr ums Geld, um Abfindungen. Dies war der Bruch. Die Forderung nach dem Erhalt des Werkes und der Arbeitsplätze geriet in den Hintergrund.

Dann wurde der bayerische Politiker Wiesheu als Vermittler akzeptiert. Der war nur bereit, im Rahmen der Tarifvertragsbedingungen über den finanziellen Ausgleich zu verhandeln, nicht aber für den Erhalt des Werkes und der Arbeitsplätze. Die Enttäuschung war bei vielen Kolleginnen und Kollegen groß. Jetzt ging es darum, den Elektrolux-Konzern mit möglichst hohen Abfindungsbeträgen zu konfrontieren, in der Hoffnung, dass dies zu teuer wird und der Konzern die Schließungspläne zurücknimmt.

Richard:
... wollten sie möglichst viel Geld rausholen ...

Hans:
Ja, es ging letztlich nur noch um möglichst viel Abfindung.

Mike:
Wann war das.

Hans:
Nach 5 ½ Wochen, sechs Wochen. Das ist eine lange Zeit.

Mike:
Wenn ich mit Wechsler reden werde, wird er mir vielleicht erzählen, dass die Streikbereitschaft der ArbeiterInnen nachgelassen hat.

Hans:
Es war Winter. Es war schon ein Schlauch für die Kolleginnen und Kollegen, aber auch für die verantwortlichen Gewerkschafter und Betriebsräte. Es war 6 Wochen arschkalt, es wurde rund um die Uhr gestreikt und bewacht. Niemand ist in das Werk rein oder raus gekommen. Das war toll. Aber es gab Probleme: die Leute haben Streikgeld bekommen, und das ist ein ganzes Stück weniger als ihr sowieso nicht hoher Lohn. Aber es gab Streik- und Solidaritätsfonds, z. B. wenn man die Miete nicht mehr zahlen konnte. Was ist mit den Abfindungen, wenn der Streik nicht erfolgreich ist und tarifrechtlich scheitert?

Mike:
Der Schlichter hat nicht über die Rettung des Werkes gesprochen.

Hans:
Nein, nur über die Abfindungen. Die Gewerkschaft musste akzeptieren, dass nur über Geld gesprochen wird. Und die Verhandlung mit Electrolux lief dann schon. Das Streikrecht für Arbeitsplätze existiert nach wie vor nicht. Offiziell konnte legal nur gestreikt werden für einen Sozialplan, nicht aber für die Arbeitsplätze. Jedoch mit dem Hintergedanken, über diesen Weg den Betrieb doch noch zu erhalten.

Mike:
Es gab also einige Fragen nach der Legalität des Streikes? Sie wollten das nicht austesten.

Hans:
Daraus ergibt sich die Frage, warum hat die Belegschaft zu etwa 80, 90% für

diesen Abfindungssozialplan gestimmt, obwohl sie doch den Arbeitsplatz behalten wollten? Wir haben ja fast jeden Tag den Bericht über den Stand der Verhandlungen im Zelt von Jürgen Wechsler gehört und die Meinungsveränderung miterlebt. Lange wurde ein Abfindungsangebot von der IG Metall abgelehnt. Dann ging es um die Höhe der Abfindung, die war für die IG Metall völlig unzureichend, sie forderte das Sechsfache. Die Hoffnung war: Das können sie nicht bezahlen, dann behalten sie lieber das Werk in Nürnberg.

Mike:
Die Sprache hat sich in Richtung Einigung verschoben.

Hans:
Ja, das stimmt. Um die Höhe der Abfindung. Die Gewerkschaftsposition in dieser Phase war: Wir haben jetzt schon in den Verhandlungen mit Electrolux so viel erreicht, dass wir mit weiteren Streiks die Abfindungsmillionen nicht gefährden wollen. Wenn wir weiterstreiken, kriegen eventuell alle bedeutend weniger. Dann kam das Ergebnis. Jürgen Wechsler sagte: Wir haben einen hervorragenden Abschluss erstreikt. In Schweden schauen sie mit Neid auf uns. Wenn ihr das jetzt nicht annehmt, entscheidet ein anderer Schlichter, aber dann kriegt ihr das nicht, was auch zu befürchten war.

Mike:
Eine Art gesetzliche Zwangsschlichtung?

Hans:
Das war wirklich so. Wenn die sich nicht geeinigt hätten, wäre es dann zu so einer Zwangsschlichtung gekommen.

Mike:
Wann wäre es zu der verbindlichen Schlichtung gekommen?

Hans:
In aller Kürze. Das ist das Tarifrecht. Die Einigung wird dann erzwungen.

Richard:
Das wurde inhaltlich zwar so gesagt, ist aber im Detail nicht ganz korrekt.

Hans:
Das weiß ich nicht so genau. Es ist aber so angedroht worden.

Richard:
Das ist eine komplizierte Rechtsfrage. Wir müssen dazu sehr tief ins deutsche Arbeitsrecht einsteigen. Rechtlich gesehen ist diese Aussage nicht wirklich korrekt, sie ist aber auch nicht total falsch. Eine Firma kann den Betriebsrat zu einem Sozialplan zwingen, in dem sie die Einigungsstelle als eine rechtlich verbindliche Schlichtung anruft. Für die Gewerkschaft und das Tarifrecht, also auch dem Sozialtarifvertrag, gibt es keine rechtliche Zwangsschlichtung. Aber das Instrument des Sozialtarifvertrages ist noch nicht höchstrichterlich[12] beurteilt, insofern bleibt es als neues rechtliches Instrument umstritten. Es ist noch unklar, was legal ist und was nach deutschem Recht illegal wäre. Aber auf der Ebene des Betriebs kann ein Sozialplan erzwungen werden. Damit hat Electrolux dem Betriebsrat und auch der Gewerkschaft gedroht, konkret einen Sozialplan vor der Einigungsstelle zu erzwingen und dann mit den Massenentlassungen unter Berücksichtigung der Sozialauswahl und gegen Zahlung der Sozialplanabfindung zu beginnen. Das war eine massive Drohung. Dies hätte rechtlich gesehen die Gewerkschaft aus dem Spiel gebracht, da Electrolux nicht verpflichtet ist, einen Sozialtarifvertrag abzuschließen. Auf der anderen Seite hätte es den ganzen Streik für jedermann sichtbar auf die Ebene einer offenen politischen Konfrontation gehoben. Das war er real zwar schon, aber die IGM hatte die ganze Zeit noch die Hintertür der rechtliche Krücke des Sozialtarifvertrages. Es wäre dann nicht länger um ökonomische, und damit tarifrechtliche Dinge wie Geld, Abfindung gegangen und die Ausrede, wir fordern so viel Geld, dass die Schließung unrentabel wird, wäre weg gewesen. Dann hätte der Streik offen politisch gegen die Schließung des Werks geführt werden müssen.

Hans:
Ich hoffe Mike, es ist sichtbar geworden, wie sich das Blatt allmählich gewendet hat und wie man zu so einem hohen positiven Abstimmungsergebnis für diesen Kompromiss gekommen ist, obwohl eine Minderheit unbedingt weiterstreiken wollte. Aber es war eine Minderheit und die ist durch die Mehrheit überstimmt worden.

Mike:
Haben die ArbeiterInnen vor der Diskussion über die Abfindung gehofft, dass ihre Jobs erhalten bleiben und danach diese Hoffnung verloren?

Hans:
Ja, das kann man sagen, obwohl man ein bisschen vorsichtig sein sollte. Es gab schon von Anfang an Leute, die gesagt haben, gegen so einen mächtigen Konzern kann man nichts ausrichten. Viele haben jedoch gesagt: wir lassen

uns das nicht bieten, wir kämpfen trotzdem. Die KollegInnen waren wütend und hatten nichts mehr zu verlieren.

Mike:
Haben die Leute im Streik Hoffnung geschöpft, dass ein Sieg möglich ist?

Hans:
Ja, ich zum Beispiel. Die Frauen im Küchenzelt, die uns Kaffee ausgeschenkt haben und total aktiv waren, die haben gesagt: Den Schweinen, denen zeigen wir es, und wir geben nicht auf, und wenn wir bis zur Rente hier stehen, aber eigentlich wissen wir nicht, ob wir das schaffen.

Mike:
Wie viele in der Belegschaft sind Frauen und MigrantInnen?

Hans:
Ja, viele Frauen waren besonders aktiv, aber auch viele ausländische Leute, türkische, italienische, spanische und andere. Die meisten haben auch sehr gut mitgestreikt, die waren immer vorne dran, auch nachts bei Kälte. Viele von den Kolleginnen und Kollegen waren natürlich nicht rund um die Uhr da, mussten aber zum Stempeln kommen, so dass sie einmal am Tag da waren. Es waren Tag und Nacht immer genug Leute da. Und wenn Prominente kamen, war das Zelt voll. Auch, wenn es neue Nachrichten und neue Entwicklungen gab. Bei Demonstrationen waren sie fast alle da. Die Tore waren immer besetzt. Ich selber war fast immer da, auch andere politisch motivierte Leute. Wir hätten trotz aller Probleme gerne mehr gewagt. Aber unsere Haltung war umstritten. Und viele der Streikenden waren schon enttäuscht, dass sie ihren Arbeitsplatz verlieren. Nach Abschluss sprach mich Jürgen Wechsler an, wie ich die Situation sehe. Mein Wunsch war, dieses Ergebnis auch mit uns, dem Sozialforum, politisch zu bewerten. Dazu war er bereit, es hat aber leider nie stattgefunden. Es wäre doch sehr spannend gewesen. Die schwierige Lage der Gewerkschaften in diesem Konflikt kann ich als IG Metaller gut verstehen. Geld oder Arbeitsplätze kann aber keine Alternative sein.

Mike:
Weil sie Kompromisse machen müssen, verstehst du sie?

Hans:
Ja, was wäre gewesen, wenn die IG Metall weiter gegangen wäre? Das ist eine politische Frage. Die Kommune und das Land wären stärker gefordert gewe-

sen, der Konzern wäre durch die zunehmende öffentliche Diskussion stärker unter Druck geraten, zumindest Alternativen zuzulassen. Das alles hat nicht stattgefunden und vielleicht deshalb auch der Kompromiss. Zum Schluss bleibt die Frage: Was machen wir als Sozialforum jetzt in der Konsequenz dieses eigentlich nicht akzeptablen Kompromisses? Da gab es von der grundsätzlichen Einschätzung des Ergebnisses her keine Differenzen, aber es blieb die Frage, wie wir damit umgehen. Da gibt es vielleicht Unterschiede. Wir hätten alle weitergemacht. Meine Position ist die: Es ist gut gekämpft worden. Oder anders herum gesagt: Wir haben uns als Sozialforum gut geschlagen. Wir haben angestoßen, und wir haben auch den Streik mit verlängert. Das Ganze war vorbei. Unter uns haben wir das im Sozialforum auch nicht ausreichend nachbesprochen, weil wir schon wieder andere Themen hatten. Natürlich auch in dem Bewusstsein, dass Electrolux nur ein Problem ist. Es gab weitere Probleme bei Telekom bei Quelle und anderen. Wir müssten eigentlich ständig aktiv sein, das geht aber über unsere Kraft. Es ist richtig, dass sich das Sozialforum z. B. mit Konzernpolitik grundsätzlicher befasst. Deshalb demonstrieren wir gegen den G8 Gipfel in Heiligendamm und hoffen, dass sich die Gewerkschaften ebenfalls daran beteiligen. Jedenfalls haben wir uns als Sozialforum bei dem AEG-Streik gegen Electrolux gut geschlagen.

Mike:
Aber wenn der Streik Erfolg gehabt hätte, hätten andere Belegschaften außerhalb von Electrolux davon lernen können.

Hans:
Genau das ist das Politikum, das weiß die andere Seite auch. Wenn das eskaliert wäre, hätte das die politische Landschaft verändert, aber auch das Bewusstsein der Gewerkschaften.

Mike:
War das ein ernsthaftes Szenario? Hätten sie das Werk kurzfristig dicht machen können und den Leuten die nur normale Abfindung zahlen?

Hans:
Ohne den Widerstand sicherlich. Die ökonomische Macht ist gewaltig, es hat sich gezeigt, dass die Politiker ganz schnell an ihre Grenzen kommen. Sie sind ja auch Teil der Globalisierung und mitverantwortlich für das, was bei Electrolux passiert ist. An einem Punkt haben wir im Sozialforum einen Dissens. Nicht in der Analyse, sondern bei der Frage: was haben wir mit unseren Forderungen von den AEGler und der IG Metall eigentlich verlangt, in welche

Rolle wollten wir sie bringen? Waren sie wirklich bereit und in der Lage eine politische Ausweitung des Konfliktes durchzustehen, oder waren sie mehr die, die nur um ihren Arbeitsplatz und ihre Existenz gekämpft haben.

Richard:
(...) wir hätten gesagt, man soll weiterstreiken.

Hans:
Auch als Vorreiter für so eine politische Entwicklung. Viel verlangt.

Richard:
(...) Hast du gesagt, in welche Rolle haben wir die Gewerkschaft gebracht?

Hans:
Ja, oder in welcher Rolle waren sie. Das Sozialforum muss da schon „herabsteigen", hat aber auch die Möglichkeit, die Dinge politisch weiter zu entwickeln.

Mike:
Was ihr von den deutschen Gewerkschaften fordert?

Richard:
Das sind halt Gewerkschaften, keine sozialrevolutionäre politische Bewegung.

Hans:
Die Frage steht im Raum. Obwohl sich die Lage der Gewerkschaften ständig verschlechtert, ist es für die Sozialforumsbewegung allerdings schwierig, mit den Gewerkschaften über diese Fragen ins Gespräch zu kommen.
Eine lohnende Aufgabe.

Anmerkungen:

1 Am 15.9.2007 fand in Berlin eine bundesweite Demonstration der Friedensbewegung gegen die Verlängerung des Afghanistaneinsatzes der Bundeswehr statt.
2 Er meint hier eine kleine Minderheit von anfangs einer Handvoll AktivistInnen, die aus verschiedenen politischen Strömungen und unterschiedlichen Organisationen kommend, bereits im Frühsommer 2005 das Potenzial der AEG-Auseinandersetzung erkannten. Daher versuchten sie, die AEG auf die politische Tagesordnung zunächst im Sozialforum und darüber hinaus in der Nürnberger Linken zu bringen. Später erweiterte sich im Sozialforum der Kreis, und eine reguläre Arbeitsgruppe

konnte gebildet werden, die die Kampagne des Sozialforums getragen hat.
3   Im Orginal spricht Mike von „middle class", womit offenbar ein Bezug zum marxistischen Klassenbegriff verbunden ist. Deshalb wurde hier die Form der Aufzählung Mittelschicht und Kleinbürgertum gewählt, da Mittelschicht allein irreführend wäre.
4   Hans war langjähriger Betriebsratsvorsitzender der AEG-Kanis in Nürnberg und ist über viele Jahre als engagierter Gewerkschafter in der IGM Nürnberg aktiv gewesen.
5   Beim erfolgreichen Kampf gegen die Schließung der AEG-Kanis.
6   Hans Patzelt ist einer der profiliertesten Vertreter des Nürnberger Friedensforums. Das Forum ist die wichtigste Struktur der traditionellen Friedensbewegung vor Ort und organisiert u.a. seit Jahrzehnten den alljährlichen Ostermarsch.
7   Dazu muss man noch wissen, dass Dr. Ulrich Maly (SPD) als Oberbürgermeister die Stadt Nürnberg in Form einer „großen Rathauskoalition" regiert; d.h. alle wichtigen Entscheidungen werden zwischen den Fraktionen der SPD und CSU unter Einbeziehung der Grünen vorher abgestimmt und dann auf der Sachebene gemeinsam umgesetzt, ohne dass es eine formelle große Koalition (wie z.B. in der Bundesregierung) gibt. Daher treten die bürgerlichen Parteien bei solchen Anlässen (z.B. auch bei den regelmäßigen Protesten gegen Nazi-Aufmärsche) immer als Block der Demokraten auf, wie die Lokalpresse so schön formuliert.
8   Stefan Doll ist der DGB-Vorsitzende in Nürnberg. Der DGB ist offizieller Veranstalter der Menschenkette gewesen.
9   USK=Unterstützungskommando; in Bayern aufgestellte, besondere Einsatzhundertschaften der Bereitschaftspolizei, die speziell für den Straßenkampf trainiert und u.a. mit Tonfas ausgerüstet sind.
10 Gemeint ist die offizielle Streikzeitung der IG Metall, die regelmäßig als 2- bzw. 4-seitiges Flugblatt erschienen ist.
11 Die wechselseitigen Besuche von Streikdelegationen von AEG Nürnberg (IGM) und Gate Gourmet Köln (NGG) kamen auf Anregung der Basis und Druck von unten zustande. Beim Besuch in Köln haben die AEGler den Gate Gourmet-KollegInnen aus ihrem Streikfond spontan Geld für die Streikkasse übergeben, da die finanzielle Situation der KollegInnen in Köln im Vergleich zu Nürnberg viel schwieriger gewesen ist.
12 Inzwischen gibt es erste Urteile der unteren Arbeitsgerichte und mindestens einen Spruch des Landesarbeitsgerichts, die das Instrument „Sozialtarifvertrag" und damit auch einen Streik unter bestimmten Bedingungen für zulässig halten. Das Bundesarbeitsgericht hat das aber noch nicht abschließend beurteilt. Im Kern läuft es – jetzt mal nicht juristisch ausgedrückt – darauf hinaus, dass auch die Gewerkschaften Ausgleichsmaßnahmen wie Abfindungen, Qualifizierung etc. für den Verlust des Arbeitsplatzes regeln dürfen. Dies ist bisher laut Betriebsverfassungsgesetz Aufgabe eines Sozialplanes, der zwischen Betriebsrat und Firma abgeschlossen werden muss. Aber, und das bleibt der Knackpunkt der bisherigen Urteile, darf die Gewerkschaft durch ihre Forderungen nicht in die unternehmerische Freiheit eingreifen.

Live-Sendung von Radio Z aus dem AEG-Streikzelt

(Februar 2006)

Akteure und Themen:

Interview mit Harald Dix und Jürgen Wechsler zur aktuellen Situation und zu den Verhandlungen der letzten beiden Tage, die mittags abgebrochen wurden (6. Verhandlungsrunde); Belegschaft, Solidarität (»Netzwerk IT« als Gast); Hans Patzelt vom »Sozialforum«; Politische Hintergründe des Streiks; Auswirkungen für zukünftige Gewerkschaftspolitik; Rückblick auf den Streik durch die Moderation.
Die folgenden Dialoge sind von uns gewählte Ausschnitte aus der zweistündigen Sondersendung, die der »Stoffwechsel«, das Politmagazin von »Radio Z«, am 21. Februar 2006 gesendet hat.

Radio Z:
Wie ist es nun mal ganz ehrlich im Betrieb? Sind Sie die treibende Kraft, die das anschiebt oder ist es die Belegschaft, die von unten Druck macht?

Jürgen Wechsler:
Also auch an der Stelle ein klares Wort. Ich musste die Belegschaft niemals überzeugen, dass sie jetzt protestieren soll. Die Belegschaft hat eigentlich uns getrieben. Und ich möchte uns alle noch einmal erinnern nach dem 12. Dezember. Ich glaube der Harald Dix und ich waren vierzig mal auf dem Stapler in der Gitterbox gestanden, wo wir im Freien bei jedem Scheisswetter mit der Belegschaft diskutiert haben. Und die Belegschaft hat abgestimmt und hat gesagt: Wir wollen hier nicht mehr arbeiten. Wir wollen nach Hause, wir protestieren. Also hier musste niemand getrieben werden. Diese Belegschaft hat getrieben. Und das ist übrigens gut so.

Radio Z:
Ich sitze hier unten im Streikzelt mitten an einem Tisch. Jetzt sind alle weggegangen. Die haben Angst vorm Mikro. Wer sagt was?

Arbeiter:
Max ist unser Vertreter. (Stimmengewirr)

Radio Z:
Wer sagt was? Okay, Kollege sag etwas.

Arbeiter:
Wir verlieren gar nix. Wir haben genug gesehen. Electrolux muss denken, wir denken, wir bleiben ein Jahr oder zwei Jahre vor der Türe.

Radio Z:
Das heißt, hier wird es noch ein bisschen rund gehen?

Arbeiter:
Die Electrolux muss bewegen ein bisschen. Unsere Chef da, der brauchen uns keine Termine sagen, weil ich werde nicht arbeiten gehen, nichts Termine. Die sollen herkommen, bei uns Entschuldigung sagen, erstmals.

Radio Z:
Die waren doch schon mal hier.

Arbeiter:
Der große Oberchef nix war da. Der muss kommen hierher, Entschuldigung sagen zu uns. Seit Anfang Winter wir haben draußen, kalt hier, vor der Türe gewartet. Der muss erst Entschuldigung sagen, sonst, oder wir sprechen weiter nicht.

Radio Z:
Ich sitze jetzt hier mitten unter den Streikenden. Franz Schwarz, was heißt es denn eigentlich 24 Stunden am Tag zu streiken? Wie muss man sich das vorstellen?

Franz:
Zur Zeit Kälte, ist ja wohl klar. Ab und an mal Langeweile, aber wir müssen durchhalten. Erstens des, und zweitens ...

Radio Z:
Das heißt, so wir ihr in der Schicht arbeiten würdet, so wird auch gestreikt.

AEGler vor Transparenten aus der radikalen Linken

Franz:
Genau. So schaut es aus. Es sind bei uns drei Schichten, die Spätschicht kommt ganz normal in ihrer Spätschicht wie jetzt zum Beispiel, die Frühschicht von 6.00 bis 14.00 Uhr normalerweise. Die Kollegen leider Gottes hauen früher ab, aber können wir nicht ändern. Es gibt trotzdem einen festen Stamm, wo da ist.

Radio Z:
Mal ehrlich, was macht mehr Spaß, zu streiken oder zu arbeiten?

Franz:
Hmn, also ich muss ganz ehrlich sagen: Von mir aus gesehen, ich tue lieber arbeiten. Aber wir werden dazu gezwungen.

Radio Z:
Es gibt ja jeden Tag Solidaritätsaktionen. Die Bevölkerung kommt vorbei, andere Belegschaftsmitglieder kommen vorbei, alle möglichen Aktionen laufen. Habt ihr so etwas schon mal erlebt bei der AEG und wie kommt das an?

Franz:
Also ich habe das 95 schon mal erlebt beim Bayernstreik. Es war damals auch Stuttgart war da, München war da, Ingolstadt, Würzburg, bla bla bla. Aber in der Masse, in der Größe wie jetzt, muss ich ganz ehrlich sagen, 95 war ein Dreck.

Radio Z:
Macht man sich eigentlich Gedanken, was nach dem Streik geht? Und ist da eher eine Angst da, oder geht es da eher auch um eine Hoffnung, die man hat? Wie verarbeitet man das? Man hat ja viel Zeit, glaube ich zu denken während des Streiks. Was, welche Gedanken sind da vordergründig?

Franz:
Also so, ich mach's von mir aus, also so, ich schau erst mal, was hier anfällt an Arbeit, und dann wenn ich mal Zeit hab, schau ich halt einfach mal, hey mach mir halt meine Gedanken drüber, was jetzt im Streik passiert, nach dem Streik vielleicht noch bei der Arbeit. Und dann schauen wir einfach mal weiter. Ich kenn viele Kollegen, also ich kenn eine Meinung, sagen wir es mal so rum, eine Meinung von einem Kollegen, dass nach dem Streik nichts mehr laufen wird.

Radio Z:
Um so wichtiger Solidarität. Am Tisch sitzt auch Mathias Pohl, er ist Betriebsrat von der Modelleisenbahnfirma Trix. Zum einen, warum sind sie hier? Und zum anderen habe ich gehört, bei euch in der Firma gibt es auch Probleme?

Mathias:
Ja, das stimmt. Also erst einmal an alle AEGler: Alle Achtung, sage ich mal, was die da leisten. Ich komme mir bald selber vor wie ein AEGler. Ich bin fast jeden zweiten Tag nach der Arbeit da. Habe mir hier auch schon die Füße platt gestanden in der Kälte. Auch mit der Belegschaft von der Firma Trix sind wir schon mal als Streikposten da gewesen, drei, vier Stunden lang, solidarisch auch. Haben auch Solidaraktionen hier gemacht, auch mit Spendenaktionen haben wir uns beteiligt. Und, na ja, bei uns schaut es so aus, dass wir auch schon zwei Sozialpläne hinter uns haben durch die Firma Märklin. Wir sind aufgekauft worden und zur Zeit ist unser Haustarifvertrag letztes Jahr gekündigt worden. Das heißt: Der alte wirkt zwar nach. Aber durch den ganzen Tarifkonflikt, der jetzt stattfindet mit der 5% Lohnforderung, davon werden wir nichts abbekommen, wenn wir jetzt keinen neuen Haustarif bekommen. Das wird dann nicht greifen.

Radio Z:
Was heißt des, Solidarität? Ist es für Sie eine Selbstverständlichkeit, für Sie jetzt, dass sie hier zur AEG gehen? Und wie glauben sie von außen, dass der Konflikt ausgehen wird?

Mathias:
Also Solidarität finde ich erstens einmal an erster Stelle. Das muss, sage ich mal, von jedem kommen. Nicht nur die, die wo jetzt direkt oder indirekt betroffen sind, sondern von allen Betriebsräten, allen VK-Leitern, VK-lern, wie sie alle heißen, Von jeder Firma in Nürnberg oder Umgebung im Nürnberger Land bis bundesweit, sage ich mal.

Radio Z:
Gut, ich bedanke mich fürs Interview. Kurzen Einwurf haben wir noch.

Mathias:
Ja ich möchte noch was sagen. Und zwar vier Punkte möchte ich anbringen. Und zwar das Angebot, des heute dargestellt worden ist, finde ich unter aller Sau, unter aller Würde. Also das einfach so von Electrolux rüber zu bringen, also das ist eine absolute Frechheit, finde ich. Und der zweite Punkt ist, zum Beispiel, es sind ja nicht nur die 1750 AEGler betroffen, sondern, man vergisst, dass viele Zulieferfirmen, und da sind es ja noch mal vier- bis fünftausend, sage ich mal, die wo davon betroffen sind, die wo teilweise auch schon in Kurzarbeit sind, sind genauso davon betroffen. Und ich sage mal eins, wenn alle Manager oder wie sie sich schimpfen, sage ich mal, wie der Straberg, wenn die so weiter machen, dann können sie bald in Sibirien, Alaska, oder oben am Nordpol bei die Pinguine ihre Firmen aufbauen. Weil wer soll denn dann den ganzen Schrott noch kaufen, sage ich mal, wenn da oben die Firmen aufgebaut werden, weil es geht ja immer weiter nach Osten. Also irgendwann ist einmal Schluss, und noch was, also ich, da kann ich ehrlich gesagt, ein Referat bald drüber halten über die ganzen Schweinereien, was da abläuft in Deutschland. Der ganze Konsum oder wer soll des eigentlich noch kaufen, weil die Leute haben im Endeffekt kein Geld mehr im Geldbeutel drinne, geschweige denn den Lebensstandard sich noch aufrecht zu erhalten, und im Nacken steht immer das Hartz IV-Thema. Und das gehört irgendwann, irgendwie mal weichgekocht das ganze Thema. Und einen letzten Punkt habe ich noch zu dem ganzen Abschluss. Die Regierung, die soll endlich mal ein Riegel vor dem ganzen Schweinereizeug, soll sie mal davor schieben. Weil die hocken genauso mit im gleichen Boot wie wir mit in dem Boot drinne, weil, wenn des Schiff untergeht, gibt es keine Rettungsboote mehr. Und letzte Woche ist die Titanic gelaufen. Die ist auch untergegangen, sage ich mal.

Radio Z:
Herzlichen Dank, Mathias Pohl.

Radio Z:
Ich sitze jetzt hier bei Taifun Ada. Er hat jetzt immer zustimmend genickt bei diesem Einwurf von dem Kollegen von Märklin. Taifun Ada ist Betriebsrat bei AEG und auch Mitglied in der Streikleitung. Von dir ein Statement zu den heutigen Verhandlungen?

Taifun:
Nicht nur heutige Verhandlungsrunde, sondern insgesamt das Verhalten dieses Nobelkonzerns gegenüber dieser Belegschaft war sehr enttäuschend und provokativ gleichsam. Also wir sind sehr entschlossen bis zum Ende diesen Kampf weiter zu führen gegenüber diesem Konzern. Wir sind Anfang von einem langen Weg, wie ich das so sehe, aber egal, was am Ende steht, vielleicht nicht das, was wir uns alle erhoffen. Wir werden zumindest stolz sein, dass wir alles Mögliche getan haben. Und wir werden es auch weiterhin tun.

Radio Z:
Taifun, du warst jetzt in den letzten zwei Wochen auch Gast in der türkischen Sendung bei Radio Z. Da hattet ihr eine Live-Schaltung zu einer Firma in Adana. Die sollen privatisiert werden. Die Kollegen da gehen auch in den Streik, und die haben sich solidarisiert mit der AEG.

Taifun:
Das stimmt. Wir haben eine Zigarettenfabrik in Adana. Wir haben uns gegenseitig Solidaritätsgrüße gesendet. Inzwischen haben diese Kollegen es geschafft ihre Arbeitsplätze zu erhalten. Und darüber freuen wir uns auch. Aber wie es allgemein aussieht: Wir haben diese Möglichkeit bis jetzt noch nicht.

Radio Z:
Aber ihr haltet durch. Wir haben auch Kontakt aufgenommen zu einem polnischen Gewerkschaftsverteter, dem Herrn Lepik von der polnischen OPPZ. Er meinte auch, die polnischen Gewerkschaften sind momentan sehr schwach. Es gibt wenig Rückhalt in der polnischen Bevölkerung aus Angst um die Arbeitsplätze. Die Arbeitslosigkeit ist momentan sehr hoch in Polen. Aber er denkt, dass die EU handeln muss, dass es da Richtlinien geben muss und dass die Lösung liegen könnte in einer Kombination von europäischer Politik und Verbindung sozialer Bewegungen. Mit sozialen Bewegungen geht es jetzt hier weiter am Tisch mit Michael Liebler und seinen weiteren Gästen.

Radio Z:
Je länger der Streik dauert bei der AEG umso größer scheint auch die Solida-

rität zu werden. Es gibt sie von unterschiedlichen Belegschaften, wie wir jetzt gerade auch aus dem Streikzelt gehört haben. Von anderen Betrieben, aus der Bevölkerung mit Sach- und Geldspenden, es wird Brennholz vorbei gebracht, Essen, selbst ein bekannter Sportartikelhersteller aus Herzogenaurach hat eine Ladung warme Kleidung vorbei gebracht, wie ich gehört habe. Die Club-Fans im Stadion haben sich solidarisiert mit Sprechchören und Transparenten. Politiker fast aller Parteien sind schon mal hier gewesen. Letztes Wochenende hat sich ein ganzer Stadtteil solidarisch mit der AEG-Belegschaft erklärt. Es gibt unglaublich viele Aktionen um die AEG rum. Auch das Sozialforum Nürnberg als Teil einer „neuen sozialen Bewegung" hat sich die Schließung der AEG zum Thema gemacht und zu einem Boykott von Electrolux-Artikeln ausgerufen. Hans Joachim Patzelt vom Sozialforum, eigentlich war das doch die Idee vom IG Metall-Vize Bertold Huber?

Hans:
Ja genau. Wir haben uns überlegt, als Sozialforum, wie wir euren Kampf, euren tollen Kampf unterstützen können. Und als wir im Juni vergangenen Jahres erfahren haben, was sich da andeutet, haben wir gesagt: Wir müssen zum Betriebsrat, sind raufgegangen, sind von ihm empfangen worden, haben gesagt: Gut, wir sind eine neue Bewegung, aber ganz so neu auch wiederum nicht, und im Rahmen unserer Kräfte werden wir versuchen euch zu unterstützen, wie es nur irgendwie geht. Aber was denn dann? Also wir haben nicht geglaubt, dass es dann doch letztlich zu einem großen Streik kommt, und da möchte ich euch mal das Kompliment machen. Ich habe nicht geglaubt, dass ihr so ein tolles Urabstimmungsergebnis haben werdet. Ich habe nicht geglaubt nach 14 Tagen, dass der Streik bis heute weitergeht. Also mein Kompliment an euch. Ich habe nicht gedacht, dass ich heute in der fünften Woche hier oben sitzen kann und mal erzählen, wie wir versuchen euch zu unterstützen. Also erst einmal herzlichen Glückwunsch an euch alle, die ihr tapfer durchhaltet. Und da wollen wir noch ein bisschen weitersegeln, das wäre mein Wunsch.

Radio Z:
Nun wurde in Nürnberg der Boykott von Electrolux-Artikeln ausgerufen übers Sozialforum. Am ersten Wochenende haben alleine an Infoständen 2.000 Leute unterschrieben. Gleichzeitig gibt es im Internet unter »jobkiller-electrolux. de« eine Internetseite, wo man auch im Internet diesen Boykott unterstützen kann. Habt ihr denn mal, wenn man diese Zahl von 2.000 Leuten an einem Wochenende anguckt, mit diesem Ergebnis gerechnet?

Hans:
Ja eigentlich nicht. Wir haben ja begonnen damals, wie diese wunderschöne Kette Ende Dezember hier war, mit einer spektakulären Aktion. Wir haben einen Lastwagen voller Geräte hier vors Tor gefahren, haben sie abgeladen, mit schönen Grüßen an die Electrolux-Manager: Die können sich die Geräte hier abholen. Die Polizei hat uns dann aber überzeugt, dass wir die da nicht stehen lassen können und die Manager die wahrscheinlich nicht abholen, sonst kriegen wir tausend Euro Strafe. So viel Geld haben wir als Sozialforumsbewegung auch nicht, und haben gesagt: Was machen wir denn jetzt weiter? Dann haben wir gesagt: In dem Moment, wo ihr beginnt zu streiken, streiken wir auch als Käufer. Gut, ich alleine, das nützt das nicht viel. Drum haben wir uns bemüht, zu sagen: Wir fragen jetzt mal die Belegschaften, nicht nur die Belegschaften, die Bevölkerung der Stadt. Wir haben Unterschriften entwickelt, haben gesagt: Wenn unser zweiter Bevollmächtigter in Frankfurt, der Huber, sagt: Wir wollen eine Boykottaktion initiieren, was sie nicht gemacht haben, haben wir gesagt: Gut, die Gewerkschaft konzentriert sich voll auf euren Streik, und wir greifen das vom Huber auf und machen einen Käuferboykott. Das heißt Streik plus Streik, heisst euer Streik als Standbein und der Käuferstreik als Spielbein. Denn die Manager von Electrolux verstehen nur die Sprache der Ökonomie, der Verluste oder Gewinne. Und da haben wir gesagt: Wenn ihr nichts produziert, können sie es in einer Abwehrsituation, in der wir uns befinden, nicht verkaufen, und wenn die Leute nicht kaufen, ist es Nichtkaufen im Quadrat. Und wenn der Wechsler heute gesagt hat, der Jürgen, dass 40% Einbruch da sind, dann glauben wir, obwohl das sehr umstritten war mit dem Boykott, dass wir da einen erheblichen Beitrag in der Bundesrepublik und auch in Europa über die Internet Jobkiller Käuferboykott, Internet www-Geschichte geleistet haben. Und deshalb meine ich, um das einmal nochmal ganz zusammen zu hängen: die zwei Pflöcke müssen weitergehen. Wenn ich jetzt gefragt würde, wie geht es denn weiter, dann würde ich dem Jürgen Wechsler wünschen, dass sie nicht beschließen, einen Vermittler einzuschalten. Die Mauer der Werksschließung steht fest, und ist für uns anscheinend nicht zu brechen. Und ich sage euch: Aufgrund der Einbrüche, die sie haben, bröckelt der Putz in den Mauern bereits. Aber der bröckelt nicht dann, wenn man jetzt einen Zwischenweg Vermittlung macht, sondern der bröckelt dann, wenn ihr weitersegelt. Und zum Abschluss noch was dazu, was Weitersegeln heisst. Wir in der Friedensbewegung, da bin ich auch noch mit drin, machen jeden Ostern unseren Ostermarsch. Und der ist am 17. April. Und wenn der Jürgen sagt: Nach dem Winter kommt das Frühjahr und nach dem Frühjahr kommt der Sommer, dann sind wir mitten im Frühjahr. Wir werden am Donnerstag, übermorgen, beschließen – es ist egal ob ihr noch streikt oder nicht, wir gehen mal davon aus, ihr kriegt

es nicht geschenkt – dann werden wir von der Lorenzkirche nicht irgendwohin marschieren, sondern dann werden wir mit tausend Leuten hier zum Zelt kommen am Ostermontag und werden euch unterstützen. Das sagen wir jetzt bereits, damit ihr euren Streik in der Öffentlichkeit publik machen könnt. Das geht schon noch weiter und wir unterstützen euch dabei. Also streikt weiter, damit wir am Ostermontag bei euch hier sein können.

Radio Z:
Wir haben den Joachim Patzelt natürlich wegen dem Boykott hier. Wir haben ihn aber auch hier, weil er vor vielen langen Jahren auch bei der AEG an einem Streik beteiligt war. Neben mir habe ich jetzt noch den Detlef Meintrup. Den haben wir auch deswegen, weil er bei dem Netzwerk Betriebsarbeit mitmacht. Das ist so eine kleine Gruppe, die sich selber organisiert hat, hauptsächlich aus der IT-Branche stammt, wenn ich des richtig sehe. Und er ist auch Betriebsrat bei Grundig gewesen zu einer Zeit, als es dort um Arbeitsplätze ging, als dort das Werk zugemacht werden sollte und auch wurde am Ende. Und auch da ist eine Erfahrung von einem Streik. Was ich jetzt ganz spannend fand heute, waren natürlich die Solidaritätserklärungen von vielen Seiten, sogar von Politikern. Das hat man ja vielleicht früher nicht so gehabt. Aber auch eben diese Geschichte, dass sich Gruppen einschalten wie das Sozialforum, die auf eine ganz andere Art und Weise diesen Streik noch einmal aufgreifen. Das wichtigste ist sicherlich der Streik. Das sehe ich auch so. Ist dieser Eindruck richtig, dass sich das so ein Stück weit hier verändert hat jetzt gerade.

Detlef:
Ja gut. Erstens haben sich mal die sozialen und ökonomischen Randbedingungen doch gehörig geändert, so dass dann wirklich jeder, jeder auf seine Art und Weise erfährt: Ja hoppla da tut sich was. Uns geht es immer schlechter. Also da müssen wir was tun. Und zwar natürlich dann nach Möglichkeit gemeinsam. Auf der anderen Seite glaube ich, dass das früher vielleicht auch nur so rüber gekommen ist. Ich kann mich erinnern: Zu Grundig Zeiten, also damals vor 20 Jahren, oder so in der Größenordnung, haben wir auch schon damals probiert, Streiks oder ganz allgemein Betriebsarbeit auch in den sozialen Bewegungen populär zu machen. Da ist halt die Frage: Wie gut kommt es an dort oder wie schlecht kommt es an? Damals ist es halt vielleicht nicht so gut angekommen. Aber es war was da, dass auch rübergekommen ist.

Radio Z:
Hans Patzelt, wie ist das. Ist das etwas Neues?

Hans:
Ich habe ja 1987 bis 1988 hier einen Arbeitskampf gemacht. Das ist die IG Metall-Broschüre, da ist der Lobodda drauf, und wir haben elf Monate gekämpft, hatten eigentlich den Nachteil, den ihr nicht habt. Wir konnten damals nicht für einen Sozialtarifvertrag streiken. Wir mussten also elf Monate lang sozusagen wild streiken. Wir haben 21 Arbeitsniederlegungen gemacht. Wir haben auch wie ihr ein Streikzelt aufgebaut. Wir sind zum Oberbürgermeister reingelatscht. Wir haben eine Turbine vors Tor gefahren. Wir haben Feste gefeiert in dem Zelt, Transvestiten-Show gemacht, die Kirchen sind gekommen. Es war ähnlich wie bei euch. Die Dimension war nicht so groß. Was ich sagen möchte: Eure Dimension ist, hat jetzt bundesweiten Charakter. Das hatten wir damals nicht. Und deshalb ist die Chance größer, dass ihr diesen Kampf durchstehen könnt. Ich kann nur sagen: Wir haben verzweifelte Tage gehabt, wo wir gesagt haben: Jetzt geht nichts mehr, wir kommen nicht mehr weiter. Und wir haben gesagt: Wir besinnen uns auf unsere Kraft. Wie ich heute den Jürgen Wechsler gehört habe, hat er natürlich auch dieses ganze Kleingefiesel um diesen Sozialtarifvertrag dargestellt. Und er muss das tun. Aber er darf nicht aus dem Auge verlieren, dass es hier um die Perspektiven geht, nicht in Hartz IV zu landen, sondern gegen die Werksschließung vorzugehen. Und ihr merkt ja, wie leidenschaftlich ich dafür kämpfe, weil ich elf Monate erfolgreich mitgekämpft habe als Betriebsratsvorsitzender, das Werk, dass heute noch existiert, zu erhalten. Obwohl wir dann auch hinterher dreimal verkauft worden sind. Aber die arbeiten heute noch und bauen Dampfturbinen bei der damaligen AEG-Kanis. Deshalb möchte ich euch Mut machen und möchte sagen: Leute, es lohnt sich, weiter zu streiken, und ihr werdet sehen, ihr werdet zumindest einen tollen Teilerfolg haben und nicht mit Abfindung zu Hartz IV rausgehen.

Radio Z:
Ja, jetzt würde ich mal hoffen, dass sich auf einer ganz anderen Seite noch was tut. Da tut sich nämlich nächste Woche was. Wie war das, die Italiener kommen vorbei? Großartig, finde ich eine ganz großartige Sache. Wir haben immer so ein bisschen Bauchschmerzen gehabt, bei den letzten Sendungen bei Radio Z. Was machen wir denn mit den Polen? In Polen schaut es halt so aus, dass es den Leuten wirklich auch bitter geht. Die sind natürlich froh drum, wenn da ein Werk entsteht, wenn da Arbeitsplätze da sind auf einmal. Die sind offenbar schlecht organisiert, sollte man gar nicht denken. Man denkt ja an Solidarnoscz. Detlef, deine Gruppe, die heißt Netzwerk Betriebsarbeit. Kann man sich darunter tatsächlich so etwas vorstellen, wie, da werden Netzwerke gegründet, die tatsächlich so etwas auch leisten könnten, die Leute mal ranzukriegen noch? Auch vielleicht bis nach Polen?

Detlef:
Das ist im Prinzip natürlich jederzeit möglich aufgrund der Technik, also sprich über Internet usw. lässt sich sehr schnell Verbindung herstellen. Auch der Boykott läuft ja über das Internet und hat schon internationalen Maßstab erreicht. Also von daher lässt sich das technisch machen. Die andere Frage ist natürlich: Technisch lässt sich das machen, aber wie kriegt man das hin, nicht technisch, aber wie kommt man an die Leute ran? Und an dem Problem arbeiten wir natürlich immer noch. Das heisst: Wir haben jetzt so nach und nach Fühler in das Bundesgebiet ausgestreckt. Das ist sehr interessant. Da geht es auch um andere Werksschließungen, Entlassungen etc. Das lässt sich zum Beispiel auch alles auf der Internetseite »netzwerkit.de« nachlesen. Das ist alles sehr, sehr spannend, wie sich das doch so nach und nach bundesweit vergrößert.

Radio Z:
Das heisst, es gibt eine Webseite, und da kann man jetzt, glaube ich, auch selbst wenn man eine Information hat, jetzt meinetwegen aus dem Werk in Rothenburg, auch draufgehen und kann die selber veröffentlichen. So stelle ich mir das vor.

Detlef:
So ungefähr. Es gibt ja auch eine eigene Seite für die AEG, Projekt »Druckwächter« für die AEG, wo man natürlich auch sämtliche Informationen, und was weiß ich noch was alles, über die AEG draufstellen kann. An dieser Stelle vielleicht noch einmal, Hans hat es ja schon gesagt: Ich finde euren Streik wirklich super grandios, und ich würde mich richtig tierisch ärgern, wenn es jetzt bloß nur noch darum geht irgendwelche Sozialtarifverträge abzuschließen. Dass gar nicht mehr darüber gesprochen wird, dass das Werk eigentlich erhalten bleiben soll und damit eure Arbeitsplätze. Ich zum Beispiel würde mir überlegen, ja Gott: Wie macht man das? Wie kann man solche Arbeitsplätze erhalten? Eine Möglichkeit wäre doch sicher zum Beispiel das Werk in die eigenen Hände mal zu übernehmen und diesen Sozialtarif, das Geld, dass man jetzt erwarten könnte, als Startkapital herzunehmen. Oder solche Ideen. Solche Ideen würde ich ganz gern von Herrn Wechsler und von anderen Leuten mal hören.

Radio Z:
Gut, da gibt es nachher noch Gelegenheit. Da kann man sich zusammen setzen und weitere Ideen entwickeln. Wir kommen jetzt langsam zum Ende dieser Stunde.

„Ein schlafender Riese ist aufgeschreckt, hat sich umgesehen und wieder schlafen gelegt."

Die Radikale Linke (RL) Nürnberg zu Klassenkampf und Selbstorganisation

Alice:
Könnt ihr kurz eure Gruppe - Radikale Linke (RL) - und eure Politik vorstellen?

Petra:
Als regionale autonome Gruppe arbeiten wir zu allgemeinpolitischen Themen. Ein Teil unserer Praxis ist die Mitarbeit in Bündnissen wie dem Sozialforum oder bei der Antifa-Arbeit. Die Unterstützung der KollegInnen von der AEG im Kampf gegen die Werksschließung ist für uns ein Schwerpunkt in der Betriebs- und Gewerkschaftsarbeit geworden.

Alice:
Ihr habt als Resultat eurer Arbeit zum AEG Streik eine Broschüre rausgebracht, mit dem Titel: »Klassenkampf und Selbstorganisation«.[1] Dort sprecht ihr von einem politischen Streik bei der AEG. Wie kommt ihr zu dieser Einschätzung?

Jutta:
Für die KollegInnen von AEG ging es von Anfang an darum, ihre Arbeitsplätze zu erhalten und deshalb die Schließung des Werks zu verhindern. Ihr Kampf ging nicht darum, eine höhere Abfindung zu erreichen.

Petra:
Die Fabriken und Maschinen gehören den Kapitalisten. Sie sind ihr Privateigentum. Das ist die Stütze des kapitalistischen Systems. Nach dem deutschen Streikrecht ist es nicht erlaubt gegen Werksschließungen zu kämpfen. Es ist allein die Entscheidung des Unternehmens, ob sie ihr Werk schließen und woanders produzieren.

Jutta:
Damit das die AEGler aber die Werksschließung verhindern wollten, haben sie an einem Grundpfeiler des Kapitalismus gerüttelt. Jürgen Wechsler, Streikleiter und 2. Bevollmächtigter von der IGM Nürnberg, stellte in einem Interview fest: Die IGM könne nicht gegen unternehmerische Entscheidungen streiken. Mit politischen Streiks würden die Gewerkschaften an den Grundfesten des Kapitalismus kratzen. Dies verbiete das Grundgesetz.

Petra:
Also wir haben es hier mit dem Widerspruch zwischen den Interessen der ArbeiterInnen und denen der KapitalistInnen zu tun. Damit befinden sich die AEGler im Klassenkampf, auch wenn es den meisten nicht bewusst ist und auch wenn der Streikkampf gegen die Werksschließung keinen revolutionären Charakter hatte. Der Streik richtet sich ganz klar gegen die unternehmerischen Interessen und wird aus Sicht der AEGler zur Durchsetzung der eigenen Interessen geführt.

Alice:
Wie hat sich aus eurer Sicht die Gewerkschaft im Streik dazu verhalten?

Lisa:
Um als allererstes mal festzuhalten, nicht wir haben die Parole rausgegeben:

Interview mit der RL Nürnberg · 173

> **entlassen gewinnen**
>
> **Der AEG-Mutterkonzern Elektrolux plant in Nürnberg 1750 ArbeiterInnen zu entlassen...**
>
> **... während der Gewinn sich um 18,3 % gesteigert hat !**

Die Gewerkschaft hat uns verraten. Es waren die KollegInnen, die nach der Verkündung des ausgehandelten Sozialvertrages „IGM = Verräter" und „VERKAUFT & VERRATEN durch IGM" an die AEG Wände gesprüht haben.

Jutta:
Auch wenn sich der Wechsler während des Streiks sehr kämpferisch gab und wortradikale Reden hielt, waren es doch die KollegInnen, die mit den „wilden Streiks" die Gewerkschaft in den Streik reindrängten. Aber das Ziel der Gewerkschaft konnte es nicht sein, das Werk zu erhalten, dann hätte z.b. das Werk besetzt werden müssen oder die Gewerkschaft hätte sich aktiv am Käuferboykott beteiligen müssen, um noch mehr Druck auf die UnternehmerInnen auszuüben. Auf jeden Fall hätte der Streik nicht zu dem Zeitpunkt abgebrochen werden dürfen, als er gerade anfing Wirkung zu zeigen.

Lisa:
Jürgen Wechsler hatte schon klar gemacht, dass sie nicht gegen das Grundgesetz verstoßen werden, damit konnten sie keine radikalen Aktionen zulassen. Sie mussten versuchen eine Einigung hin zu bekommen.

Petra:
Die Gewerkschaft hat in einer Geheimverhandlung der Schließung des Werks zugestimmt und sich daran beteiligt, den Sozialplan auszuhandeln und durch

Kündigungen umzusetzen. Wir haben das Vorgehen kritisiert, weil die Gewerkschaft damit nicht mehr die Interessen der AEGler vertreten hat. Denn die wollten ihre Arbeitsplätze erhalten und nicht per Sozialtarifvertrag in die Arbeitslosigkeit geschickt werden.

Lisa:
Wir fanden es richtig, in dieser Situation mit den AEGlern und ihren Zielen weiterhin solidarisch zu sein. Leider gab es keine gewerkschaftsunabhängigen Strukturen im Betrieb, mit deren Hilfe die AEGler z.b. weiter streiken konnten.

Alice:
Was meint ihr damit?

Petra:
Wir meinen, dass die KollegInnen ihre Interessen selber in die Hand nehmen müssen und nicht darauf vertrauen dürfen, dass andere für sie stellvertretend die Dinge richten werden. Die Gewerkschaften meinen, sie vertreten die Interessen der ArbeiterInnen und Angestellten. Dass sie das aber nicht tun, können wir nicht nur bei der AEG sehen, sondern auch an den anderen Streiks wie z.B. bei Opel in Bochum oder in München bei Infineon. Besonders krass hat man das beim Bosch-Siemens-Hausgerätewerk Berlin gesehen, wo die Gewerkschaft gegen den Willen der Mehrheit den Streik abgebrochen hat. Es reicht doch nicht aus einen Sozialvertrag aus zu handeln. Denn das heisst für die allermeisten Arbeitslosigkeit und Hartz IV.

Alice:
Wie seht ihr euch in dem Konflikt?

Petra:
Auf jeden Fall sehen wir schon, dass wir Schwierigkeiten hatten z.B. mit KollegInnen zu reden, ihre Probleme zu verstehen und damit umzugehen. Es war ja eine gute Stimmung in der Stadt und die Unterstützung war nicht nur regional sondern auch im weiteren Umland enorm. Der Kampf um den Erhalt von Arbeitsplätzen ist richtig und dass nicht ein Werk nach dem anderen schließt. Das muss verhindert werden. Um das zu erreichen, müssen die ArbeiterInnen aber weitergehen und das muss den Menschen bewusst werden. Auch wir dürfen nicht stellvertretend für die ArbeiterInnen agieren. Unsere Aufgabe muss es sein, noch näher an den ArbeiterInnen, ihren Problemen und Kämpfen dran zu sein. Wir unterstützen ihre Selbstorganisation, ihren Protest, ihren Ungehorsam oder Widerstand. Wir stellen uns damit eindeutig auf ihre Seite.

Alice:
Wie habt ihr das im Falle des AEG Streiks getan?

Lisa:
Wir haben gesehen, dass auch von außen eine Menge zu machen ist, um die Electrulux-KollegInnen zu unterstützen. Ein Beispiel ist der Käuferboykott von Electroluxartikeln. Dieser sollte dem Unternehmen nicht nur Umsatzeinbußen beibringen sondern auch das Image beschädigen.

Jutta:
Wir haben damit eine Stimmung aufgegriffen, die bei den Menschen schon vorhanden war. Aus Protest über die Arbeitsplatzvernichtung haben NürnbergerInnen ganz individuell angefangen keine Electroluxgeräte mehr zu kaufen. Die Sympathie für den Protest der AEGler war sehr breit.

Lisa:
Am intensivsten haben wir die Proteststimmung an den Ständen erfahren. Dort haben wir für den Käuferboykottaufruf Unterschriften gesammelt. Wir brauchten nicht viel erklären. Die Leute sind oft von selber auf uns zu gekommen und manchmal haben sie angestanden, um den Boykottaufruf zu unterschreiben. Auch die Angestellten aus den Läden, in denen Electroluxgeräte verkauft werden, kamen raus um zu unterschreiben.

Jutta:
Leider haben wir es nicht geschafft den Käuferboykott bundesweit oder sogar Länder übergreifend auszudehnen. Dies wäre ein Ziel für die Zukunft, eben Solidarität über die Städte und Länder hinweg.

Lisa:
In vielen Ländern gehen die Menschen auf die Straßen. Sie haben die gleichen Probleme wie wir. Alles ist teuer und wird teurer. Wer Arbeit hat, muss oft mit schlechten Arbeitsbedingungen leben und die Löhne der ArbeiterInnen sind oft nicht ausreichend. Am schlimmsten ist die ständige Arbeitslosigkeit und die Sorgen darüber, wie ein Leben mit sehr wenig Geld zu organisieren geht.

Jutta:
Internationale Solidarität muss der globalen Vernetzung des Kapitals entgegengesetzt werden. Damit wollen wir auch nochmal auf die IGM zurückkommen, die hier ja eine bundesweite Demo unter dem Motto „AEG ist Deutschland" veranstaltet hat. Mit dieser chauvinistischen Parole werden die KollegInnen

nur gespalten und eine internationale Solidarität untergraben. Unsere Aufgabe ist es, diesem nationalen Gehabe die internationale Solidarität entgegen zu stellen, um zu verhindern, dass die Rechten hier eine Chance wittern für ihre menschenfeindliche Politik.

Alice:
Um nochmal auf eure Unterstützung zurück zu kommen. Was wurde denn durch den Käuferboykott erreicht?

Petra:
Der Käuferboykott hat zu dem Zeitpunkt, als der Streik abgebrochen wurde, erste Wirkung gezeigt. Gucken wir uns dafür mal einige Presseartikel und Zahlen an, um verständlicher zu machen, was die AEGler mit Unterstützung aus der Bevölkerung vielleicht hätten erreichen können, wenn der Kampf weiter gegangen wäre. Am 8. März 2006 konnten wir in der Presse lesen, dass Electrolux einen Umsatzrückgang von 46% in Deutschland zu verzeichnen hat. In Nürnberg waren es sogar 70%. Der Streik hat dem Unternehmen 4 Millionen Euro am Tag gekostet. Um den erheblichen Imageschaden wieder auf zu polieren, wurden weitere 40 Millionen Euro veranschlagt. Der »Tagesspiegel« schreibt am 25.04.06: „Der 46 Tage dauernde Streik bei der Nürnberger Tochter AEG hat den schwedischen Hausgeräteersteller Electrolux im ersten Quartal 200 Millionen Kronen gekostet. Deswegen habe der Vorsteuergewinn mit 1,2 Milliarden Kronen (129 Millionen Euro) praktisch auf Vorjahresniveau stagniert, teilte der weltweit größte Anbieter von Haushalt-Elektronik am Montag in Stockholm mit."

Lisa:
Im Dezember 2006 berichten mehrere Medien über offizielle Marktforschungsanalysen in denen übereinstimmend festgestellt wird, dass der Marktanteil von Electrolux in Deutschland um ein Viertel gesunken ist (von 16% auf 12% bzw. für die Marke AEG von 12% auf 8%). Auch auf der letzten Betriebsversammlung in der AEG am 11. Dezember 2006 wurden konkrete Zahlen genannt. Danach ist der Umsatz der Marke AEG in Deutschland um 25%, und für alle Electroluxprodukte um 20%, eingebrochen. Selbst in den Niederlanden wurden 15.000 Maschinen weniger verkauft, was einen Umsatzverlust von 14,5 Millionen Euro bedeutet.

Petra:
Aufgrund dieser Ergebnisse schätzen wir es so ein, dass mit einer Ausdehnung des Käuferboykotts der Druck auf Electrolux erheblich erhöht worden wäre und vielleicht auch ein Umdenken in den Konzernentscheidungen be-

wirkt hätte. Wobei der Käuferboykott nicht das alleinige Mittel sein kann. Natürlich hätte auch der Streik weitergehen müssen.

Alice:
Über die Linken werden ja oftmals noch Informationen verbreitet die nicht in der bürgerlichen Presse zu finden sind. Wie war das während des Streiks?

Lisa:
Während des ganzen Streiks konnte man in der Stadt Wandzeitungen, Graffiti und Aufkleber finden. Kurz aber gezielt wurden auf diesem Wege darüber Informationen weitergegeben, die nicht unbedingt in den öffentlichen Medien zu finden waren. Auch die Briefkastenverteilung ist immer wieder eine Möglichkeit, um unsere Sicht der Dinge unter die Menschen zu bringen. Es ist ein Mittel, auch die zu erreichen, die nicht informiert sind.

Alice:
Wie ging es denn nach dem Streikabbruch im AEG Werk weiter?

Jutta:
Nachdem der Streik offiziell durch die Gewerkschaft abgebrochen wurde, bekam die AEG noch erhebliche Probleme. Uns berichteten KollegInnen, dass die Zahl der Krankschreibungen ständig stieg, so dass die Produktion teilweise nur 50% des Tagessolls erreichte. Die AEG versuchte mit Lockangeboten die KollegInnen ans Band zu bekommen. Alle, die nicht mehr krank sind,

sollten bei ihrer Entlassung eine Waschmaschine erhalten. Ab dem 11. Februar wurde eine Anwesenheitsprämie von 20 Euro pro Tag angesetzt, und wenn die Stückzahl erreicht wurde, sogar 30 Euro. Daraufhin stieg der Krankenstand weiter. Nun wurde den ZeitarbeiterInnen eine Anwesenheitsprämie von 10 Euro pro Schicht gezahlt.

Petra:
Die KollegInnen waren sehr enttäuscht, manche wurden ernsthaft krank. Sie hatten in ihrem Kampf sehr viel Hoffnung, dass sie damit den Erhalt ihrer Arbeitsplätze durchsetzen können. Alle politischen Gruppen, die vorher da waren und den Streik unterstützt haben, waren nun weg. Die AEGler standen mit ihrer Resignation und Verzweiflung alleine da. Das sehen wir als einen großen Fehler. Die Linken müssen sich hier überlegen, dass sie nicht nur während der akuten Phase mit all ihren Zeitungen und Flugblättern zu den ArbeiterInnen gehen, sondern wir sollten uns darüber Gedanken machen, was nach einem Streikabbruch noch an Unterstützung oder Aktionen möglich ist.

Lisa:
Wir können ja sehen, dass alle Streikkämpfe abgebrochen werden, ohne die aufgestellten Ziele zu erreichen. Also stehen Überlegungen und Auswertungen an, um zu verstehen, was wir ändern müssen. Ziel sollte es in Zukunft sein, die aufgestellten Forderungen auch durchzusetzen.

Alice:
Ihr kritisiert in eurer Broschüre, dass die Linke den Streik als Niederlage versteht. Was ist euer Verständnis?

Jutta:
Das Ergebnis, dass das Werk nicht gehalten wird, ist sicherlich eine Niederlage. In unserer Broschüre haben wir versucht darzustellen, was wir aus dem Streik lernen können und was nicht gut gelaufen ist. Dabei sind wir zu folgendem Schluss gekommen: „Wenn wir die Dinge, die schlecht gelaufen sind mit den positiven Elementen vergleichen, ergibt sich ein eindeutiges Gesamtergebnis: AEG Nürnberg für sich allein betrachtet, als isolierter betrieblicher Kampf war eine Niederlage. In Deutschland ist es nicht wie in Frankreich normal, dass alle paar Jahre Millionen im Generalstreik stehen und die Regierung zum Rückzug zwingen. Das gilt es zu berücksichtigen wenn wir zusammenfassend sagen: Die bei der AEG gemachten Erfahrungen im Zusammenhang mit allen Kämpfen der ArbeiterInnenklasse sind in Deutschland ein gewaltiger Schritt nach vorn."[2]

Petra:
Kommen wir noch einmal auf den Klassenkampf zurück. Es gibt an einer Stelle eine schöne Beschreibung für das, was bei AEG gelaufen ist: „An den Bändern der AEG ist nach Jahrzehnten der Ruhe ein schlafender Riese aufgeschreckt, hat sich umgesehen und dann wieder schlafen gelegt. Weniger lyrisch gesagt, die ArbeiterInnenklasse hat ihre Kraft gespürt, wusste diesmal aber keinen sinnvollen Gebrauch davon zu machen. Die KollegInnen haben den Kampf bis an den Grundpfeiler des Kapitalismus herangetragen. Sie haben die richtigen Fragen aufgeworfen. Die Antworten konnten sie dies-mal noch nicht finden."[3]

Alice:
Könnt ihr zum Schluss noch darstellen, was ihr als positive Elemente festgehalten habt?

Jutta:
Zunächst einmal sind die lange Dauer des Kampfes und die Entschlossenheit, mit der er geführt wurde, hervorzuheben. Zu den wichtigsten Erfahrungen gehören die Weiterentwicklung einer tariflichen Auseinandersetzung zum politischen Streik, der Bruch mit dem gewerkschaftlichen Legalismus und Opportunismus durch all die Dinge, bei der die Basis über den gesetzlichen Rahmen hinausging, also die gemachten Schritte hin zum Klassenkampf. Des Weiteren wurden Erfahrungen mit der Selbstorganisation der Klasse gemacht. Die Er-

werbslosen haben sich aktiv beteiligt, und es wurden eigenständige spontane Aktionen durchgeführt.

Lisa:
Die Gewerkschaft konnte den Streikabbruch nur durch Machtpolitik durchsetzen. Für Electrolux sind die Kosten der Auseinandersetzung so hoch, dass sie erstmal kein Geld haben, um weitere schon angekündigte Werksschließungen zu finanzieren (z.B. Rothenburg). Zumindest in anderen Ländern haben die AEGler in Nürnberg tausende Jobs für einige Zeit gerettet.

Petra:
Und für die Revolutionäre Linke sind zweifellos die neuen Formen und Strukturen das bleibende positive Ergebnis des Kampfes. Dazu zählen insbesondere: Die Nutzung des Internets zur Selbstorganisation der Klasse (»Netzwerk IT«), neue Aktionsformen wie Boykott und Stadtteildemo, die auf Einbeziehung der Klasse abzielen, neue Formen der Agitation – Fragen der KollegInnen aufgreifen statt zu allem gleich Antworten zu geben. Andere Mittel waren Graffiti an Fabrikwänden oder das Aufgreifen von internen Informationen, die zum Nachteil der Betroffenen sein könnten.

Jutta:
Alles in allem können wir sagen, dass es möglich geworden ist, erfolgreich in einen Betriebskampf einzugreifen, ohne selber im Betrieb zu sein. Wir haben nicht unsere Interessen über die Interessen der KollegInnen gestellt, sondern ihre Betroffenheit aufgegriffen und ihnen Hilfsmittel zur Durchsetzung ihrer Ziele gegeben.

Anmerkungen

1 Siehe auch www.redside.tk und von dort weiter auf »Radikale Linke« und dann zu »Betrieb, Gewerkschaft und Soziales«
2 »Klassenkampf und Selbstorganisation«, RL, S. 8
3 RL, a.a.O., S. 5

Ein neuer Graffiti-Schriftzug prangt an der Mauer: „Sie betrügen euch"

»Radio Z« interviewt AEG-Kollegen nach Bekanntgabe des ausgehandelten Sozialtarifvertrages

Bericht von »Radio Z« über die Situation am Aschermittwoch bei der AEG. In der Nacht von Montag auf Dienstag war der Sozialtarifvertrag bekannt geworden. Mittwoch früh wurden die „Fragen zur Urabstimmung" verteilt, die den Betrug mit der Vorruhestandsregelung aufdecken. Die Stimmung bei den Kolleginnen und Kollegen kocht über und zwingt die IG Metall zur Verschiebung des Streikabbruchs. In der Anmoderation von »Radio Z« werden zunächst alle zu diesem Zeitpunkt bekannten Details des Ergebnisses, die ursprünglichen Forderungen bzw. Angebote von Gewerkschaft und Electrolux sowie die Bewertungen des Ergebnisses aus Sicht der beiden Tarifparteien im Detail dargestellt. Dann geht es weiter mit einem Bericht über die Ereignisse am Vormittag.

»Radio Z«:
Heute früh platzte das AEG-Streikzelt an der Muggenhofer Straße hinter dem Hauptwerk aus allen Nähten, als die Streikleitung eine Betriebsversammlung zu den aktuellen Ereignissen einberief. Eigentlich sollte nämlich das Vertragswerk um 17.00 Uhr der Tarifkommission weitergeleitet werden bzw. da diskutiert werden. Doch Electrolux hatte den Vertrag wegen unklaren bzw. fehlenden Details erst mal wieder zurück gezogen. Nach dem abschließenden Satz von IG Metall-Streikleiter Jürgen Wechsler „Der Streik sei erst vorbei, wenn die Belegschaft ihn beendet", wird der politische Aschermittwoch ausgerufen und Kabarettist Bernd Regenauer erklimmt die Bühne. Rechte Stimmung kommt angesichts seiner Spaßereien aber nicht auf. Die Streikenden sammeln sich vor dem Zelt, um im kleinen Kreis weiter zu diskutieren und die klammen Finger an frisch geholtem Kaffee zu wärmen. Es ist eisig kalt und Ladungen von Holzpaletten werden zersägt, um den Feuertonnen Nachschub zu geben. Eine Delegation von StreikkollegInnen von ver.di ist anwesend und ein kleiner Traktor zieht das Transparent der Belegschaft von Telekom Ansbach, die auch einen Kampf um ihren Arbeitsplatz befürchten. Laut Streikleiter Harald Dix gibt es drei Positionen innerhalb der Belegschaft: Die, die mit diesem Ergebnis einigermaßen zufrieden wären und diesem zu stimmen würden; die, die diesem Sozialplan nicht zustimmen können und die, die für politische Ziele weiterstreiken wollen. Dix sieht hinter der dritten Position aber keine große Unterstützung innerhalb der Belegschaft. Alle drei Fraktionen, Harald Dix eingeschlossen, eint die Enttäuschung um die Schließung. Bis dato lautete das Ziel des Streiks „AEG bleibt". Auch Betriebsrat und Streikleiter Taifun Ada formuliert seine große Enttäuschung.

Taifun:
Also grundsätzlich, viele Kollegen meinen wir haben diesen Kampf um Arbeitsplätze, Erhaltung der Arbeitsplätze, verloren. Also es geht jetzt um Abfindungen und die Höhe wird positiv angenommen an sich. Aber mit einem lachenden und einem weinenden Auge wird diese Entscheidung angenommen von Kollegen. Das ist sehr kontrovers, wird diskutiert. Also, dass wir unsere Arbeitsplätze verloren haben, das macht viele Kollegen sehr traurig. Bis zuletzt haben wir die Hoffnung gehabt, dass diese Arbeitsplätze irgendwie erhalten bleiben würden. Aber in letzten Gesprächen und auch durch den Vermittler, Herrn Wiesheu, hat man gesehen, dass da überhaupt keine Möglichkeit mehr ist. Der Electrolux-Konzern ist entschlossen, dieses Werk endgültig Ende 2007 zu schließen. Ab dann waren nur noch die Sozialtarifvertragsregelungen im Gespräch.

»Radio Z«:
Wechsler meinte gerade in seiner Rede, aber es soll weitergestreikt werden, bis die Belegschaft sagt: Der Streik ist beendet. Aber inwiefern hat die Belegschaft denn jetzt noch Spielraum?

Taifun:
Aber natürlich muss die Belegschaft dieses Angebot erst mal annehmen und sagen, dass das zufriedenstellend ist. Und damit wäre erst dann dieser Streik beendet. Also ich denke mal, dieses Wochenende wird auch das passieren. Freitag, schätze ich mal, gehen wir in die Urabstimmung und die Arbeiter werden es entscheiden.

»Radio Z«:
IG Metall-Streikleiter Jürgen Wechsler räumt ein, dass das Hauptziel, die Schließung zu verhindern, verfehlt worden sei. Aber, Zitat: „Ein besseres Ergebnis würden wir später nicht mehr erreichen." Zwei AEG-Kollegen stehen über ihre Portion Matjesfilet gebeugt. Sie stammen ursprünglich aus Gera und meinen zynisch: „Schließlich hätten sie ja auch schon den Kommunismus überlebt." Ihre Positionen sind konträr.

Kollege 1:
Heute um 17.00 Uhr soll die Tarifkommission sein und das ist jetzt wahrscheinlich abgesagt, weil es ja nix zu verhandeln gibt. Electrolux hat ja wieder Rückzieher gemacht bei einigen Punkten.

»Radio Z«:
Wenn Electrolux bei dieser Regelung von gestern stehenbleiben würde, wärt ihr trotzdem nicht desillusioniert?

Kollege2:
Ja, wir haben nicht so das, was wir geplant hatten.

Kollege 1:
Also ich finde, 1,8 ist ja nicht schlecht gegen Haustarif 0,7 ...

Kollege 2:
Wenn es netto gezahlt wird. Aber wenn wir noch die Steuern zahlen müssen, obwohl sie die sparen, dann ist das Blödsinn.

Immer wieder zeigen die BesucherInnen deutlich ihre Meinung

Kollege 1:
Dann hast du 1,4 und das ist immer noch besser als das 0,5, was jetzt das offizielle ist. Also die Meinungen sind geteilt.

Kollege 2:
Wir verlieren sowieso unseren Job. Also sollen sie ordentlich zahlen dafür.

Kollege 1:
Ganz einfach: Wir werden nicht höher kriegen. Hey, die haben gestern Berichte gebracht in den Nachrichten. Da war das Werk in Polen, was seit Wochen stehen sollte. Das läuft wunderbar. Die sind nicht mehr auf uns angewiesen.

Kollege 2:
Zumachen, machen sie so oder so. Also geht es nur um die Kohle. Weiter geht es jetzt sowieso nicht. Das wird zugemacht, der Laden. Da können die hier diskutieren, was sie wollen.

Kollege 1:
An dem Tag, wo Electrolux die AEG aufgekauft hat, da haben die schon gewusst, wann sie dieses Werk hier stilllegen. Die haben sich jetzt nur ihren Namen hier gesichert in Deutschland, weil Electrolux hat doch keiner gekannt.

Die sind nur mit AEG bekannt geworden.

Kollege 2:
Das ist Weltwirtschaft heute. So läuft das.

»Radio Z«:
Was haltet ihr von diesen 25% der Stimmen, die den Streik beenden können innerhalb der Belegschaft?

Kollege 1:
Ich denke, die 25% kriegen sie, wenn der Vertrag vorliegt. Wenn sich den jeder mal in Ruhe durchgelesen hat, werden sie schon.

»Radio Z«:
Wie schaut es denn mit eurer persönlichen Situation aus? Wenn ihr euch vorstellt, eure Arbeitsplätze sind weg?

Kollege 2:
Was soll man sagen? Ich habe letztes Jahr mit 34 die Absage bekommen, ich bin zu alt. Da kam das Antwortschreiben: Ja wir sind ein junges, dynamisches Team. Welche Chancen, es gibt ja zur Zeit nichts. Ich habe einen Bekannten, der ist seit sechs Monaten arbeitslos. Der war mal aus Spaß bei einer Zeitarbeitsfirma. Da haben sie ihm gesagt, sie können ihn in die Kartei aufnehmen. Aber die haben selber nichts.

Kollege 1:
Umziehen ist die einzige Chance. In der Stadt bleiben kann man nicht.

Kollege 2:
Wenn man was gelernt hat, einen Beruf, dann irgendwo hinziehen, wo es den Beruf gibt. Aber in der Stadt hocken, dass ist sinnlos.

»Radio Z«:
Falls der Vertrag vorliegt, berät zunächst die AEG-Tarifkommission über die Ergebnisse. An den folgenden Tagen solle dann per Urabstimmung die Belegschaft mit mindestens 25% für das Ende des Streiks stimmen. Eine Prozentzahl, die die gelebte Solidarität aufsplitten kann, meint Harald Dix. Gleiche Befürchtungen trägt auch Betriebsrat und Streikleiter Taifun Ada.

Taifun:
Es geht um viele Details, die bis jetzt noch nicht geklärt sind. Und das wird sich erst noch in weiteren Verhandlungen zeigen, man wird sehen, wie alles so im Detail aussehen wird. Und wie gesagt, auch in der Belegschaft gibt es verschiedene Gruppierungen. Für den einen ist es sehr positiv, dafür für den anderen kann ganz negativ aussehen. Deswegen also dieses Ergebnis. Darauf sind wir auch gespannt, wie das da am Ende entschieden wird.

»Radio Z«:
Du hast jetzt auch Verbindungen zur türkischen Belegschaft. Wie ist da die Stimmung?

Taifun:
Bei meinen türkischen Kollegen ist allgemein durch dieses zu schnelle Ergebnis gewisse Verunsicherung aufgetreten. Und da sind die Stimmen genauso gespalten. Den Verlust des Arbeitsplatzes kann diese Abfindung oder sonstige Regelungen nicht kompensieren.

»Radio Z«:
Wie glaubst du ist jetzt die Solidarität unter der Belegschaft, wenn 25% der Belegschaft, der Stimmen hier entscheiden würden „der Streik ist vorbei"? Dann wäre der Streik beendet. Aber die anderen 65% wären dann sehr unzufrieden damit. Gibt es da interne Absprachen?

Taifun:
Auf jeden Fall. Ich denke mal, ein Ergebnis, das unter 50% geht, das ist schon nicht so positiv für allgemeine Stimmung.

»Radio Z«:
Ihr hattet jetzt eine Versammlung im Zelt. Für was hat jetzt Wechsler plädiert?

Taifun:
Kollege Wechsler hat nochmal verkündet, dass diese Sache noch nicht unter Dach und Fach ist, weil bis jetzt noch nichts entschieden ist. Wobei, er hat das nochmal herausgestellt, dass dieses Ergebnis bundesweit sich sehen lassen kann. Also dass das trotz alledem positiver aufgenommen werden sollte.

»Radio Z«:
Wie ist deine persönliche Meinung?

Stråberg hängt am Galgen – KollegInnen zeigen, was sie denken.

Taifun:
Ich wäre auch dafür, dass ich noch bei dieser Firma arbeiten könnte. Weil ich bin jetzt 51 Jahre alt und ich komme auch nicht in diese Altersregelung hinein. Ich werde eine gewisse Summe Abfindung bekommen. Aber in eine ungewisse Zukunft werde ich gehen. Und es sind viele Fragen. Ich bin auch selbst persönlich verunsichert.

»Radio Z«:
Harald Dix fügt hinzu, er sei Jahrzehnte in diesem Werk tätig und eine Schließung schmerzt ihn über die Maßen. Er geht wieder zurück ins Streikzelt und lauscht den Reden ihres politischen Aschermittwochs. Verunsicherung und Ratlosigkeit steht den Umstehenden auch ins Gesicht geschrieben. Ein neuer Graffiti-Schriftzug prangt an der Mauer: „Sie betrügen euch." Irgendwie strahlen die Menschen aus, dass ihnen die Zügel aus der Hand genommen worden sind. Dass es jetzt nicht mehr um Solidarität geht, sondern darum, für den Einzelnen ein einigermaßen akzeptables Abfindungspaket ab zu bekommen.

Ein Streikrückblick des AEG-Kollegen Holger

Holger ist Bandarbeiter bei der AEG. Unmittelbar nach Streikabbruch hat die »Junge Welt« ein Interview mit ihm gemacht, dass in gekürzter Form veröffentlicht wurde. Holger hat sich über die von der JW veröffentlichte Fassung geärgert, da seine im Interview geäußerte Kritik am Verhalten der IG Metall zum Teil weggelassen und zum Teil abgeschwächt wurde. Wir hatten ihn daraufhin gebeten, doch selbst einen Text zu schreiben. Sein Rückblick auf den Streik und die Haltung der Gewerkschaft erreichte uns im April 2006.

Das Agieren der IGM

Wir haben sicher nicht erwartet, dass die IGM den Kampf gegen die Schließung der AEG tatsächlich mit letzter Konsequenz und bis zum Ende führen würde. Schließlich hatten wir auch immer das Beispiel Infineon vor Augen, wo die IGM den Streik bereits nach 1 ½ Wochen mit einem faulen Kompromiss abgebrochen hatte. Dass die IGM versuchen wird, den Streik irgendwann zu beenden, und in Wirklichkeit nur auf den Abschluss eines Sozialtarifvertrags hin orientiert, war uns von Anfang an klar. Bereits das lahme und lustlose Vorgehen der IGM im Vorfeld deutete darauf hin, dass wir von der IGM keinen großen Kampfwillen erwarten konnten. Zwar traten die IGM-Funktionäre vor den Kollegen immer sehr wortradikal auf, gegenüber der Presse aber wurde fast nur vom Sozialtarifvertrag und „akzeptablen" Angeboten gesprochen.

Vom Sommer bis zur Verkündung der Schließung

Als am 7. Juni 2005[1] bekannt wurde, dass Electrolux möglicherweise vor hatte, die AEG zu schließen, reagierte die IGM nur sehr schwach. Sicher, gegenüber den Kollegen wurde der Erhalt des Werks versprochen. Wirklich getan wurde aber wenig. Die IGM verließ sich erst einmal auf die Untersuchungen des Info-Instituts/ Saarbrücken und hoffte damit Electrolux zu überzeugen, das Nürnberger Werk doch noch zu erhalten. Als sich abzeichnete, dass Electrolux von dieser Untersuchung wenig beeindruckt war, glaubte die IGM Electrolux eine Teilschließung schmackhaft machen zu können. Aber statt ehrlich zu sagen, dass es dabei um die Entlassung von fast 800 KollegInnen gehen würde, wurde von einer „Standortsicherung" und von „Beschäftigungsgarantie" gesprochen. BR-

+ Der AEG-Streik ++ Der AEG-Streik ++ Der AEG-Streik ++ Der AEG-Streik +

Jetzt werden die Bosse nervös

Eigentümer sind sauer – Manager müssen um ihren Job fürchten

VON MICHAEL REINER

NÜRNBERG „So nervös habe ich Hans Stråberg noch nie gesehen!" Nürnbergs IG-Metall-Vizer Jürgen Wechsler kennt den Electrolux-Chef aus vielen gemeinsamen Sitzungen im Aufsichtsrat. „Er steht gewaltig unter Druck!" Und auch Horst Winkler, verantwortlicher Manager für die Electrolux-Werke in Europa, ist angespannt. Der Druck auf die Manager kommt von ganz oben. Von den schwedischen Electrolux-Eigentümern, die Stråberg, Winkler & Co. einheizen. Inzwischen kämpfen nicht nur die Nürnberger AEG-ler um ihren Arbeitsplatz. Inzwischen geht es auch um die Jobs der Electrolux-Bosse.

Am Samstag haben die Gewerkschaft und die Electrolux-Bosse am Münchner Flughafen verhandelt (AZ berichtete). Erstmals seit Streikbeginn. Vermittelt hatte die Runde Ministerpräsident Edmund Stoiber (CSU); er hatte zuvor dafür ge-

Horst Winkler

Vorsitzender Dix und IGM-Bevollmächtigter Wechsler forderten damals eine Standortsicherung bis zum 31.12.2010 über einen Ergänzungstarifvertrag. Dieser sollte eine Jahresstückzahl von 800.000 Geräten, verbindliche Investitionen und eine Regelung über Werkverträge und Leiharbeit enthalten. Das wäre aber grad mal die Garantie von 800 Arbeitsplätzen in der Produktion gewesen!

Als damals auf der Betriebsversammlung ein Kollege seinem Ärger Luft machte und meinte:. „Dass 800 Arbeitsplätze von der Gewerkschaft/BR preisgegeben werden, ist das allerletzte. Die Vereinbarung zur Standortsicherung ist nicht das Papier wert, auf dem sie geschrieben wird. Man darf keinen einzigen Arbeitsplatz freigeben. Sonst ist nur noch die Hälfte da". Da jaulte Wechsler auf wie ein getroffener Hund. Er gäbe keine Arbeitsplätze frei. Es gehe hier um die Frage, welche Kompromisse man bereit ist einzugehen. Man soll auf seinen Sprachgebrauch achten. „Wir, die IGM, sind nicht Schuld daran, dass 800 entlassen werden." Der Kampf dagegen wurde aber einfach nicht vorbereitet. Stattdessen wurde sich auf ein paar markige Sprüche beschränkt: Sollte Electrolux nicht vor Weihnachten eine Entscheidung zugunsten einer „Werkssanierung" fällen, drohte die IGM mit einer „Verlängerung des Weihnachtsurlaubes", also einem Streik ab 2. Januar. Und die Stimmung war eigentlich auch schon längst für Streik. Wir hatten damals bereits einem Krankenstand von bis zu 20%. Man kann das so sehen, dass die Kolleginnen und Kollegen schon einmal individuell mit dem Streik anfingen, nachdem die Gewerkschaft sie immer nur vertröstet hat.

Die Zeit der wilden Streiks nach dem 12.Dezember

Nachdem Winkler die Schließung des Werks verkündet hatte, wurde ziemlich schnell klar, dass die KollegInnen bereit waren, sehr eigenständig und sehr kreativ zu handeln. Nicht weil sie der IGM nicht vertrauten, sondern im Gegenteil, weil sie die radikalen Sprüche der Funktionäre wörtlich nahmen und ohne lang zu fragen umsetzten. Damit hatte die IG Metall bei der AEG aber ein Problem bekommen. Sie verlor teilweise die Kontrolle. Als die AEGler mit ihren wilden Streikaktionen begonnen hatten, rief deshalb ein verzweifelter IGM-Funktionär bei einer Protestversammlung im Hof dazu auf, doch bitte diszipliniert zu bleiben: „Es kann nicht jeder machen, was er will". Und kurz vor Weihnachten jammerte der Betriebsratsvorsitzende im Stadtrat, dass der IGM die Situation entglitten sei. Es war den Funktionären also sehr lästig, dass sie von den kampfbereiten KollegInnen zu etwas gedrängt wurden, was sie so nicht wollten. Durch einen vorgezogenen Beginn des Weihnachtsurlaubs und bezahlte Streiktage[3] wurde nun versucht die Lage zu beruhigen. (Nach Gesprächen zwischen IGM bzw. Betriebsrat und AEG-Geschäftsführung) Gleichzeitig versuchte die bayerische IGM-Führung möglichst schnell zu einer Einigung mit Electrolux zu kommen. Bezirkschef Neugebauer bettelte geradezu, als er gegenüber Electrolux verkündete, dass er während des Weihnachtsurlaubs 24 Stunden am Tag für Verhandlungen bereitstehen würde. Und bereits hier sprach Neugebauer nur noch vom Sozialtarifvertrag und einem „akzeptablen" Angebot. Von der Verhinderung der Werksschließung war bereits keine Rede mehr. Electrolux reagierte auf das Flehen von Neugebauer erst einmal gar nicht, und hatte wohl auch gehofft, dass die Kollegen sich über Weihnachten doch noch beruhigen würden. Das war aber ein Irrtum.

Nach Weihnachten gingen die Aktionen in der AEG unvermindert weiter. Gleichzeitig stieg der Krankenstand immer weiter an. Immer weniger Bänder liefen und die Stückzahlen sanken in den Keller. Electrolux reagierte nicht so, wie es die IGM ursprünglich erhofft hatte. Statt auf die Verhandlungsangebote einzugehen, versuchte Electrolux die Gewerkschaft mit einem Ultimatum zu erpressen. Entweder Einstellung aller Aktionen und normale Produktion oder überhaupt keine Verhandlungen. Und so war die IGM zum Streik gezwungen.

Der Beginn des offiziellen IGM-Streik am 20. Januar

Kaum war die Urabstimmung mit einem Rekordergebnis von 96,35% JA-Stimmen beendet, da redet IGM Bevollmächtigter Jürgen Wechsler vor der Presse über Streikabbruch! „Wenn es sein muss, stehen wir mehrere Wochen durch.

Genauso gut könne der Streik blitzschnell abgeblasen werden, sobald wir von Electrolux ein akzeptables Angebot bekommen", so wurde IGM Bevollmächtigter Wechsler in den Nürnberger Nachrichten zitiert.

Mit Beginn des Streiks bekam die IGM die Lage erst mal wieder in den Griff. Aber es war doch manches anders, als bei anderen Streiks. Die KollegInnen haben diesen Streik als ihren Streik gesehen. Wenn sie riefen:"Wir bleiben hier, dafür kämpfen wir!", dann war das auch so gemeint. Sie wollten Electrolux in die Knie zwingen. Die Behauptung der IGM, dass die Forderung nach dem Sozialtarifvertrag nur ein Trick wäre, um für Electrolux die Werksschließung so teuer zu machen, dass die die AEG gar nicht schließen könnten, wurde wortwörtlich genommen. Die kämpferische Stimmung, die sich bereits bei den wilden Streik-Aktionen

Ordnungsmacht IG Metall sorgt für die Arbeitsaufnahme

entwickelt hatte, war weiter da, und nahm auch in der Kälte an den Feuertonnen nicht ab. Der IGM-Bevollmächtigte Wechsler, und Betriebsrats-Chef Dix waren zwar die akzeptierten Stars, denen bei jedem Auftritt zugejubelt wurde, aber es gab auch eine deutliche Erwartungshaltung der KollegInnen gegenüber ihren Stars. Und Wechsler versuchte diese Erwartungshaltung auch immer wieder mit zu bedienen, und wurde in seinen Parolen immer radikaler: Von „Wir werden Electrolux verprügeln", der Übernahme der Wandparole „AEG muss bleiben, Stråberg muss weg!" bis hin zu so Ausrufen wie „Auch ich bin für die internationale Weltrevolution", oder die Aufforderung an die Kollegen, sie sollten für die Begrüßung der italienischen Delegation „Avanti Populo" lernen, kamen immer wieder neue verblüffende Sprüche. Gleichzeitig wurde die Intervention der Linken in einer Art und Weise akzeptiert, wie wir es früher nicht erlebt haben. Rote Fahnen in Muggenhof waren der Normalfall. Die linken Organisationen konnten vor dem Streikzelt ihre Transparente an den Fabrikzaun hängen, und die blieben dort auch bis zum Schluss. Selbst im Streikzelt hing zwei Wochen lang ein Transparent der Autonomen über der Bühne.

Ähnlich war es mit dem Verhalten der IGM gegenüber dem Electrolux-Boykott. Ursprünglich hatte der DGB den Boykott abgelehnt, ein Sprecher bezeichnete ihn sogar als „faschistisch"! Als er aber erfolgreich lief, und auch von den KollegInnen akzeptiert wurde, nahmen plötzlich auch die IGM-Funktionäre immer wieder positiv Bezug darauf. Und den Aktivisten der Boykott-AG war es möglich, die Kopien der Unterschriftenlisten auf Wäscheleinen quer durchs Streikzelt und über den Platz vorm Haupttor aufzuhängen. Und auch die blieben bis zum Schluss. Aber es war eben die kämpferische Stimmung unter den Streikenden, die so was möglich machte. Durch diese Stimmung gab es auch einen deutlichen Unterschied, und wie wir hörten auch einige Widersprüche, zwischen den Nürnberger Funktionären und den höheren Ebenen der IGM. Die Nürnberger bekamen den Druck der Basis eben ständig mit. In Presseerklärungen verhielten sich aber auch die Nürnberger Funktionäre ganz anders, redeten fast nur noch vom Sozialtarifvertrag, und von dem „guten Abschluss", den sie gern hätten.

Die Übernahme des Streiks durch die IGM-Zentrale

Das Ziel der KollegInnen war aber die Werksschließung zu verhindern. Das wäre aber keine Sache von reinen Tarifverhandlungen mehr gewesen, hätte politischen Kampf bedeutet. Und eigentlich wäre sogar die Forderung nach Verstaatlichung und Übergabe des AEG-Betriebes in die Hände der Belegschaft plausibel gewesen.

Für einen politischen Kampf sind IGM und DGB aber nicht zu haben. Dazu ist die Gewerkschaftsführung viel zu stark mit Staat und Kapital verflochten, und richtet sich dementsprechend nach den Empfehlungen der Regierungsparteien. Und denen wurde dieser AEG-Streik langsam zu gefährlich: Bereits am 31. Januar betonte Stoiber gegenüber dem Handelsblatt die „politische Dimension der Auseinandersetzung in Nürnberg". Es sei ihm wichtig, dass auch die Eigentümerseite bei AEG erkenne, dass es sich bei dem Streit um mehr handele als einen Tarifkonflikt. „Es geht mir um die Akzeptanz unserer Wirtschaftsordnung bei den Menschen". Ähnlich auch DGB-Vorstand Dietmar Hexel gegenüber der Netzeitung: „`Was da passiert, kann dazu führen, dass sich die Menschen radikalisieren, wenn es bei dieser Politik bleibt´ ... „Das

Arbeitsaufnahme mit Blick auf die zerstörte Streikmauer

könne auch Einfluss auf die Arbeit der Arbeitnehmerorganisationen haben, wenn etwa `bei Betriebsratswahlen radikalere Gruppen gewählt werden und diese die Gewerkschaftsarbeit mitbestimmen.´" Die Politik bekam es mit der Angst zu tun. Die AEG war inzwischen zu einem Wallfahrtsort geworden, an dem jeden Tag ganze Wagenladungen KollegInnen aus anderen Betrieben ankamen. Die Gefahr, dass das Beispiel AEG Schule macht, war zu groß. Und hier griff die IGM-Zentrale ein.

Eine Einmischung der Politik hatten wir auf Grund einiger Anzeichen bereits früher vermutet. Endgültig klar war das aber ab dem Aktionstag „Weiße Ware" am 7. Februar. Der ganze Aktionstag war von der IGM-Zentrale Frankfurt aus geplant, und die ganze Öffentlichkeitsarbeit wurde von einer SPD-nahen Werbe-Agentur organisiert. Die Nürnberger Streikleitung war offensichtlich entmachtet worden. Nun wurde auf die nationale Karte gesetzt. Hunderte von Transparenten, Schildern und T-Shirts mit der nationalistischen Parole „AEG ist Deutschland" wurden an die Kollegen verteilt. Auch mit Sprüchen wie „Wo AEG draufsteht ist Polenstandard drin!" und seit neuestem die von der IG Metall kreierte Losung „AEG ist Deutschland" wird unbeabsichtigt oder beabsichtigt die nationale Karte gezogen. Bei diesen nationalistisch entsolidarisierenden Sprüchen ist es natürlich schwer, den „europäischen Widerstand und Solidarität" gegen Arbeitsplatzabbau zu organisieren.

Auf der Kundgebung wurde zwar nochmals für die KollegInnen kräftig vom

Leder gezogen. So wurde Wallenberg, der Hauptaktionär von Electrolux von Neugebauer (IGM-Bayern) aufgefordert: „Ziehen Sie Stråberg und Bygge (die Vorstände von Electrolux) aus dem Verkehr"! und „Der Streik ist beendet, wenn der Schließungsbeschluss zurückgenommen ist"! Dix (BR-AEG) rief: „Electrolux muss den Schließungsbeschluss zurücknehmen"! und „AEG muss bleiben -Stråberg muss weg"! Wechsler sprach nochmals davon, Electrolux „in die Knie zu zwingen". Das war aber die letzte große Show für die Öffentlichkeit. Bereits hier wurden allerdings in Nebensätzen alle möglichen Kompromiss-Lösungen genannt, und ließen uns aufhorchen. Mittwochs begann dann die Urabstimmung bei der Distriparts GmbH (AEG-Ersatzteile) in Rothenburg. Als Streikbeginn in Rothenburg war der Montag drauf, der 13. Februar, geplant, und es wurden Busse von Nürnberg aus organisiert, um die Streikposten in Rothenburg zu unterstützen. Am Sonntag wurden die Busse wieder abgesagt und es gab trotz 77,7% bei der Urabstimmung keinen Streik bei Distriparts. Da war klar: Auch der Streik bei der AEG soll demnächst abgebrochen werden.

Der Streikabbruch

Nun wurde immer mehr auf das Streikende hin orientiert. Von Erhaltung des Werks war nicht mehr die Rede. Es ging nur noch um den Sozialtarifvertrag. Und das in einer Situation, wo klar war, dass demnächst Teile der polnischen Electrolux-Produktion stillstehen würden, weil die dafür notwendigen Teile aus Nürnberg ausgingen, und wegen dem Streik ja auch nicht kommen könnten. Also gerade dann, wenn der Streik endlich auch Auswirkungen auf andere Electrolux-Werke hatte, sollte er beendet werden. Am 21. Februar wurde zwar die siebte Verhandlungsrunde noch ergebnislos abgebrochen. Es war aber schon bekannt, dass nun ein „Vermittler" eingesetzt werden sollte, um den Streik möglichst bald zu beenden.

Der bayerische Rundfunk meldete tags drauf: „Der bayerische Ministerpräsident Edmund Stoiber (CSU) hat sich erneut in den Konflikt eingeschaltet. Der Regierungschef habe Gespräche mit den Beteiligten geführt, teilte die Staatskanzlei mit. Über Ergebnisse wurde nichts bekannt. Stoiber habe sich eingeschaltet, weil die Auseinandersetzung nicht nur ein Tarifkonflikt sei, sondern große gesellschaftliche Bedeutung habe, hieß es." Und nun ging's ganz schnell. Am 26. Februar wurde der ehemalige bayerische Wirtschaftsminister Otto Wiesheu (CSU) als Vermittler tätig, und bereits am 28. Februar einigten sich IGM und Electrolux auf einen zweifelhaften Sozialtarifvertrag, der im Kern aus Abfindungszahlungen, kombiniert mit einer Transfergesellschaft besteht.

Was nun ablief, war knallharte Machtpolitik der IG-Metall. Im Schnellverfahren wurde am Freitag, den 3. März der Tarifvertrag durch die Tarifkommission gepaukt, ohne dass deren Mitglieder überhaupt Zeit hatten, den Text überhaupt zu prüfen. Und tatsächlich gab es türkische Mitglieder der Tarifkommission, die erst eine Woche später kapierten, für was sie da überhaupt gestimmt hatten. So gab es auch nur 2 Gegenstimmen, und 2 Enthaltungen. Ähnlich bei der anschließenden Versammlung im Streikzelt. Der Text des Tarifvertrags wurde nur auf deutsch[4] verteilt und eine Übersetzung verweigert, da das juristisch zu kompliziert wäre. Kritiker wurden eingeschüchtert, „Wenn ihr das nicht annehmt, dann habt ihr gar nichts!", und das Märchen erzählt, dass ein Termin zur Erzwingung einer Betriebsvereinbarung bei der Einigungsstelle drohen würde. Was Unfug ist, da Tarifverträge immer noch über Betriebsvereinbarungen stehen.

Am Montag wurde die Urabstimmung durchgeführt, und für die IGM stand das Ergebnis der Urabstimmung schon fest: Bereits vormittags gab es Buttons auf denen stand: „Streik 2006, 20.01.06 – 06.03.06"! Wir hätten also eigentlich gar nicht mehr abstimmen brauchen. Und viele gingen auch gar nicht erst zur Wahl. Damit ja niemand falsch abstimmt, wurde unter dem Rechteck für „JA" nochmals ein deutlich größerer und bereits angekreuzter Kreis abgedruckt, über dem über die ganze Breite des Stimmzettels stand: „Die betriebliche Tarifkommission der IG Metall empfiehlt Dir, mit JA zu stimmen". Kollegen, die bei der Auszählung der Stimmzettel dabei sein wollten, selbst einem Mitglied der Tarifkommission, wurde dies verweigert.

Anmerkungen

1 Electrolux beauftragte das AEG-Management, die Schließung des Standorts Nürnberg mit 1700 Beschäftigten zu untersuchen.
2 Die IGM hatte dort eine Studie zur Wirtschaftlichkeit der AEG Nürnberg in Auftrag gegeben.
3 Wohlgemerkt die Streiktage eines letztendlich wilden Streiks!
4 Die Mehrzahl der ArbeiterInnen in der Produktion sprechen türkisch, griechisch und russisch, davon allein 450 türkisch!

Der ausgehandelte Sozialvertrag für die AEG und der Schließungsbeschluß

Presseinformation IG Metall

Verwaltungsstelle Nürnberg, 28. Februar 2006
Telefon: 0177/7222851, Rolf Famula

AEG-Streik: Ergebnis nach zähen Verhandlungen
In der Nacht zum Dienstag wurden in einer rund 15 Stunden dauernden, zähen Verhandlungen ein Ergebnis erzielt. Electrolux-Verhandlungsleiter Horst Winkler musste mehrmals mit Schweden telefonieren, um den Segen von Hans Stråberg zu bekommen.
Die Streikleiter der IG Metall Harald Dix und Jürgen Wechsler bewerteten den erreichten Kompromiss mit einem weinenden und einem lachenden Auge: „Wir haben uns bis zum Schluss der Verhandlungen und für den Erhalt der Arbeitsplätze in Nürnberg eingesetzt. Dieses oberste Ziel konnte nicht erreicht werden, weil die politischen und rechtlichen Voraussetzungen in Deutschland dafür fehlen." Es bleibt bei der Schließung zum 31. Dezember 2007, weil die Electrolux-Manager sich nicht bewegten.

Ergebnis setzt Zeichen
Nur durch den Streik konnte ein Sozialtarifvertrag durchgesetzt werden, der neue Maßstäbe in Deutschland setzt. „Wir brauchen uns mit dem erzielten Ergebnis nicht zu verstecken. Dieser Sozialtarifvertrag toppt alles, was in Deutschland bisher vereinbart wurde," schätzen die Streikleiter Harald Dix und Jürgen Wechsler ein.

1. Es wird eine Abfindungsregelung in Höhe von 1,8 Monatsgehältern pro Beschäftigungsjahr getroffen. Stichtag für die Berechnung der Beschäftigungsjahre ist der 1. Januar 2006. Bisher galt der Infineon-Sozialtarifvertrag als beispielhaft, in dem 1,3 Monatsgehälter pro Beschäftigungsjahr geregelt sind. Dabei werden die Monatsgehälter ab 4500 € gekappt. Es gibt aber keine Begrenzung der Abfindungen mehr in der Höhe. Electrolux wollte die Abfindungen auf 130.000 € begrenzen. Das konnte verhindert werden. Als Arbeitszeit wird die 35-Stunden-Woche oder eine höhere individuelle Arbeitszeit für die Berechnung zugrunde gelegt. Nach Electrolux-Berechnungen muss der

Konzern allein für diese Abfindungen 122,6 Millionen € aufbringen. Electrolux hat darauf bestanden, dass die Arbeitnehmer Abstriche machen. Von der individuellen Abfindungssumme werden 666 € nicht ausbezahlt (Das entspricht einem Volumen von einer Millionen €).
2. Es gibt eine Beschäftigungsgesellschaft für zwölf Monate. Dabei wurde eine sogenannte Topflösung erzielt. Electrolux zahlt Gelder (23,5 Millionen €) in einen Topf. Wenn Beschäftigte die Beschäftigungsgesellschaft früher verlassen, können andere länger in der Beschäftigungsgesellschaft bleiben. Die Beschäftigungsgesellschaft ist die Nürnberger Mypegasus GPQ.
3. Die Pensionsregelung sieht vor, dass Arbeitnehmer, die 55 Jahre alt sind (Stichtag 1. Januar 2006) und 25 Dienstjahre haben, eine Zuzahlung zum Arbeitslosengeld oder ähnliches auf 85 Prozent des bisherigen Nettos bis zum 63. Lebensjahr bekommen. Arbeitnehmer, die 53 Jahre alt sind und 23 Dienstjahre haben, erhalten für ein Jahr eine Zuzahlung auf 81 Prozent und danach bis zum 63. Lebensjahr die 55-er Regelung.
4. Es wurde eine Maßregelungsklausel vereinbart. Keinem Streikenden dürfen durch den Streik Nachteile entstehen.

Regelungen für die Electrolux-Gesellschaften
Es wurde vereinbart, dass für die Gesellschaften Logistik, Service, Distriparts die Tarifbindung auf Basis der bayerischen Metall- und Elektroindustrie in Form von vier Haustarifverträgen wieder hergestellt wird. Von der Vertriebs-GmbH werden die Abteilungen Buchhaltung/Finanzen, Personal, EDV, Design, Reisestelle einbezogen. Keine Tarifbindung gilt damit für den Außendienst, den Standort Hannover und den Rest der Vertriebs-GmbH.
Die Arbeitszeit beträgt 37 Stunden plus 66 Stunden pauschale Qualifizierung im Jahr. Samstags bleibt zuschlagspflichtige Mehrarbeit.
Es wurden folgende Tariferhöhungen vereinbart: 0,5 Prozent in 2006, 1 Prozent in 2007 und 1,5 Prozent in 2008, jeweils zum 1. Juli.
Monatsentgelt, Weihnachts- und Urlaubsgeld bleiben wie in der Metall- und Elektroindustrie.
Es gibt eine Standort- und Beschäftigungsgarantie bis zum 31. Dezember 2009.
In der Logistik sollen 50 Stellen und im Service 15 Stellen abgebaut werden. Für die Betroffenen kommt der Sozialtarif in Anwendung.
Für das Werk Rothenburg wurde eine Standort- und Beschäftigungssicherung bis Ende 2009 vereinbart, wenn eine Betriebsvereinbarung über Qualifizierungszeit abgeschlossen wird.

Der »Druckwächter« beantwortet Fragen zum Sozialtarifvertrag

Die Vereinbarung über den Sozialtarifvertrag ist zwar fünf Seiten lang. Das meiste davon betrifft aber nur Minderheiten der AEGler. Für die Mehrheit der KollegInnen bleibt nur eine Abfindung von 1,8 Monatslöhnen pro Beschäftigungsjahr und ein maximal einjähriger Aufenthalt in einer Transfergesellschaft zu rund 60 bzw. 67% des letzten Lohns.

Aber was hat es mit der Zahl „1,8" auf sich?
Von der Ursprünglichen Forderung: 3 Monatslöhne pro Beschäftigungsjahr, „brutto gleich netto" (Electrolux übernimmt Steuern und Abgaben), ist nichts mehr übrig geblieben. Stattdessen dürfen wir unsere Abfindungen durch all möglichen Tricks zum Teil selber gegenfinanzieren. So sind bei der Berechnung der Abfindung mehrere dicke Summen abzuziehen.

1. Laut Vertrag wird „die sich ergebende Abfindungssumme ... in jedem Einzelfall um einen Betrag in Höhe von 666 € gekürzt." Das ist fast ¼ Brutto-Monatseinkommen

2. Stichtag für die Berechnung der Firmenzugehörigkeit ist der 1.1.2006. Das heißt: Je nach Kündigungstermin sind das nochmal 0,9 bis 1,8 Monatseinkommen weniger Abfindung

3. Laut Vertrag wird der ERA-Anpassungsfond zwar aufgelöst, aber nicht an uns ausgezahlt, sondern von Electrolux kassiert. Das sind aber Gelder die in der Vergangenheit von unserem Lohn einbehalten worden sind. Und damit finanzieren wir letztlich unsere eigene Abfindung mit.

Vorgezogene Werksschließung
Dazu kommt eine vorgezogene Werksschließung, durch die AEG-Electrolux bei einer bisherigen Lohnsumme von rund 72 Millionen € im Jahr, eine Menge Geld spart, die uns selbst aber auf Bank- und Rentenkonto fehlen wird.

Transfergesellschaft
Die als Transfergesellschaft vertraglich vereinbarte Nürnberger GPQ hat laut Betroffenen nur eine Vermittlungsquote von 30%. Einschließlich Vermitt-

lungen an Zeitarbeitsfirmen! Die GPQ-Muttergesellschaft MyPegasus erreicht nach Presseberichten sogar nur 20%.
Der im Vertrag verwendete Name „Beschäftigungs"-Gesellschaft ist also irreführend. Keine Beschäftigung, sondern eine Warteschleife vor der amtlichen Arbeitslosigkeit. Dazu kommt eine auf 60 bis 67% des letzten Lohns verminderte Bezahlung.

Abfindungssummen
Auch die Summen von 100.000 € pro Kopf (z.b. laut Handelsblatt) sind ein Märchen. Ein Großteil der KollegInnen sind nur 15 Jahre und weniger im Werk. Da kommen nun mal solche Beträge gar nicht zusammen! Dann wird noch die Steuer abgezogen, und der Steuerfreibetrag ist seit 1. Januar sowieso weggefallen. Wer Familie mit Kindern hat, wird feststellen, dass das Geld schnell weg sein wird.

Altersregelung
Die immer wieder hochgelobte Altersregelung, in Höhe von 81 bis 85% des letzten Nettoeinkommens, gezahlt bis zum 63 Lebensjahr, trifft nur auf 33 KollegInnen (von 1750!) zu, da die Voraussetzung dafür bei den 53-jährigen 23 Jahre Betriebszugehörigkeit ist, und bei den 55-jährigen sogar 25 Jahre. (Ausgezahlt wird dieses Geld als Gesamtsumme.)
  Eine Wahlmöglichkeit zwischen Altersregelung und Abfindung gibt es nicht. Es gibt aber Kollegen, die durch die Altersregelung schlechter gestellt sind, und deshalb schon vorhatten die IGM zu verklagen.
  Electrolux spart also mit der Altersregelung gegenüber der Abfindung Geld.

Über Interessen und Wahrheiten
Um auf die pressewirksamen 1,8 Monatsgehälter zu kommen, wurden also nur verschiedene Summen hin- und hergeschoben. Sowohl Electrolux wie IGM wollten endlich Ruhe haben, und dazu brauchte die IGM eine Erfolgsmeldung. Und sie brauchten eine schnelle Zustimmung zum Vertrag. Dass in dem Vertrag ein Haufen Fallen versteckt sind wurde verschwiegen.
  Dazu passt auch, dass die mehrfach geforderte Übersetzung des Sozialtarifvertrags auf türkisch, griechisch und russisch, verweigert wurde. Eine Diskussion um die Inhalte des Vertrags sollte wohl so weit wie möglich vermieden werden. In Höchstgeschwindigkeit wurde der Text an einem Freitag durch die Tarifkommission gejagt, und am Montag früh begann die Urabstimmung.
  Tatsächlich gab es Mitglieder der Tarifkommission, die erst eine Woche später langsam verstanden, was wirklich im Vertragstext steht, und wofür sie eigentlich gestimmt hatten.

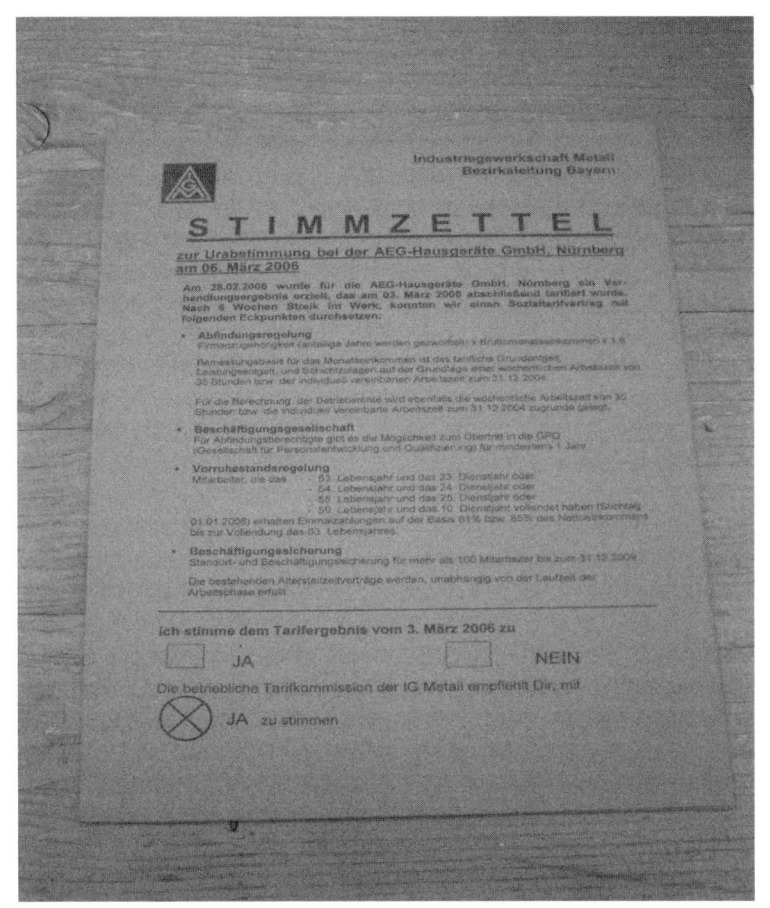

Wahlhilfe der IGM für entmündigte Streikende

Das Ergebnis war genau das, was Electrolux sowieso eingeplant hatte. Das kann jeder in der Pressemitteilung von Electrolux vom 28. Februar nachlesen, wo sie es ganz stolz verkünden.
Dort heißt es: „Electrolux geht davon aus, dass die kompletten Kosten für die Schließung nach wie vor im früher kommunizierten Rahmen von etwa 240 Millionen Euro liegen werden."

Workshop „Stratgie und Taktik in wirtschaftspolitischen Auseinandersetzungen am Beispiel der AEG Nürnberg"

Einleitung:

Zufrieden legt Alexander Losowski[1] das Manuskript zur Seite. Die Aufbereitung des umfangreichen Lehrstoffes und die Vermittlung der Methoden des Workshops ist gelungen. Durch die Verknüpfung mit der Schilderung der TeilnehmerInnen des Workshops „Strategie und Taktik in wirtschaftspolitischen Auseinandersetzungen am Beispiel der AEG Nürnberg" wird die Darstellung lebendiger. So ergibt sich trotz der Länge ein lesbarer Text. Das liegt ihm besonders am Herzen, soll die Veröffentlichung doch dazu dienen, anderen StreikaktivistInnen in ähnlichen Kämpfen und bei Betriebsbesetzungen einige Grundzüge von Strategie und Taktik im Klassenkampf zu vermitteln, ohne durch die veraltete politische Sprache des Originaltextes[2] von vornherein abzuschrecken.

„Klassenkampf", Alexander spricht das Wort in Gedanken versunken halblaut aus. Seine Gedanken gehen weiter. Wie selbstverständlich hat er diesen Begriff in seinem politischen Leben tausendfach gebraucht, ohne auch nur eine

Sekunde darüber nachzudenken, ob er von den ArbeiterInnen verstanden wird. Im Deutschland der Weltwirtschaftskrise Anfang der 30er Jahre, nach den revolutionären Kämpfen 1918/19, dem mitteldeutschen Aufstand und der Roten Ruhrarmee 1923, den Berliner Blutmai 1929 und dem faschistischen Straßenterror der SA war es den klassenbewussten ProletarierInnen ohne weiteres einsichtig, dass der politische Kampf eine Klassenauseinandersetzung ist, die eng verwandt ist mit dem militärischen Kampf. Der Gedanke, die Regeln der Kriegsführung auf den politischen Kampf im Allgemeinen und die Führung von Streiks im Besonderen anzuwenden, lag sozusagen auf der Hand. Deshalb hatte er sich im Vorwort zur 1. Auflage seiner Vorträge einfach mit Feststellungen begnügt, die in der damaligen Zeit keiner weiteren Begründung bedurften. „Die vorliegenden Vorträge sind der Versuch einer marxistischen Anwendung der Kriegswissenschaft in der Führung der Streikbewegung. (...) Noch gibt es ein durch viele Jahrhunderte bearbeitetes Wissensgebiet, das der Kriegswissenschaft nämlich, dessen Lehren und Grundsätze noch nie in den Wirtschaftskämpfen angewendet wurden. Vor langer Zeit bereits hat Lenin festgestellt, dass die Kriegstaktik in unserer politischen Taktik Verwendung finden kann."[3]

„Aber heute? Deutschland 2008 ist ein anderes Land. Lenin ist keine Autorität mehr, die Erfahrungen der ArbeiterInnen und das politische Denken der lohnabhängigen Bevölkerung sind so verschieden ...", wieder murmelt Alexander halblaut einen Gedanken vor sich hin. Werden die LeserInnen überhaupt nachvollziehen können, warum die AktivistInnen der Basisgruppe in Nürnberg den AEG-Streik als politischen Kampf und eine „Schlacht" begreifen und die Regeln der Kriegsführung, die militärische Strategie und Taktik auf diese wirtschaftspolitische Auseinandersetzung angewendet haben? Werden sie bereit sein, den ungewohnten Gedanken – der politische Kampf unterliegt im Prinzip denselben Regeln wie der militärische Kampf – als Ausgangspunkt zu akzeptieren und die Argumentation gedanklich nach zu vollziehen oder wird die militärische Sprache eine Blockadehaltung provozieren?

Die Basisgruppe trifft sich zum Workshop – Vorstellung der TeilnehmerInnen

Alexander betritt die zweckmäßig hergerichtete Wohnung in dem etwas heruntergekommen Altbau in Muggenhof. Sein schütteres weißes Haar und die tiefen Falten im Gesicht verleihen dem Greis ein unheimliches Aussehen. So habe ich mir einen Philosophen vorgestellt, denkt Sabine neugierig, die mit ihren 21 Jahren locker Alexanders Ur-Enkelin sein könnte. Stefan rückt den bequemen Sessel zu Alexander hin. Trotz seiner weit über 100 Jahre, sein genaues Alter kennt keiner der AktivistInnen der Basisgruppe, ignoriert Alexander den Sessel und nimmt sich den Küchenstuhl am Tisch. Dort sitzen bereits Ralf, Ayşe und Sabine. Ralf baut seit 10 Jahren bei der AEG in Wechselschicht Waschmaschinen zusammen. Ayşe kehrt mal wieder die revolutionäre Aktivistin raus. Die Unterrichtsmaterialien vor sich ausgebreitet und den Schreibblock aufgeschlagen, kann sie es kaum erwarten, dass die Sitzung beginnt. Stefan heißt laut Pass Stefanos, aber als eingebürgerter Franke griechischer Herkunft nennen ihn alle Stefan. Er hat es nicht ganz so eilig. Nach 34 Jahren AEG merkt er seine Bandscheiben. Mit 55 Jahren und dank der 34 Jahre Betriebszugehörigkeit gehört er zu den 38 Glücklichen, für die die Vorruhestandsregelung des Sozialtarifvertrages greift. Stefan nimmt sich den Sessel und rückt ihn an den Tisch heran.

Die Basisgruppe war sozusagen das Salz in der Suppe bei der AEG. Obwohl Sabine, Stefan, Ayşe und Ralf politisch öfters verschiedener Meinung sind, haben sie sich während des Kampfes gegen die Schließung der AEG zusammengetan, um die Verbindung zwischen der sehr lebendigen radikalen Linken in Nürnberg und den kampfbereiten AEG-ArbeiterInnen herzustellen. Der Workshop jetzt nach Ende des Kampfes soll dazu dienen, die gemachten Erfahrungen auszuwerten und zu schauen, was man beim nächstenmal anders und besser machen kann.

Die AktivistInnen zucken innerlich zusammen, als Alexanders klare und zugleich weiche Stimme, der man das Alter nicht anmerkt, anhebt: „Guten Morgen Genossinnen und Genossen." Nach einer kurzen Pause wirft Alexander einen Blick auf Stefan, und fügt hinzu: „Sei mir bitte nicht böse wegen der Anrede, aber in meinem Alter hat man so seine Gewohnheiten. Da fällt es einem manchmal schwer, sich von lieb gewonnenen Traditionen zu trennen." Stefan war früher einmal in der KKE, der kommunistischen Partei Griechenlands, die er aus Enttäuschung über ihren Anpassungskurs an die herrschenden Zustände verlassen hat. Danach hat er keine Politik mehr gemacht, auch wenn er sich als angelernter Bandarbeiter all die Jahre ein gesundes Klassenbewusstsein bewahrte. Im Hinblick auf die gestrige Pausendiskussion erwidert er: „Kein Problem, Alexander, du kannst mich ruhig Genossen nennen, so lange du keinen Kommunisten aus mir machen willst, nehme ich dir nichts übel." Ayşe merkt gar nicht, wie Stefan sie damit auf den Arm nimmt. Wie von der Tarantel gestochen überlegt sie an ihrer ernsthaften Antwort, mit der sie Stefan nachweisen wird, dass er die revisionistische KKE nicht mit dem Kommunismus gleichsetzen kann. Sie ist gerade beim 20. Parteitag und Chruschtschows Geheimrede über Stalin, als Sabine sich nicht mehr zurückhalten kann und

über den todernsten Gesichtsausdruck von Ayşe in lautes Lachen ausbricht. Die anderen fallen ein.
Alexander sagt milde: „Liebe Ayşe, bevor wir uns nun dem 20. Parteitag zuwenden, wollen wir doch mit unserem heutigen Thema beginnen." Ayşe fragt sich, ob der Greis Gedanken lesen kann. Sie wüsste gerne, welche Technik er dafür benutzt. Aber sie traut sich nicht zu fragen und sagt stattdessen nur kleinlaut: „Ja."

Die Anwendung der militärischen Regeln auf politische Kämpfe
Vortrag von Alexander Losowski

„Wir haben im gestrigen, ersten Teil des Seminars ja gemeinsam eure Erfahrungen mit der Auseinandersetzung um die AEG in Nürnberg ausgewertet. Dabei sind wir darauf gestoßen, dass sowohl die AktivistInnen als auch die KollegInnen der AEG unvorbereitet in die Auseinandersetzung mit Electrolux gestolpert sind. Ihr habt gesagt, dass euch das Wissen über Strategie und Taktik im Streik und entsprechende Erfahrungen gefehlt haben und ihr deswegen während der Auseinandersetzung immer wieder an Grenzen gestoßen seid. Am Ende habt ihr vorgeschlagen, dass ich meine Ausführungen von 1930 nochmal zusammengefasst vorstellen könnte," leitet Alexander seinen Vortrag ein. Dann fährt er fort: „Ich werde jetzt nochmal die Kernthesen des 2. Vortages ,Der Streik als Schlacht (Anwendung der Kriegswissenschaft in der Führung der Streikbewegung)', den ich erstmals am 14. Februar 1930 gehalten habe, sowie des 3. Vortrages ,Streikstrategie und Streiktaktik" vom 14. März 1930[4] zusammenfassen."

Alexander macht eine kleine Pause und schaut fragend in die Runde. Da niemand widerspricht, beginnt er mit dem vorbereiteten Referat.

„Ich hatte bei meinen Vorträgen an der Leninuniversität zunächst die Unterschiede zwischen dem Krieg und dem Streik herausgearbeitet. Wenn ich 1930 festgestellt habe, dass der Streik als eine Form des Klassenkampfes sich weniger mit dem Krieg zwischen Staaten als dem Bürgerkrieg vergleichen lässt, so ist das heute nach den Erfahrungen mit Guerillakriegen und Aufstandsbewegungen viel einleuchtender. Die von mir zitierte Aussage von Lenin, dass die politische Taktik und Kriegstaktik Grenzgebiete sind, wird durch die aktuelle Entwicklung der imperialistischen Kriegsführung – Stichworte wie Verpolizeilichung der Kriegsführung, humanitäre Interventionen und Nation Building – nochmals bestätigt. Ohne mich hier im Detail zu verlieren, gehen die Militärstrategen der Großmächte heute selbstverständlich davon aus, dass

Kriege wie z.B. die Besetzung des Iraks oder Afghanistans keine rein militärische Aufgabe sind, sondern auch mehr oder weniger politische Elemente wie z.B. den Aufbau einer funktionierenden staatlichen Struktur beinhalten.

Die tiefe philosophische Erkenntnis von Clausewitz, dass der Krieg die Fortsetzung der Politik mit anderen Mitteln ist, ist heute eine allgemein anerkannte wissenschaftliche These. Daraus folgt aber u.a. auch, dass der Klassenkampf auf politischer Ebene in vielen Dingen ähnlich wie die militärische Auseinandersetzung im Krieg verläuft.[5]

Wieso kann man die militärische Kriegsführung und den politischen Kampf überhaupt vergleichen und Regeln finden, die für beide Gebiete gelten? Dies ist theoretisch nur dann zulässig, wenn es zwischen Beiden eine gemeinsame Schnittmenge gibt. Tatsächlich gibt es bei allen wichtigen Unterschieden im Detail diese grundlegende Gemeinsamkeit. Welchen Zweck hat jeder Kampf? Das Ziel des Kampfes ist die Niederwerfung des Gegners. Das gilt für den Krieg genauso wie z.B. für die AEG. Electrolux musste den Widerstand der AEG-ArbeiterInnen brechen, um sein Ziel der Verlagerung des Werkes zu erreichen. Umgekehrt hätten die AEGler Electrolux niederringen müssen, um ihr Ziel des Erhalts ihrer Arbeitsplätze in Nürnberg erreichen zu können.

Der Streik als Schlacht
Wenn also der politische wie der kriegerische Kampf das Ziel der Niederwerfung des Gegners verfolgen, so lassen sich innerhalb gewisser Grenzen gemeinsame Regeln (Strategie und Taktik) aufstellen, wie man dieses Ziel erreicht. Wir wollen uns jetzt einige Grundzüge der Kriegsführung betrachten, die sich auf den politischen Kampf übertragen lassen.

Ich habe vier Prinzipien des deutschen Militärtheoretikers Clausewitz aufgeführt, von dem ja auch der berühmte Lehrsatz stammt, Krieg ist die Fortsetzung der Politik mit anderen Mitteln:
Erstes Prinzip: ‚Anspannung aller vorhandenen Kräfte bis zum äußersten. Jedes Nachlassen der Anstrengungen schiebt die Erreichung des Zieles hinaus. Selbst wenn der Erfolg ziemlich wahrscheinlich ist, wäre es höchst unvernünftig, nicht die größten Anstrengungen zu machen, um ihn zu einem sicheren Erfolg zu machen, denn solche Bemühungen können niemals ungünstige Folgen haben.' Oder mit anderen Worten: wenn du den Kampf aufnimmst, dann schlage dich so, dass du alle deine vorhandenen Kräfte ins Treffen schickst, um den Sieg zu erringen.

Zweites Prinzip: ‚Alle nur aufzutreibenden Kräfte dort zu konzentrieren, wo ein entscheidender Schlag zu führen ist, sich sogar an weniger wichtigen Punkten einer Niederlage auszusetzen, um an der Hauptstelle den Erfolg zu sichern.' Worin liegt die Kunst der Taktik? Darin, dass man in jedem gegebenen Moment die entscheidende Stelle auswählt, auf die alle Bemühungen zu konzentrieren sind.

Drittes Prinzip: ‚Keine Zeit verlieren. Feindliche Maßnahmen rasch im Keim ersticken, die Öffentlichkeit für sich gewinnen.' In der modernen Sprache sagen wir: das Tempo nicht verlieren, nicht zurückbleiben.

Viertes Prinzip: ‚Jeden errungenen Erfolg mit größter Energie ausschlachten.' Selbst wenn es ein geringer Erfolg ist, besteht die Aufgabe darin, sämtliche Kräfte daranzusetzen, um weitere Erfolge zu erzielen.[6]

Ich habe dann die Grundprinzipien des bewaffneten Aufstands dargestellt, die Lenin 17 Tage vor der Oktoberrevolution in dem Artikel „Ratschläge eines Fremden" am 8. Oktober 1917 formulierte.

Erstens: ‚Es darf niemals mit dem Aufstand gespielt werden, und sobald derselbe begonnen hat, muss man wissen, dass es gilt, bis zum Ende zu gehen.'

Zweitens: ‚Es ist notwendig, eine große Übermacht der Kräfte an der entscheidenden Stelle zu einem entscheidenden Moment zu sammeln, denn sonst wird der Feind, der über eine bessere Vorbereitung und Organisation verfügt, die Aufständischen vernichten.'

Drittes: ‚Sobald der Aufstand begonnen hat, gilt es mit der größten Entschlossenheit zu handeln und unbedingt um jeden Preis in den Angriff überzugehen. Eine Verteidigung ist der Tod des bewaffneten Aufstands.'

Viertens: ‚Man muss bemüht sein, den Feind zu überrumpeln, den Moment zu erwischen, wo seine Armee zerstreut ist.'

Fünftens: ‚Täglich müssen Erfolge erreicht werden und seien sie noch so klein (man kann auch sagen stündlich, wenn es sich um eine Stadt handelt), um jeden Preis muss das moralische Übergewicht vermehrt werden.'[7]

Die Anwendung dieser Regeln der politischen Taktik auf die Frage des Streikes hat uns dann schnell zu dem Problem der Offensive gebracht. Clausewitz formulierte diese Regel folgendermaßen: Angriff ist die beste Verteidigung. Da die ArbeiterInnenklasse nicht über die ungeheuren Mittel (Geld, Medien, Polizei usw.) verfügt, die die Kapitalisten aufbieten können, muss sie diesen Nachteil auf andere Art ausgleichen. Unter solchen Verhältnissen ist die Frage der Offensive, der Initiative und Selbsttätigkeit der Massen von größter Bedeutung. Es gilt eben, wenn man die Initiative des Angriffes übernommen hat, sich nicht nur längere Zeit hindurch zu halten, sondern fortwährend seine Positionen zu erweitern und neue Kräfte zu werben. Unsere Schwächen müssen wir durch die Fähigkeit, neue Industriezweige in den Kampf zu ziehen, wettmachen.

Weiter haben wir gehört, dass man den direkten Kampf nicht durch bequemere, risikolosere Methoden ersetzen kann. Es hat aber Clausewitz bereits festgestellt, dass eine Schlacht sich durch keinerlei Äquivalent[8] ersetzen lasse. Wir halten den Streik für ein kostspieliges Mittel. In dem Sinn, dass die Arbeiter durch den Ausstand dem Unternehmer den größten Schaden zufügen können. Gerade weil es für die Unternehmer kostspielig ist, ist dieses Mittel wirksam. Natürlich kommt der Streik auch den Arbeitern teuer zu stehen.[9]

Darauf folgt dann regelmäßig der Einwand, dass das Risiko zu groß und die Kräfteverhältnisse zu ungünstig seien. Denken wir nur an die AEG. Ein Werk mit gerade mal 1850 ArbeiterInnen gegen Electrolux, einen globalen Konzern, der alle Möglichkeiten dieser Welt hat und über eine jahrelange Erfahrung in Werksschließungen verfügt. Electrolux hat noch nie eine Werksschließung zurückgenommen. Kann man da nicht den bayerischen IGM-Chef Neugebauer nachvollziehen, dass der Kampf um die AEG in Nürnberg viel zu riskant gewesen ist, dass es von Anfang an besser gewesen wäre zu kapitulieren?

Gegen solche ängstlichen Kalkulationen von Leuten, die nur dann kämpfen wollen, wenn der Sieg 100% sicher ist, was faktisch heißt, dass sie nie kämpfen werden, muss immer wieder betont werden: Jede Schlacht ist zweifellos mit dem Risiko verbunden, und wer das Risiko fürchtet, wird überhaupt niemals etwas erreichen. Einer der französischen Kriegstheoretiker, Culmann, Professor an der Militärhochschule, schreibt in seinem Werk ‚Allgemeine Taktik auf Grund des Weltkrieges' im Kapitel ‚Risiko, verbunden mit Vorsicht' folgendes: ‚Das Risiko ist selbstverständlich um so größer, je wichtiger das Ziel ist, das man sich gesteckt hat. Der wahre Sieg liegt nicht in dem Streben, das Risiko zu vermeiden, das unvermeidlich ist, sondern in der Auswahl und sorgfältigen Durchführung der Maßnahmen, die am besten geeignet sind, zum Erfolg zu führen, ohne aus Leichtsinn und Gedankenlosigkeit etwas außer Acht zu lassen."[10]

Streikstrategie und Streiktaktik
Soweit die Kernthesen des zweiten Vortrages „Der Streik als Schlacht". Während ich bisher den allgemeinen Rahmen abgesteckt und einige wichtige Grundzüge der Kriegsführung in aller Kürze eingeführt habe, habe ich dann im dritten Vortrag ‚Streikstrategie und Streiktaktik' einige konkrete Fragen der Streikführung betrachtet. Ich werde jetzt die Kernpunkte des taktischen Vorgehens für Vorbereitung und Durchführung eines erfolgreichen Streik kurz darstellen, über die wir nachher ausführlicher diskutieren können.

Die Streikvorbereitung
Die wichtigste Vorbereitung ist die Schaffung einer organisatorischen Basis im Betrieb. Da wir als KommunistInnen im Gegensatz zu den reaktionären Gewerkschaftsführern auf die Selbsttätigkeit der ArbeiterInnen setzen, ist es ganz wichtig, dass jede/r einfache ArbeiterIn die Ziele und Aufgaben versteht, die im Kampf verfolgt werden. Dabei muss uns bewusst sein, dass wir regelmäßig nur einen Teil der ArbeiterInnen organisieren werden. Daher ist es ebenfalls notwendig, ein möglichst breites Umfeld zu schaffen, dass mit uns sympathisiert. Auch wenn nicht alles von der Streikkasse abhängt, ist die Beschaffung gewisser Geldmittel Teil der Vorbereitung.[11]

Der Streikbeginn
Die richtige Wahl des Streikbeginns kann über Sieg oder Niederlage entscheiden. Soweit die Entscheidung über den Beginn des Kampfes bei uns liegt, was nicht immer der Fall ist, spielen insbesondere zwei Punkte eine Rolle: a) die wirtschaftliche Situation und b) unsere organisatorische Stärke.[12]

Die Streikleitung
Die Frage der Streikleitung ist entscheidend, da sie ja das Vorgehen im Kampf bestimmt. Ich habe dann sechs Grundregeln formuliert, die die Streikleitung befolgen muss, wenn sie erfolgreich sein will:

- die Angriffstaktik ist die wichtigste Vorbedingung des Siegs.
- die Notwendigkeit der ständigen Festigung und Erweiterung unserer Kräfte.
- die Steigerung der Aktivität und Initiative der Massen. Am gefährlichsten im Streik ist es, wenn die Streikenden den Gang der Ereignisse in Ruhe abwarten.

❐ die Herstellung eines ununterbrochenen, ständigen Verbindungsdienstes zwischen allen Teilen der Armee und dem Generalstab. Die Streikleitung muss die Verbindung zwischen den einzelnen Gruppen der Streikenden aufrecht erhalten, sie ständig über ihre Tätigkeit, z.b. bei Verhandlungen, informieren und zur Beteiligung an den direkten Aktionen heranziehen.

❐ die Arbeit zur Zersetzung der gegnerischen Streitkräfte, insbesondere um den Einsatz von Streikbrechern und der staatlichen Repressionsorgane z.b. der Polizei gegen die Streikenden zu erschweren.

❐ die sechste und höchst wichtige Kampfregel ist, den Kampf mit allen Mitteln zu führen, die Erfolg versprechen.[13]

Das Streikziel
Es ist notwendig, dass jede/r einfache ArbeiterIn den Kampf bewusst erfasst. Dazu muss das Streikziel möglichst klar bestimmt werden. Die Losungen und Parolen müssen kurz, prägnant und verständlich formuliert werden.[14]

Die Manöver der Gegenseite
Am gefährlichsten ist es im Kampf, sich von den Manövern unserer Feinde irreführen zu lassen. Selbstverständlich manövriert die Gegenseite im Kampf ständig, genauso wie wir dies tun müssen.[15]

Die genaue Kenntnis der Streiklage
Ein blindes Vorgen kann leicht zur Niederlage führen. Die genaue Kenntnis der eigenen Kräfte, die Stimmung der Streikenden, der Sympathie in der Bevölkerung, der Bereitschaft von UnterstützerInnen, sich dem Kampf anzuschließen usw. sind ebenso notwendig, wie eine genaue Einschätzung der Kräfte der Gegenseite und ihrer Manöver.[16]

Zum Abschluss habe ich noch auf die ‚Resolution der Straßburger Konferenz über Fragen der Streiktaktik' von Januar 1929 hingewiesen.[17] Diese auch nach 77 Jahren noch lehrreiche Entschließung fasst die Erfahrung der RGO-Politik Ende der 20er Jahre in 20 Punkten zusammen. Sofern man sich nicht von der für heutige Ohren veralteten Sprache abschrecken lässt und auch manche Übertreibungen und Fehleinschätzungen in ihrem geschichtlichen Zusammenhang sieht, wird man dort Anhaltspunkte finden, die auch heute von Nutzen sind."

Weitere Vorstellung der TeilnehmerInnen und Raucherpause mit Diskussion über den weiteren Verlauf des Workshops

Mit diesem Hinweis beendet Alexander sein Referat. „Wollen wir erstmal eine

Raucherpause machen?", schlägt Sabine vor. Die anderen sind einverstanden. Sabine ist erst seit 3 Jahren in der revolutionären Linken. Wie so viele andere junge GenossInnen, hat sie sich während der großen SchülerInnenproteste gegen den Irakkrieg politisiert. Nach dem Abitur hat sie sich erstmal ganz in die Politik gestürzt. Die anfängliche Begeisterung ihrer alternativen Eltern über das soziale Engagement der Tochter hat sich mit zunehmender Radikalisierung von Sabine schnell gelegt. Als sie dann in München bei Protesten gegen die Sicherheitskonferenz eingefahren ist, entwickelte sich der anthroposophische Arzt schnell zum hundsnormalen Spießerpapi. Vergessen war die Waldorfpädagogik und die übliche finanzielle Erpressung folgte. Entweder du machst eine Ausbildung oder du erhältst keine Unterstützung mehr von uns. Vor diese Wahl gestellt, entschied sich Sabine zum Wintersemester ein Jurastudium zu beginnen. Wenn Papi wüsste, dass sie statt der Einführungsvorlesung kurzerhand praktisches Arbeitsrecht im Streikzelt der AEG ins Programm genommen hat, hätte er bestimmt die monatliche Überweisung zurückverlangt.

Ayşe ist mit ihren 39 Jahren die anerkannte Wortführerin der Basisgruppe. Das hängt mit ihrem ungewöhnlichen Lebensweg zusammen. Sie stammt aus einer revolutionären Familie aus der Türkei, genau genommen aus Kurdistan. Ihr älterer Bruder fiel in den 80ern beim Todesfasten der politischen Gefangenen als Märtyrer. Sie selbst war in ArbeiterInnenbewegung aktiv und versuchte eine revolutionäre Gewerkschaft der Schneiderinnen zu gründen. Nach mehreren Verhaftungen und Folter im Polizeirevier, erhielt sie schließlich Todesdrohungen. Sie konnte nicht mehr legal arbeiten und musste ins Exil gehen. Aber die härteste Zeit folgte dann in Deutschland, als die selbstbewusste Frau an ihrer kommunistischen Überzeugung festhielt und mit der Linie ihrer Partei brach. Genau genommen hat nicht sie die Parteilinie verlassen, sondern die Partei hatte sich in der Türkei zugunsten einer legalen linken Arbeiterpartei aufgelöst. Ayşe hat danach ihre Kontakte als Internationalistin genutzt und sich der revolutionären Linken in Nürnberg angeschlossen.

Zusammen mit dem enttäuschten Ex-Kommunisten Stefan und dem proletarischen Autonomen Ralf, der über die Antifa in den 90er Jahren zur revolutionären Linken gestoßen ist und mit Betriebsarbeit lange nichts am Hut hatte, bilden sie die Basisgruppe, die zum Leidwesen von Electrolux und der IG Metall bei der AEG kräftig mitgemischt hat.

Wie geht der Workshop weiter?
Nachdem sich alle einen Kaffee genommen haben, fängt Alexander an. „Eure heutige Aufgabe besteht darin, den Kampf bei der AEG in Nürnberg unter dem Gesichtspunkt von Strategie und Taktik im politischen Kampf auszuwerten." Sabine wartet einige Sekunden, ob Alexander weiter spricht. Dann

fragt sie: „Wie meinst du das? Kannst du die Aufgabe nicht etwas konkreter machen?"
„Was meint ihr, wie wollen wir vorgehen", fragt Alexander in die Runde. „Ich bin dafür, dass wir uns an den zeitlichen Ablauf halten, also die Zeit vor dem 12. Dezember, der wilde Streik danach, dann der IG Metall Streik und schließlich der Beschiss mit dem Sozialtarifvertrag und dem Streikabbruch," schlägt Stefan vor. „Aber das geht doch nicht, du kannst dir doch nicht nur uns angucken. Wir müssen schon die verschiedenen Akteure, also die Kapitalisten, die IGM, die KollegInnen und uns anschauen", widerspricht Ralf. Sabine bemerkt dagegen: „Die KollegInnen kannst du gleich wieder streichen, die haben ja spontan gehandelt und insofern kannst du da nicht von Strategie und Taktik sprechen." „Für die große Mehrheit stimmt das schon. Aber es gab ja auch den Druckwächter. Auch wenn das ganz wenige waren, kannst du sie nicht einfach beiseite lassen," entgegnet Ralf. „Wir können doch die Zusammenfassung von Alexander als Gerüst nehmen und uns anschauen, wie Electrolux, die IGM, die aktiven KollegInnen um den Druckwächter und wir im Hinblick auf die vier Grundprinzipien und die taktischen Regeln in den verschiedenen Kampfetappen gehandelt haben," fasst Ayşe die bisherigen Beiträge zusammen. Alle sind einverstanden.

Strategie und Taktik von Electrolux
Alexander übernimmt die Moderation. Die Zusammenfassung der Zwischen-

ergebnisse wird reihum vorgetragen und für das Ergebnisprotokoll übernommen. Alexander fängt mit einer provokativen Fragestellung an.
„Electrolux hat eigentlich fast alles richtig gemacht und trotzdem beinahe alles verloren. Letztendlich haben sie das Werk in Nürnberg geschlossen, aber um welchen Preis? Dauerhaft hat AEG ein Drittel seines Marktanteils in Deutschland verloren, dem wichtigsten europäischen Markt für Electrolux. Die direkten Schließungskosten haben sich auf über 600 Millionen Euro fast verdreifacht und den Konzern soviel Geld gekostet, dass die gesamte Restrukturierung in Westeuropa für beinahe zwei Jahre zum Erliegen kommt.[18] Wie konnte es dazu kommen?

Hier sehen wir ein fast schon idealtypisches Beispiel für die Aussagen von heute früh über das Risiko im Kampf. „Engels schreibt in seinen Briefen über den Krieg: ‚Es muss in Betracht gezogen werden, dass man sich von keinem strategischen Plan den vollen Erfolg versprechen kann. Es können stets unerwartete Hindernisse auftreten', d. h. unser Plan kann ideal ausgearbeitet sein, wir können alle Vorsichtsmaßregeln treffen, unsere Armee gut organisieren, die notwendigen Mittel auftreiben, glänzende Agitation und Propaganda leisten, das Hinterland und die Reserven vorbereiten und nichtsdestoweniger kann der Streik dabei auch misslingen. Warum? Weil der Streik keine einseitige Aktion ist, ebenso wie der Krieg."[19]

Die Streikstrategie von Electrolux
„Also ich soll jetzt unsere Diskussion zur Streikstrategie von Electrolux zusammenfassen," fängt Ralf an zu sprechen. „Electrolux hat einen strategischen Plan – man könnte auch sagen ein Geschäftsmodell – dass auf dem Weg zum Weltmarktführer in Haushaltsgeräten den Aufkauf von nationalen Firmen und ihren Marken und die Schließung der aufgekauften Werke vorsieht. Damit handeln sie streng im Einklang mit den ungeschriebenen Gesetzen des Kapitalismus, die die Bereinigung der Überkapazitäten in der einen oder anderen Weise erzwingen. Der strategische Plan wird taktisch flexibel umgesetzt, wie die „teile und herrsche" Praxis zeigt. Kaum waren die westeuropäischen Gewerkschaften im Oktober soweit, einen europäischen Aktionstag zu organisieren, hat Electrolux die italienischen Gewerkschaften mit dem Angebot der Produktionsverlagerung von Nürnberg nach Italien aus der gegnerischen Front rausgebrochen. Die Vorbereitung für die Schließung in Nürnberg war optimal, was angesichts der im Laufe der Jahre beim Electroluxmanagement angesammelten Erfahrungen aber auch nicht weiter verwunderlich ist. Die eigenen Reihen waren bestens vorbereitet, die neue Werksleitung als Abwickler installiert. Die IGM und die KollegInnen als Gegenseite wurden getestet. Als im März 2006 die Verkürzung der Arbeitszeit auf 30 Wochenstunden und

damit der Löhne ohne Protest über die Bühne ging, folgte konsequent im Sommer der nächste Schritt. Immer die Initiative behalten und den Gegner vor sich hertreiben. Die Überprüfung des Standortes wird angekündigt."

Der Beginn des Kampfes
„Mein Thema ist eigentlich die Wahl des richtigen Zeitpunktes für den Beginn der Auseinandersetzung. Aus Sicht von Electrolux also die Frage, wann die Schließung verkündet wird?" Sabine holt Luft und fährt dann fort. „Aber wir hatten in der Diskussion ja übereingestimmt, dass wir nicht so schematisch rangehen können und auch die Reaktion der ArbeiterInnen sowie von Electrolux auf den unerwartet heftigen Widerstand zusammen betrachten müssen. Der 12. Dezember war der ideale Angriffszeitpunkt. Nach lauwarmen Protesten der IGM im Herbst, der Spaltung der Protestfront des ‚Europäischer Metall Gewerkschaftsbund'(EMB), dem Kapitulationsangebot der IGM im November, dass die zeitlich bis 2010 gestreckte und sozial abgefederte Schließung vorsah, dem Abschluss der Produktion fürs Weihnachtsgeschäft, der planmäßig laufenden Vorbereitung des Produktionsstarts in Polen, dem bevorstehendem Werksurlaub und der festlichen Weihnachtszeit, die wegen der Besinnung auf die Familien nicht gerade zur Mobilisierung geeignet ist und dem Überraschungsmoment, dass die Gegenseite nach monatelanger Verzögerung keine Entscheidung mehr im Dezember erwartet hat – all das zusammen macht die Wahl des Zeitpunktes der Verkündung der lange vorher feststehenden Schließung zur taktischen Meisterleistung.

Dann kommt es zu überraschend heftigem Widerstand, eine Woche wilder Streik, 6.000 Menschen bei der Lichterkette am 20. Dezember, ein enormes Medienecho mit gewaltigen Negativschlagzeilen für Electrolux, die Käuferrückgabeaktion des Sozialforums Nürnberg. Der Widerstand ist so massiv, wie es Electrolux nicht erwartet hat.

Die Kampfleitung von Electrolux reagiert höchst professionell. Keine Spur von Panik oder Stimmungsschwankungen. Zeigt es nicht höchste taktische Flexibilität, wenn die Werksleitung den wilden Streik als Freischicht bezahlt und den Werksurlaub verlängert, um die Luft aus den spontanen Aktionen der KollegInnen rauszunehmen? Gleichzeitig wird der IGM nach der Lichterkette der 6.000 NürnbergerInnen über die Medien am 21. Dezember erstmals angeboten, dass man einen Sozialtarifvertrag abschließen könne, wenn die Bedingungen denen eines Sozialplans (Abfindung plus Transfergesellschaft) entsprechen. Die Panik über die kämpferischen AEGler steht den Gewerkschaftsfunktionären ins Gesicht geschrieben. Sie wollen Tag und Nacht zwischen den Feiertagen verhandeln. Electrolux kontert cool, dass solche Verhandlungen erfahrungsgemäß drei Monate dauern. In der Zwischenzeit bereiten sie ihre

Reserven vor. Konkret bedeutet dies, dass die Trocknerproduktion in Polen startklar gemacht werden sollte. Der Plan scheitert, weil kreative KollegInnen den Abtransport der Werkzeuge mit im deutschen Streikrecht nicht vorgesehenen Mitteln im Januar verhindern."

Angriff ist die beste Verteidigung
Stefan macht nahtlos weiter. „Während die IGM um Verhandlungen bettelt, die KollegInnen den wilden Streik überraschenderweise nach dem Werksurlaub wieder aufnehmen, stößt Electrolux weiter vor. Beim zweiten Verhandlungstermin setzen sie der IGM ein Ultimatum. Nur wenn die Gewerkschaft auf alle Protestaktionen bis 31. Januar verzichtet, wird Electrolux ein Angebot für einen Sozialplan vorlegen. Parallel verkündigt der ‚Verband Bayerischer Metallarbeitgeber' (VBM), dass der Streik gegen die Werksschließung illegal sei, da er in die unternehmerische Entscheidungsfreiheit eingreife.

Haben die Kapitalisten den Bogen damit überspannt? Mitte Januar konnte ein Gewerkschaftsfunktionär graue Haare kriegen. Einerseits eine kämpferische Belegschaft, die kaum noch im Zaum zu halten ist, andererseits ein knallharter Konzern, der einfach alle gewohnten Regeln der Sozialpartnerschaft aufkündigt. So wird die Gewerkschaft in einen Streik getrieben, den sie gerne vermieden hätte."

Genaue Kenntnis der Streiklage
„Darf ich weitermachen?" fällt Ralf ins Wort. „Na klar, die nächsten beiden Punkte hast schließlich du in die Diskussion eingebracht," erwidert Stefan. Ralf legt los: „Die genaue Kenntnis der Streiklage als Vorbedingung zum Sieg finden wir an dieser Stelle bei Electrolux. Sie hatten kapiert, dass sie es nicht nur mit der IGM zu tun haben, sondern den spontanen Widerstand der KollegInnen einkalkulieren müssen. Sie haben die Gesamtlage nüchtern analysiert und am schwächsten Punkt der Gegenseite den entscheidenden Schlag geführt. Die IGM war Mitte Januar der „Schwachpunkt" in der Streikfront und die Idee, sie im Sinne ihrer Stellvertreterpolitik zu erpressen, war nicht ungeschickt. Electrolux konnte dabei nur gewinnen. Gibt die IGM nach, ist der Produktionsstart in Polen gesichert und jeder spätere Streik läuft ins Leere. Gibt die IGM nicht nach, kommt es früher zum Streik und damit nach den Regeln der Tarifbewegungen auch früher zum Abschluss. Angesichts des enormen Medienechos gilt für Electrolux die Devise „Augen zu und durch". Es gibt kein Äquivalent zum direkten Kampf und mit der Schließung darf man genauso wenig spielen, wie mit dem Streikbeginn oder dem Aufstand. Der Kampf hatte am 12. Dezember begonnen und er musste natürlich auch aus Sicht der Kampfleitung bei Electrolux konsequent bis zu Ende, bis zum

vollständigen Sieg über die Gegenseite geführt werden."

Friktionen oder warum der beste Plan scheitern kann
Jetzt kommt Ayşe dran, die Clausewitz schon in der Türkei gelesen hatte und der deshalb die Verbindung von militärischer Theorie und der plötzlichen Wendungen im politischen Kampf aufgefallen war. Sie nimmt den Faden von Ralf auf:
„Dennoch verlässt in der dritten Januarwoche Electrolux das Kriegsglück. Die IGM beginnt am 20. Januar ihren Streik für einen Sozialtarifvertrag. Das Sozialforum hatte schon am 16. Januar mit einem Überraschungsschlag seine Boykottkampagne „Jobkiller Electrolux – ich kaufe nix" gestartet. Electrolux verliert die Initiative. Eine neue Kampffront ist eröffnet, in der Electrolux strategisch in der Defensive ist. Gegen einen Boykott kann man sich nur schlecht verteidigen und auch das nur äußerst begrenzt. Umso mehr wenn der Initiator des Angriffs, das Sozialforum Nürnberg, rechtlich kaum zu fassen ist. Da verbietet sich jeder Gegenangriff z.B. mit Schadensersatzklagen von selbst. Schließlich wäre jede Klage nur willkommene Werbung für den Boykott gewesen. Die KundInnen im Laden als eigentliche Angreifer bei einem Boykott, darf eine Firma erst recht nicht vor den Kopf stoßen, so dass als Gegentaktik nur ein verstärktes Marketing, zusätzliche Werbung und notfalls Preisnachlässe übrig bleiben. Electrolux setzt alle drei Mittel gegen den Boykott ein, kommt damit aber aufgrund der schlechten Presse in Deutschland faktisch nicht bis zu den Menschen durch.

Die Streiklage wird jetzt zusehends unübersichtlich für die Kampfleitung bei Electrolux. Die Gegenseite besteht mindestens aus drei Gruppen, deren genaue Stärke und Zusammensetzung nur teilweise bekannt sind. Bekannt und genauestens kalkulierbar ist die Streikleitung der IGM unter Vorsitz von Neugebauer. Die streikenden KollegInnen bilden eine schwer einschätzbare Masse, die den weiteren Verlauf des Kampfes maßgeblich beeinflussen kann. Die Linken sind der neue Gegner, mit dessen Erscheinen Electrolux nicht gerechnet hat.

Ende Januar ist der AEG Streik zum politischen Streik eskaliert. Der bayerische Ministerpräsident Edmund Stoiber spricht auf dem World Economic Forum (WEF) in Davos Wallenberg als Hauptaktionär von Electrolux an. Die Angelegenheit sei längst keine Tarifauseinandersetzung mehr. Die Akzeptanz des Wirtschaftssystems bei der Bevölkerung stehe auf dem Spiel. Daraufhin beordert Wallenberg den Electrolux CEO Stråberg nach München, um die Sache aus der Welt zu schaffen.

Die ganze Situation ist ein hervorragendes Beispiel für jene Eigenart der Kriegsführung, die der Militärphilosoph Clausewitz mit dem Begriff ‚Friktionen' erfasst.[20] Vereinfacht gesagt bedeutet dies, dass es im Krieg immer anders läuft als geplant. Es gibt immer unvorhergesehene Schwierigkeiten, die den Schwung auch des besten Angriffsplanes hemmen bis er schließlich zum Stillstand kommt.

Handeln wie aus dem militärischen Lehrbuch
„Wir haben dann rausgearbeitet," übernimmt Sabine den letzten Teil, „dass die Kampfleitung von Electrolux trotz der unerwarteten Probleme weiter wie aus dem Lehrbuch agiert. Sie spannt alle Kräfte an und trifft umsichtig ihre Gegenmaßnahmen, wie z.b. die Organisation des Streikbruchs der Logistik in Leipzig und das beschleunigte Hochfahren der Produktion in Polen. Die ganze Kraft wird auf den Schwachpunkt der Gegenseite gelenkt, und das ist die IG Metall. Die anderen Gegner - wie die kämpferische Belegschaft und die Linken, die sich am Streikzelt versammeln - werden ignoriert, selbst als in Polen die Produktion wegen der fehlenden Werkzeuge aus Nürnberg zum Stillstand kommt. Mit einer taktisch klugen Mischung aus Druck und Verhandlungsbereitschaft wird die Initiative zurückgewonnen. Einerseits werden politische Verbindungen genutzt und die Kapitalistenverbände üben enormen Druck auf den IGM-Vorstand in Frankfurt aus. So holt Electrolux neue Reserven heran und führt sie in die Schlacht. Gleichzeitig wird der IGM eine Brücke gebaut, wenn sie den Streik abwürgt, wird Electrolux ihr helfen das Gesicht zu wahren. Außerdem bieten sie der IGM am Ende als Trostpflaster 23,5 Millionen Euro als Topflösung für die GPQ an, deren Verwendung niemand genau kontrollieren wird. Dabei verfolgt die Kampfleitung von Electrolux strikt ihren ursprünglichen Kriegsplan, wonach über die Schließung nicht verhandelt wird und die Kosten einer sozialverträglichen Abwicklung den vorher bestimmten Rahmen nicht übersteigen dürfen.

Diese Mischung aus taktischer Flexibilität und strategischer Beharrlichkeit bringt Electrolux schließlich den Erfolg. Anfang März kapituliert die IGM und unterschreibt einen Sozialtarifvertrag, der alle Bedingungen von Electrolux erfüllt."

Fazit zum Handeln der Electroluxleitung
Am Ende der Diskussion über Strategie und Taktik von Electrolux stellt Ralf fest: „Ich hätte nie gedacht, dass die Manager so durchdacht vorgehen." „Dabei kamen sie uns so hilflos vor, wenn sie morgens bei Tor 4 an uns vorbei ins Werk geschlichen sind," ergänzt Stefan. Sabine entgegnet: „Ja, aber das waren doch nur kleine Lichter. Die wirkliche Leitung von Electrolux, die die Entscheidungen getroffen hat, die haben wir eh nicht zu Gesicht bekommen." „Genau," wirft Ayşe ein. „Aber wenn wir uns Electrolux vor Augen führen,

müssen wir festhalten, dass sie ziemlich gut gehandelt haben. Trotzdem kamen sie ganz schön ins Schleudern. Letztendlich haben sie die Schlacht um das Werk in Nürnberg nur deswegen nicht verloren, weil sie konsequenter wie ihr Hauptgegner IGM gehandelt haben." „Okay, dann lass uns jetzt mal die Streikleitung der IGM anschauen," schlägt Sabine vor.

Strategie und Taktik der IG Metall
„Jürgen Wechsler ist der unangefochtene Streikführer der IGM vor Ort. Auf den ersten Blick scheint er im Gegensatz zu den Electroluxbossen so ziemlich alles falsch zu machen. Die Streikvorbereitung ist konfus und schleppend, der Streikbeginn kommt viel zu spät und die sechs Grundregeln der Streikleitung bleiben unbeachtet. Dennoch feiern Wechsler und die IGM am Ende ihren Riesenerfolg eines Sozialtarifvertrages mit dem besten Abfindungsfaktor aller Zeiten. Wie passt das zusammen? Kann es sein, dass man im Krieg alles falsch machen und trotzdem gewinnen kann," fragt Alexander provozierend in die Runde. Ayşe lässt sich nicht aufs Glatteis führen.

„Du willst uns reinlegen, Alexander. Jürgen Wechsler den Titel Streikleiter zu verpassen, bedeutet noch lange nicht, das sein Ziel gewesen wäre, einen wirkungsvollen Streik zu organisieren oder gar das Werk zu retten. Die IGM hatte doch ihre eigenen Ziele. Ihr Schlachtplan folgt einer ganz anderen Strategie."
Stefan grübelt einen Moment und setzt dann ein: „Die haben sich doch

schon lange den Kapitalisten angepasst, genauso wie die Kommunisten in Griechenland." „Die wollen doch nur ihre Position als Co-Manager im Vorzimmer der Kapitalisten behalten. Seit der Globalisierung und dem Durchmarsch der Neo-Liberalen stehen sie dabei mit dem Rücken an der Wand," stellt Ralf fest. „Deshalb ist das Ziel der IGM der Erhalt ihrer institutionellen Macht. Dazu ist es notwendig dem Kapital die eigene Bedeutung gerade auch unter den Bedingungen der Globalisierung zu beweisen. Das setzt voraus, dass die Gewerkschaft als Stellvertreter der ArbeiterInnen eine fürs Kapital zuverlässige Ordnungsmacht bleibt. Deshalb ist ein Ziel der IGM das Entstehen eigenständiger Aktionen der ArbeiterInnenklasse und neue gewerkschaftliche Organisationen zu verhindern. Gleichzeitig muss den Kapitalfraktionen, die überlegen, ob es nicht einfacher wäre, ohne Gewerkschaften, gezeigt werden, dass die Gewerkschaft das kleinere Übel ist. Dazu dient dann im Fall von Betriebsschließungen das neue Instrument des Sozialtarifvertrages." Ayşe schaut Alexander an, der aufmerksam ihren Ausführungen zuhört. Dann bringt Alexander die Diskussion auf den Punkt: „Die Gewerkschaft will ihre Macht erhalten, indem sie mögliche Konkurrenten und Basisaktivitäten ausschaltet und sich dem Kapital als unentbehrlicher Partner bei der sozialverträglichen Abwicklung von Werksschließungen andient." .

Zwei-Fronten-Krieg als Ausgangslage für die IG Metall

Alexander skizziert die Ausgangssituation für die Gewerkschaft: „Die IG Metall hat bei AEG einen Zwei-Fronten-Krieg zu führen, bei dem sie einerseits den globalen Konzern Electrolux dazu zwingen muss, sie als Verhandlungspartner für einen Sozialtarifvertrag an zu erkennen und nicht einfach mit dem Betriebsrat bzw. über die Einigungsstelle einen Sozialplan abzuschließen. Andererseits muss sie die spontane Kampfbereitschaft der Belegschaft in geordnete Bahnen lenken und die unerwartete linksradikale Intervention ins Leere laufen lassen, um so die Kontrolle über die spontane Bewegung wieder zu erlangen. Diese an sich schon schwierige Ausgangslage wird zusätzlich durch die strategische Defensive der IGM kompliziert, in die sie seit dem abgebrochenen Streik für die 35-Stundenwoche im Osten geraten ist.

Diese ungünstige strategische Lage erklärt die scheinbare Widersprüchlichkeit im Handeln der örtlichen IGM-Kampfleitung bis zu Beginn des offiziellen Streiks.

Einerseits mobilisieren Wechsler und seine Mitstreiter die betriebliche Basis (Mitgliederwerbung zur Erhöhung des Organisationsgrades von 35% auf streikfähige 70%; Wahl einer betrieblichen Tarifkommission), organisieren symbolische Proteste und Warnstreiks bis hin zur europäischen Ebene des

EMB-Aktionstages, betreiben eine geschickte und erfolgreiche Pressearbeit, suchen sich Verbündete innerhalb der IGM und des DGB (die dann auch mehrfach folgenlose Solidaritätserklärungen abgeben wie z.b. Bertold Hubers Ankündigung eines Boykotts im Oktober 2005), bei der regionalen Öffentlichkeit und in der Politik.

Andererseits senden sie permanent Signale an Electrolux, dass sie nicht streiken wollen, die Werkschließung akzeptieren und es nur um einen Sozialtarifvertrag geht. Damit diese Verhandlungsangebote glaubwürdig sind, muss die IGM ständig drohen, ohne tatsächlich anzugreifen und den Streik auszurufen. Trotz einiger Schwierigkeiten gelingt es der IGM-Streikleitung diese Gratwanderung zunächst durch zu halten. Sie können die spontane Kampfbereitschaft der KollegInnen und die breite öffentliche Solidarität (Lichterkette mit 6.000 TeilnehmerInnen vor Weihnachten) in einen taktischen Erfolg umwandeln, indem Electrolux jetzt erstmals bereit ist, einen Sozialtarifvertrag zu verhandeln. Gleichzeitig können sie durch das vorläufige Abwürgen der spontanen Proteste (Arbeitsaufnahme am Freitag nach 4 Tagen wildem Streik und in Absprache mit Electrolux bis 4. Januar verlängerte Werksferien) auch an der zweiten Front einen Teilerfolg erzielen."

Tarifstreik nach allen Regeln der (Kriegs)kunst
Den nächsten Teil übernimmt wieder Stefan. „Die mühsam errungene Position der IGM bricht im Januar unter dem Druck des Ultimatums von Electrolux, der neuen Proteste der Belegschaft und dem vom Sozialforum ausgerufenen Boykott zusammen. Die IGM muss einen Streik ausrufen, den sie gar nicht führen will.

Jetzt kommt die große Stunde von Jürgen Wechsler, der als örtlicher Streikleiter zeigt, dass er die Regeln der Kampfführung beherrscht. Die Streikleitung ist über die betriebliche Tarifkommission und den Vertrauenskörper bis hinunter zu den einfachen HelferInnen so organisiert, dass ein ständiger Verbindungsdienstes zwischen allen Teilen der Armee und dem Generalstab in jeder Situation gewährleistet ist. Diese bis zum Schluss hervorragend funktionierende Verbindung sollte sich insbesondere in der kritischen Situation des Streikabbruchs bewähren. Die Streikplanung war vorausschauend auf vier Wochen angelegt, obwohl die IGM damit rechnete, nach ein bis zwei Wochen ein Verhandlungsergebnis zu bekommen. Die Regel des Heranziehens neuer Kräfte und der schrittweisen Eskalation wird durch die stufenweise Ausdehnung des Streiks auf Logistik und Distriparts und den branchenweiten »Aktionstag Weiße Ware« berücksichtigt. Die Angriffstaktik und die Zersetzung der gegnerischen Streitkräfte wird durch die – angesichts der strategischen Defensive der Gewerkschaften – erstaunlich professionelle und erfolgreiche Öffentlichkeitsarbeit erreicht. Electrolux befindet sich die ganze Zeit über medial in der Defensive, was ihren Handlungsspielraum erheblich einschränkt. Geschickt nutzt Wechsler auch jene erfolgversprechende Mittel, die an sich Tabu für Gewerkschaftsfunktionäre sind. Das gilt für illegale Aktionen wie die Sabotage am 4. Januar oder die siebenwöchige Werksblockade, die man der IGM gar nicht zugetraut hätte. Insbesondere aber ist die taktische Flexibilität der gewerkschaftlichen Streikleitung hervor zu heben, mit der der Boykott und die linksradikale Intervention (z.B. bei der Stadtteildemo) als Druckmittel gegenüber Electrolux genutzt werden, um die Verhandlungen voran zu bringen."

Die Vorbereitung des Streikabbruchs
„Die für den aktuellen Zustand der Gewerkschaften bemerkenswert professionelle Organisation eines ernsthaften Tarifstreiks, der dem Kapital wehtun muss, um sein Ziel eines Sozialtarifvertrages zu erreichen, ist die eine Seite," leitet Ayşe zu ihrem folgenden Punkt über. „Die wesentliche Leistung der Streikleitung bzw. von Wechsler liegt aber darin, dass er es schafft, den Streikabbruch nach dem Eingreifen des IGM-Vorstand so zu managen, dass trotz der vollständigen Kapitulation bezüglich des materiellen Streikergebnisses ein politischer Erfolg der IGM übrig bleibt.

Die Organisation des Streikabbruches entspricht - wenn auch sozusagen mit negativem Vorzeichen – verblüffend genau den Ausführungen von Alexanders 3. Vortrag zur Streiktaktik."

„Du meinst also es gibt eine Streikabbruchtaktik," wirft Ralf ein. Ayşe lässt sich nicht aus dem Konzept bringen.

„Die Vorbereitung des Streikabbruchs läuft mindestens drei Wochen vorher an. Durch das kurzfristige Absagen des Streiks in Rothenburg (Distriparts) und den durch Notdienste ermöglichten Streikbruch der Logistik wird der Kampf auf das Werk begrenzt. Zusammen mit der Streikroutine und dem Verzicht auf jede weitere Aktion nach dem »Aktionstag Weiße Ware« wird jede Möglichkeit zum Überspringen des Funkens ausgeschaltet. Die Routine lähmt zugleich die Wachsamkeit des Gegners, der jetzt die KollegInnen und die Linken sind. Langsam wird durch das Spiel mit immer neuen Verhandlungsrunden unterschwellig eine psychologische Bereitschaft erzeugt, an ein Ende des Streiks zu denken. Die interne Struktur wird gestärkt und potentielle Abweichler werden isoliert bzw. durch die tägliche Streikarbeit eingebunden und abgelenkt. Die Konzentration aller Kräfte auf den Schwachpunkt des Gegners zeigt sich auch darin, dass z.B. der Linken auf Nebenschauplätzen Raum gegeben wird. Spätestens nach der Stadtteildemo gleicht das Streikzelt eher einem Anti-Globalisierungscamp als einem traditionellen gewerkschaftlichen Tarifprotest. Während die Linken sich freuen, ihre Transparente und Flugblätter unter die ArbeiterInnen zu bringen, bereiten Wechsler und seine Helfer den entscheidenden Angriff vor."

Immer die Initiative behalten und alle Kräfte anspannen im Moment des Zusammenstoßes
„Der Beginn des Streikabbruches nutzt geschickt den Überraschungsmoment aus. Durch bewusste Nebelbomben über den Stand der Vermittlung gelingt es unter Ausnutzung der Faschingszeit die KollegInnen zu überrumpeln." Sabines betont die wesentlichen Punkte, indem sie ihre Stimme etwas anhebt. „Danach lässt die Streikleitung die Initiative nicht mehr aus der Hand. Sie spannt alle Kräfte an und konzentriert sich auf den Schwerpunkt (Durchsetzung des Streikabbruchs). In diesen sieben Tagen nutzt sie jeden kleinen Erfolg, um sofort von einer eroberten Position aus weiter vorzustoßen. Dabei ist die Streikleitung taktisch höchst flexibel, wie das Eingehen auf Teile der Forderungen des Gegners zeigt (z.B. Aushändigen des Textes des Sozialtarifvertrages). Die Stimmung der Streikenden, der Linken und der Öffentlichkeit wird sorgfältig registriert und in die eigenen Schritte einbezogen, wie bei der mehrmaligen Verschiebung der Sitzung der Tarifkommission. Selbst das unerwartete und erfolgreiche Manöver der Gegenseite mit Fragen von KollegInnen den Betrug beim Vorruhestand aufzudecken, bringt die Streikleitung nicht aus der Fassung. Sofort beginnt die Schadensbegrenzung, die Taktik in Bezug auf den Zeitplan des Streikabbruchs wird der neuen Situation angepasst, linientreue Gewerkschafter und auf die Einheitsgewerkschaft eingeschworene Gewerkschaftslinke stellen sich stunden- und tagelang der Diskussion mit der Belegschaft und die Medien beginnen ein propagandistisches Trommelfeuer. Nachdem der Gegner in die Defensive gedrängt wurde, wird ab Freitag der Angriff mit höchster Präzision vorgetragen und bis zum vollständigen Sieg durchgezogen: Abstimmung Tarifkommission, Streikversammlung ohne Diskussion, Abschiedsfest am Samstag, Schaffung von Fakten durch Abbau der gesamten Streiklogistik übers Wochenende, manipulierte Urabstimmung bis zur Kundgebung bei Arbeitsaufnahme Dienstag früh mit Verkündung von angeblich 81% Ja-Stimmen."

Nicht ruhen bis der Sieg vollständig ist
Ayşe wirft Sabine einen aufmunternden Blick zu und fordert sie auf: „ Mach du doch einfach weiter mit dem nächsten Punkt. Du bist gerade so gut drin."
„Okay," sagt Sabine etwas überrascht und redet weiter.
„Die IGM Streikleitung geht weiter nach den Lehren von Clausewitz vor. Der verlangt von dem Armeeführer nach einem erfolgreichen Angriff nicht eher zu

ruhen, bis der Sieg unter Ausnutzung der Panik des Gegner vollständig ist. Nach der Arbeitsaufnahme – quasi dem Durchbruch durch die feindliche Front – setzt sie den Angriff ohne Atempause bis zum vollständigen Sieg fort. Die Panik des Gegners besteht in der Resignation der StreikaktivistInnen, die sich krank melden und überwiegend individuell das Geschehen aufarbeiten, und dem Rückzug der Linken, die ihre Auswertungen schreiben und sich neuen Themen zuwenden. Gegen die letzten Widerstandsnester in Form des Druckwächters wird die gesamte Feuerkraft konzentriert. Dazu dient die Absage der IGM an der Teilnahme am Workshop des Sozialforums wegen angeblicher Diffamierungen durch den Druckwächter, was zur zeitweisen Isolation von »Netzwerk IT« innerhalb des Sozialforums führt. Gleichzeitig wird mittels Auswahlkriterien im Interessenausgleich die erste Entlassungswelle durchgezogen, bei der fast alle StreikaktivistInnen aus dem Betrieb entfernt werden. Und niemals vergisst die Streikleitung der IGM, dass man die errungenen Positionen ausnutzen muss, um in der Öffentlichkeit die moralische Überlegenheit zu gewinnen. In geradezu vorbildlicher Weise schafft sie es, die Legende von dem erfolgreichen Kampf der IGM und der AEGler gegen einen globalen Konzern in großen Teilen der Öffentlichkeit zu verankern. Dazu dienen u.a. die manipulierte Streikbroschüre der Verwaltungsstelle Nürnberg, die es schafft nur die IGM zu zeigen, wie auch der Auftritt von Harald Dix auf dem Europäischen Sozialforum in Athen und die Pressearbeit zum einjähriger Jahrestag des Streikbeginns."

Fazit zum Handeln der gewerkschaftlichen Streikleitung
An dieser Stelle der Aufarbeitung bricht die Empörung aus Ralf hervor: „Schweine, die müsste man doch ...." „Arbeiterverräter," zischt Stefan, der ebenso wie Ralf seine Emotionen rauslassen muss. Alexander kann die Gefühle der AktivistInnen nachempfinden. „Liebe Freunde, ich kann euch gut verstehen. Es tut weh, die eigenen Schwächen vorgeführt zu bekommen. Aber ihr wisst doch, gerade deshalb müssen wir aus unseren Niederlagen lernen. Ja, Electrolux und die IG Metall hatten Kampfleitungen, die sehr erfahren gewesen sind. Unsere Gegner sind sehr professionell. Sie haben Jahrzehnte des Klassenkampfes genutzt, Strategie und Taktik der Kampfführung zu studieren und sie haben ihre Methoden immer weiter verbessert. Deswegen sitzen wir auch heute hier zusammen, um endlich anzufangen, auf unserer Seite die Schwächen zu überwinden, Erfahrungen auszuwerten, damit nicht jeder Kampf erneut bei Null anfangen muss und damit wir perspektivisch politisch bewusste AktivistInnen ausbilden, die z.B. genauso professionelle Kampfleitungen bilden können wie der Feind."

Taktik der aktiven KollegInnen um den Druckwächter
Nach der Pause fängt Sabine an: „Wir waren uns einig, dass wir bei den aktiven KollegInnen um den Druckwächter nicht von einer Strategie im Sinne eines Kriegsplans reden können. Deshalb wollen wir uns die vier Grundprinzipien anschauen, die Alexander zusammengefasst hat, soweit dass auf den Druckwächter passt."

Anspannung aller Kräfte
„Zur Anspannung aller Kräfte haben die aktiven KollegInnen schon sehr viel geleistet und sind in der monatelangen Auseinandersetzung über ihre Grenzen hinausgegangen," fängt Ralf an. Ayşe ärgert sich über die autonome Laschheit von Ralf und fragt spitz: „Haben sie wirklich alle Kräfte angestrengt?" „Wenn wir ehrlich sind," bringt Stefan die Sache auf den Punkt, „haben die Aktivist-Innen viel gegeben. Aber sie haben sich auch immer wieder treiben lassen, sich gesagt, jetzt sollen mal die anderen machen oder heute ist es nicht so wichtig, dass ich freiwillige Schichten schiebe." Konzentriert arbeitet sich die Basisgruppe durch die weiteren Punkte durch.

Konzentration auf den entscheidenden Punkt
„Zum zweiten Prinzip der Konzentration aller Kräfte auf den entscheidenden Punkt, kann man nur feststellen, dass die KollegInnen spontan reagiert haben," beginnt Ralf seine Ausführung. „Ihr Handeln folgt keinem Plan. Wie es durchaus typisch für spontane Bewegungen ist, haben sie keine klare Vorstellung von der Gesamtsituation, handeln aus dem Bauch heraus und daher können sie auch den entscheidenden Schwachpunkt in der Front des Gegners nicht erkennen und planmäßig alle Kräfte darauf richten. Wenn dann zufällig, wie etwa beim wilden Streik nach Verkündung der Schließung, der entscheidende Punkt getroffen wird, so wird das nicht erkannt, und die KollegInnen lassen sich von der Gewerkschaft zur Arbeitsaufnahme überreden."

Keine Zeit verlieren und die Initiative behalten
„Bezüglich des Tempos, dass man nicht verlieren darf," nimmt Sabine den Ball auf, „hat es Licht und Schatten gegeben. Sicherlich hat der Druckwächter in der Vorbereitung auf den Streik im Sommer 2005 wertvolle Zeit verloren, die später auch nicht mehr reingeholt werden konnte. Bei der Auslösung des wilden Streiks und während der Proteste vor Weihnachten ist der Grundsatz, die Initiative in der Hand zu behalten, dann sehr gut verwirklicht worden. Im Januar läuft es dann zufriedenstellend weiter, aber mit dem Beginn des offiziellen Streiks geht die Initiative vollständig auf die Gewerkschaft über. Seitdem wird auf Maßnahmen der Gegenseite reagiert, aber nicht mehr selbständig

agiert. Im Rahmen der strategischen Defensive kommt es nach Verkündung des Streikabbruchs am Faschingsdienstag nochmal zu einer taktischen Offensive. Für ein, zwei Tage können die aktiven KollegInnen das Ruder nochmal kurzfristig herumreißen, aber die IGM lässt sich die Initiative insgesamt nicht mehr aus der Hand nehmen."

Jeden errungenen Erfolg mit größter Energie ausnutzen
Stefan fährt fort: „Das Ausnutzen der errungenen Erfolge ist am vorbildlichsten durch den Druckwächter während des wilden Streiks durchgeführt worden. Jeder kleine Erfolg, das Band steht, Krankenstand steigt usw. wird sofort veröffentlicht und so ausgenutzt, um sowohl die eigenen Truppen zu stärken, ihre Angriffslust zu steigern, als auch um schwankende KollegInnen auf die Seite des Streiks zu ziehen und die Öffentlichkeit außerhalb des Betriebes zu gewinnen. Aufgrund der allgemeinen Erschöpfung ist es dagegen beim Streikabbruch nicht mehr gelungen, errungene Erfolge (wie die „Fragen zur Urabstimmung" und die vom Druckwächter richtig getroffene Entscheidung auf neue, taktische Forderungen im Hinblick auf die Urabstimmung umzuschwenken) so auszunutzen, dass daraus ein entscheidender Durchbruch erzielt wird."

„Außerhalb des Druckwächters," wirft Ayşe ein, „wird dieser Grundsatz vom Sozialforum im Rahmen der Öffentlichkeitsarbeit zum Boykott so gut umgesetzt, dass am Ende aus einer virtuellen Unterstützungsaktion und Imagekampagne ein realer Umsatzeinbruch für Electrolux entsteht."

Der Krieg wird in der letzten Schlacht entschieden
„Einen Punkt möchte ich noch hinzufügen", schließt Alexander die Runde zum Druckwächter ab, „weil dieser Punkt nicht in der Zusammenfassung auftaucht, aber ebenfalls eine wichtige Lehre aus der AEG-Auseinandersetzung ist. Clausewitz hat in seinem grundlegenden Werk »Vom Kriege« ausgeführt, dass der Krieg in der letzten Schlacht gewonnen oder auch verloren wird." „Die letzte Schlacht gewinnen wir," ruft Ralf scherzhaft dazwischen, der sich damit als Ton, Steine, Scherben-Fan zu erkennen gibt. „Richtig," fährt Alexander fort, „allerdings nur, wenn wir sie auch führen. Hier versagt die traditionelle Linke in ihrer Fixierung auf Kampagnen und Events oft genug vollständig. Kaum haben sie eine Niederlage eingesteckt,..." „Oder ausnahmsweise einen Sieg errungen, wie bei der Blockade des G8-Gipfels in Heiligendamm," fällt Sabine ins Wort. „Ja, aber wie sich gezeigt hat, bestätigt auch diese Ausnahme nur die Regel, wonach die Linke nach der Aktion nach Hause geht, eine Auswertung schreibt und sich dem nächsten Event zuwendet. So war es ja auch bei der AEG mit den linken Gruppen. Der Druckwächter ist die

einzige Struktur gewesen, die, wenn auch unbewusst, Clausewitz berücksichtigt hat. Sie haben trotz der strategischen Niederlage in dem Gefecht um den Streikabbruch, nach der Arbeitsaufnahme am 6. März, weiter gekämpft. Der Krieg endet eben nicht mit einer verlorenen Schlacht, sondern durch Kapitulation der geschlagenen Armee oder mit ihrer vollständigen Vernichtung. Auch wenn die Kräfte der AEGler nach Arbeitsaufnahme sehr geschwächt waren, sie waren nicht vollständig vernichtet. Im Gegensatz zur IGM haben sie nicht kapituliert. Durch ihren hinhaltenden, fortgesetzten Widerstand nach den Regeln der Guerillataktik haben sie der Gegenseite weiter Schaden zugefügt und zusammen mit dem durch die Massen fortgeführten Boykott am Ende nach zwei Jahren mit der vorläufigen Rettung des Standortes Rothenburg sogar noch einen materiellen Teilerfolg erzielt."

Rollenspiel als effektive Methode für kollektives Lernen
Nach einer zweistündigen Mittagspause, bei der sich die AktivistInnen mit einem Spaziergang an der Pegnitz auch etwas Bewegung verschafft haben, geht es weiter. Alle nehmen sie noch einen Kaffee. Dann eröffnet Alexander die Nachmittagssitzung: „Genossinnen und Genossen, am Vormittag sind wir bei der Besprechung des »Druckwächters« in die Haltung eines Schiedsrichters verfallen. Wir haben sozusagen benotet, was gut und was weniger gut gelaufen ist. Ich schlage vor, dass wir im zweiten Teil anders vorgehen. Wir machen solche Workshops schon seit einigen Jahren und haben dabei festgestellt, dass es für die Diskussion sinnvoller ist, die Form des Rollenspiels zu wählen." „Rollenspiel? Willst du, dass wir jetzt Theater spielen?" Ralf schaut einigermaßen irritiert auf Alexander. Der fährt ganz ruhig fort: „Nein, keine Angst, du sollst nicht schauspielern. Ihr bleibt alle am Tisch sitzen und bekommt eine Aufgabe, nämlich die Schließung des AEG-Werkes in Nürnberg zu verhindern. Dabei sollt ihr das bisher gelernte über Strategie und Taktik bewusst anwenden. Im Ablauf könnt ihr euch sowohl an dem tatsächlichen Geschehen orientieren als auch davon abweichend das tun, was ihr für sinnvoll haltet. Ich bin sozusagen der Moderator. Ich darf bestimmte Sachen vorgeben. Dazu sollt ihr wissen, dass ich mich auf dieses Rollenspiel vorbereitet habe, um im Interesse des Lernerfolges eingreifen zu können. Jeder von euch bekommt eine bestimmte Rolle zugewiesen.

Ralf, du bist Bandarbeiter bei der AEG in der Trocknerproduktion und in der autonomen Gruppe organisiert. Stefan, du bist ebenfalls Bandarbeiter bei der AEG, aber bei der Waschmaschine. Du kennst aufgrund deiner langen Betriebszugehörigkeit viele KollegInnen bei der AEG und insbesondere auch innerhalb der griechischen Community. Sabine, du bist an der Uni und im

Nürnberger Sozialforum aktiv. Ayşe ist arbeitslos, arbeitet auch in der autonomen Gruppe von Ralf mit und hat noch weitere überregionale politische Kontakte. Sonst geben wir auch noch die Ausgangssituation für das Rollenspiel vor. Ich möchte aber, dass ihr das heute selbst tut. Also, wann und wo fangen wir an?"

Wann soll man anfangen?
„Das wo ist einfach, du hast ja schon vorgegeben, dass wir in Nürnberg sind, Stefan und Ralf bei der AEG arbeiten und Ayşe und ich als Unterstützerinnen von außen wirken. Aber wann fangen wir an?" „Also in echt waren wir zu spät dran. Ich würde daher vorschlagen, dass wir ein Jahr früher loslegen, also im Sommer 2004," greift Ralf den Gedanken von Sabine auf. „2003 hatten wir ja Produktionsrekord. Da die liefen die Bänder ohne Ende, jeden Samstag Überstunden. Aber 2004 fing es langsam an. Da hätte man was merken können und aktiv werden müssen." Alexander fragt in die Runde: „Was meinen die anderen?" „Ja so ein eigenständiges Kampf- und Streikkomitee braucht einen Vorlauf, ich finde Ralfs Argumente richtig. Also sagen wir: Wir fangen im Frühjahr 2004 an," meint Ayşe. Sabine ist sich nicht recht schlüssig und schließt sich Ayşe und Ralf an. Stefan bleibt nachdenklich: „Na ja, es dauert ja schon eine Weile, bis man die KollegInnen organisieren kann. Ich würde lieber zwei Jahre Zeit für die Vorbereitung nehmen. Wir können das ja frei bestimmen, wenn ich Alexanders Rollenspiel richtig verstanden habe." „Durchaus," bekräftigt Alexander Stefan, „also zwei Jahre vorher, im Sommer 2003 wollt ihr loslegen?" Alle nicken.

„Genossinnen und Genossen," Alexander Ton hebt etwas an, „der Zeitpunkt des Anfangs richtet sich nach dem Ziel. Eure Aufgabe lautet das AEG-Werk zu retten. Daher ist das Minimalziel doch wohl, eine von der Gewerkschaft unkontrollierte, oppositionelle Struktur bei der AEG aufzubauen, über die bei Verkündigung der Schließung ein von der Belegschaft eigenständig bestimmtes Streikkomitee entsteht und selbstständige Aktionen zur Rettung des Werkes, also z.B. eine Betriebsbesetzung und ein Marsch der Solidarität durch Deutschland, organisiert werden. Das alles wollt ihr in zwei Jahren schaffen? Wenn dem so ist, werde ich mich zur Ruhe setzen, denn dann kann ich euch wohl nichts mehr beibringen.

Genossinnen und Genossen, unter den gegenwärtigen Bedingungen in Deutschland, das zeigen die Erfahrungen in einer ganzen Reihe von Fällen, dauert es bei konsequenter, zielgerichteter und disziplinierter Arbeit zwei bis fünf Jahre eine oppositionelle Wahlliste für den Betriebsrat aufzubauen und fünf bis zehn Jahre eine kämpferische, gewerkschaftsunabhängige Betriebs-

Streikbrechergalerie im Streikzelt bei Infineon

gruppe zu bilden. Daher gilt – ich betone nochmals unter den heutigen Bedingungen in Deutschland 2008 – als Regel: Wenn ihr anfangt aktiv zu werden, wenn die Hütte brennt, werdet ihr zu spät dran sein."

Welche Vorarbeit ist im Betrieb notwendig?
Nach einer kurzen Kunstpause spricht Alexander weiter. „Der Vorschlag von Stefan mit zwei Jahren geht zwar in die richtige Richtung, greift aber viel zu kurz. Ich würde meinen, und da denke ich an das Interview mit dem Vertrauensmann Hüseyin, der zu recht darauf hinweist, dass Electrolux schon bei der Übernahme der AEG seine Absichten verkündet hatte, dass ihr spätestens 1994 anfangt. Dann könnt ihr den Tarifstreik 1995 nutzen, um eure Fäden im Werk zu spinnen und langsam im Laufe der Jahre ein Informations- und Kontaktnetz aufzubauen. Über verschiedene Formen von lockeren KollegInnenkreisen und Stammtischen bringt ihr so im Verlauf von über zehn Jahren einen aktiven Kern von KollegInnen zusammen, der als oppositionelle Betriebsgruppe im Werk handelt. Da ihr nicht für den Betriebsrat kandidiert, bleiben eure Strukturen der IGM zum Teil verborgen bzw. sie interessieren sich in der schwierigen und langwierigen Aufbauphase nicht sonderlich für euch. So festigt ihr eure Position unter der Belegschaft und baut euch ein Umfeld auf. Gleichzeitig habt ihr damit verhindert, dass aktive KollegInnen in die Falle

der Funktion des Betriebsrates reinrennen und von der Gegenseite integriert oder frühzeitig fertig gemacht werden. Jetzt sind wir im Sommer 2004, ihr habt eine stabile Betriebsgruppe von sechs, sieben Kolleginnen und Kollegen mit einem Umfeld von bis zu 20 Leuten, die euch unterstützen, Informationen geben oder auch mal zu euren Treffen vorbeischauen.

Electrolux kündigt seinen Shareholdern eine Umstrukturierung der europäischen Produktionsbasis an, was ihr natürlich mitkriegt, da es seit Jahren eine geübte Praxis eurer Basisgruppe ist, regelmäßig alle Pläne des Managements, Börsennachrichten und Analystenmeinungen über Electrolux aufmerksam zu studieren."

Betretenes Schweigen herrscht in der Runde. So direkt hatte noch niemand den AktivistInnen den Spiegel vorgehalten. Alexander spürt die Irritation und fügt mit hinzu. „Tut mir leid, wenn ich etwas schroff gewesen bin. Aber ihr habt so eben eine wichtige Lektion gelernt: Klassenkampf ist Machtkampf. Dabei wird jede Nachlässigkeit von euch durch die Gegenseite gnadenlos ausgenutzt werden."

KollegInnenkreise und politische AktivistInnen
Jetzt traut sich Sabine ihre Frage zu stellen: „Du hast von Betriebsgruppe und Basisgruppe gesprochen. Sind das zwei verschiedene Strukturen?" „Gut, dass du nachfragst," sagt Alexander, „ich habe vergessen, dass zu erklären. Ja, du hast recht. Neben der breiten, alle aktiven KollegInnen umfassenden Betriebsgruppe, deren Grundlage ein gewerkschaftsoppositionelles und klassenkämpferisches Verständnis sein wird, wird es in der Regel noch eine engere Struktur der politischen AktivistInnen geben. Diese Basisgruppe wird über eine bestimmte politische Grundlage verfügen und im Betrieb nur verdeckt arbeiten.

Für das Rollenspiel nehmen wir an, dass die Basisgruppe von Ralf, Stefan und Ayşe gebildet wird. Selbstverständlich sind Stefan und Ralf auch in der Betriebsgruppe aktiv, wobei Ralf eher ein Wortführer ist, während Stefan sich wie abgesprochen zurück hält und eher aus dem Hintergrund arbeitet. Ayşe arbeitet zwar nicht in der AEG, sie ist aber mit Ralf in der autonomen Gruppe organisiert und beide sind dort hauptsächlich für die Betriebspolitik zuständig. Außerdem hat Ayşe wichtige Erfahrungen in kommunistischer Betriebsarbeit in der Türkei sammeln können. Schließlich verfügt sie durch ihre frühere Exiltätigkeit über zahlreiche Kontakte in andere Betriebe und die Gewerkschaft hinein. Deshalb haben Ralf und Stefan sie gebeten, in der Basisgruppe mitzumachen."

Strategie und Taktik der Betriebsgruppe bei der AEG
Die anfängliche Skepsis gegenüber der ungewohnten Form eines Rollenspiels weicht schnell großer Begeisterung. Die AktivistInnen entwickeln Ideen, diskutieren Für und Wider, verändern und entwickeln Vorschläge weiter. Schon bald sind alle so engagiert dabei, identifizieren sich mit ihrer Rolle und dem Fortgang des Planspiels, dass man meinen könnte, hier würde tatsächlich ein Treffen der Betriebsgruppe stattfinden. Alexander ist zufrieden. Mehrfach greift er ein, um die Fantasie auf den Boden der Tatsachen zurückzuführen, wenn die Begeisterung mit den GenossInnen durchgeht. Er bremst dann als Moderator ab, indem er z.b. bestimmt, dass dieser oder jener Vorschlag von den KollegInnen nicht angenommen wird. Manchmal stellt er auch neue Schwierigkeiten auf z.B. in Form von Reaktionen der Gegenseite. Dadurch bleibt das Ganze lebensnah und ermöglicht ein Anwenden der zuvor theoretisch vermittelten Lerninhalte.

Die Ausgangssituation
Zunächst entwickeln die AktivistInnen die Ausgangssituation für das Rollenspiel, indem sie – ausgehend von der Existenz einer stabilen und im Betrieb verankerten Betriebsgruppe – die wesentlichen Akteure und die Kräfteverhältnisse zu Beginn der Auseinandersetzung analysieren. Mit den gemachten Erfahrungen im Hinterkopf und den am Vormittag gehörten theoretischen Grundlagen gelangen sie zu weitreichenden Schlüssen und Einsichten, die ihnen beim spontanen Widerstand in der Realität gefehlt hatten.

Gemeinsam beschließen sie, die konkrete Streikvorbereitung im Sommer 2004 zu beginnen, nachdem Electrolux die Restrukturierung seiner gesamten europäischen Produktionsbasis in den nächsten 5 Jahren verkündet. Dazu sollen neue Werke vor allem in Polen entstehen und die gesamte Produktpalette aller Electroluxmarken auf einheitliche Module umgestellt werden, wie es z.B. in der Autoindustrie schon länger üblich ist. Es ist offensichtlich, dass das veraltete AEG-Werk in Nürnberg im Rahmen dieser Umstrukturierung geschlossen werden wird, auch wenn aktuell Überstunden ohne Ende gefahren werden.

Wie der abgebrochene Streik für die 35-Stundenwoche der IGM im Osten zeigt, ist von der Gewerkschaft kein Widerstand zu erwarten. Im Gegenteil, sie versucht sich durch Anpassung an den neoliberalen Kurs bei dem Kapital anzubiedern. Das muss aber dazu führen, dass sie ihre Rolle als Ordnungsmacht, von der ihre zukünftiges Überleben als Co-Manager abhängt, umso schärfer gegen alle Basisaktivitäten und jegliche Opposition durchsetzen wird.

Gleichzeitig ist zu berücksichtigen, dass die Kolleginnen und Kollegen ihrer Gewerkschaft vertrauen und von ihr die Rettung aus der Not erwarten. Als jahrzehntelang dressierte Befehlsempfänger sind sie es nicht gewohnt, selbständig Dinge zu organisieren. Bei aller Unzufriedenheit mit der Gewerkschaft, die sich zum Teil im niedrigen Organisationsgrad von ca. 35% ausdrückt, gibt es keine ausreichende Basis in der Belegschaft für eine offene Gewerkschaftsopposition.

Das Geschäftsmodell von Electrolux gründet auf dem Aufkaufen der zwei, drei nationalen Marktführer im Bereich Weißer Ware und der anschließenden Integration der Marken in die eigene Wertschöpfungskette, wie eine Untersuchung aus Australien zeigt.[21] Insofern hat das Electrolux-Management mit ca. 100 Werkschließungen seit Mitte der 90er Jahre sehr viel Erfahrung gesammelt. Noch nie wurde eine Schließung aufgrund von Protesten zurückgenommen. Electrolux ist ein kampferprobter Gegner, dem man nicht mit Argumenten und symbolischen Protesten beikommen wird. Es gilt ihn quasi wie im Krieg militärisch nieder zu ringen, indem man seine Armeen vernichtet.

Die Streikstrategie
Aufgrund dieser Ausgangssituation entwickeln die AktivistInnen einen Kriegsplan für die ‚Schlacht um die AEG'.

Die Belegschaft organisieren, frühzeitig auf eine Ausdehnung des Kampfes orientieren, eigenständige wilde Streiks am Tag X der Verkündung der Schließung starten, die Gewerkschaft dadurch vor sich hertreiben und zum Tarifstreik zwingen und ihn so lang wie möglich aufrecht erhalten, die dadurch gewonnene Zeit nutzen, um gleichzeitig die Belegschaft über den zwangsläufig kommenden Verrat der IGM aufzuklären und am Tag Y des Streikabbruchs durch die IGM zur Betriebsbesetzung unter Leitung eines eigenständig bestimmten Streikkomitees übergehen. Ausgehend von dem besetzten Werk durch einen Marsch der Solidarität eine breite Kampf- und Streikbewegung der ArbeiterInnen entwickeln. Von Anfang an versuchen, internationale Kontakte aufzubauen und Ländergrenzen überschreitende, konzernweite Proteste gegen Electrolux starten. Durch diesen massiven Kampf einen politischen und ökonomischen Druck aufbauen, so dass Electrolux zu einem Kompromiss gezwungen wird.

Eine kontroverse Diskussion entsteht über die Frage, ob man bei Verkündung der Werksschließung gleich zu einer Betriebsbesetzung übergeht oder erst den Umweg über einen gewerkschaftlichen Tarifstreik einschlägt. Bernd und Ayşe wollen den Betrieb sofort besetzen und argumentieren mit der Existenz einer verankerten Betriebsgruppe. Damit wäre im Rollenspiel die Möglichkeit für eigenständige Aktionen der Belegschaft gegeben, die im echten Leben nicht vorhanden war. Stefan bleibt skeptisch, ob die KollegInnen ohne Gewerkschaft mitziehen werden und Sabine ist schwankt zwischen beiden Vorschlägen. Schließlich greift Alexander als Moderator ein und legt die Streikstrategie entsprechend der pessimistischen Variante fest, die näher an der realen Auseinandersetzung bleibt.

„Electrolux kann nur durch den eigenständigen politischen Kampf der AEGler mit Unterstützung der ganzen ArbeiterInnenklasse bezwungen werden. Damit es dazu kommen kann, müssen wir zuerst die Ordnungsmacht IGM ausschalten. Wir entzaubern die IGM, indem wir sie dazu bringen, den Erwartungen der KollegInnen entsprechend für den Erhalt des Werks zu streiken. Erst anhand der eigenen Erfahrung des zwangsläufigen Verrates der IGM wird die Masse der KollegInnen bereit und fähig sein, den selbstorganisierten Kampf mit der notwendigen Konsequenz gegen alle Unterdrückung durch Staat und Kapital bis zu Ende zu führen."

Die Streikvorbereitung
Bei der Ausarbeitung der Streikvorbereitung kommen Ayşe, Sabine, Stefan und Ralf richtig in Fahrt. Neben ihren persönlichen Erfahrungen bei der AEG-Mobilisierung fließen die theoretischen Anforderungen ein, die sich durch das neue Verständnis eines Streikes als Schlacht ergeben. Am Ende entsteht in dem Rollenspiel ein fast schon ideales Konzept einer Streikvorbereitung.

Eine Basis im Betrieb aufbauen
In den zwei Jahren von 2004 bis zum 12. Dezember 2005 wird das Hauptaugenmerk auf die Schaffung einer organisatorischen Basis im Betrieb gelegt. Dazu werden systematisch alle Kontakte der Betriebsgruppe genutzt, aber auch Betriebsversammlungen und Protestkundgebungen der IGM. Auch die sozialen Beziehungsnetzwerke werden eingespannt, im Betrieb wie außerhalb. Dazu geht an alle politischen Gruppen in der Region die Anfrage, ob sie jemand im politischen oder privaten Umfeld kennen, der jemand kennt, der oder die bei AEG malocht. Dank hartnäckigem Nachfragen bei den zuerst irritierten Politleuten ergeben sich so in zwei Jahren fünf weitere Kontakte im Werk. Besonderes Augenmerk wird auf die Bereiche gelegt, wo die Betriebsgruppe bislang nicht vertreten ist (Zulieferer auf Gelände, Lager am Hafen, Angestellte).

Neben dieser gezielten persönlichen Kontaktaufnahme beginnt eine wahre Propagandaoffensive auf die Belegschaft einzuwirken, die jedoch als solche nicht erkennbar wird, da sie auf verschiedenen Ebenen durch unterschiedliche Akteure gemacht wird. Das Projekt »Druckwächter« wird im Internet

> **Wandzeitung #2**
>
> ▶ **Solidarität mit den Beschäftigten bei AEG!**
> Der Electrolux-Konzern plant die Schließung des AEG-Werkes in Nürnberg und die Verlagerung der Produktionsstätten nach Polen.
> 2500 Arbeiterinnen und Arbeiter sind vom Rausschmiss bedroht. Gewerkschaft und Betriebsräte boten Elektrolux sogar an, Weihnachts- und Urlaubsgelder zu streichen und bei gleichem Lohn mehr zu arbeiten. Trotz dieser extremen Zugeständnisse hält der schwedische Mutterkonzern an seinen Plänen fest.
>
> Ein erster kämpferischer Ausdruck um den Erhalt der Arbeitsplätze war ein 24-stündiger (Warn)streik am 5.10.05. 2000 AEG-MitarbeiterInnen zeigten der Konzernleitung entschlossen, was sie von der Schließung halten. Sogar von Konsumboykott und Werksbesetzung war die Rede vor den blockierten Toren der AEG in der Fürtherstraße.
> Es wird sich zeigen ob auf die entschlossenen Worte auch Taten folgen werden.
>
> Auch bei Karstadt/Quelle und der VAG in Nürnberg werden ähnliche Auseinandersetzungen um Lohnkürzungen geführt.
> Uns wird erzählt, dass es keine Alternative zu Lohnkürzungen, Arbeitszeitverlängerungen und den Abbau von sozialen Rechten gibt. Dem gegenüber aber, fahren Konzerne riesige Gewinne ein, ist die BRD Exportweltmeister und erhalten Manager weiterhin Millionengehälter.
>
> **Der Kapitalismus ist ein System, in dem einzig und allein Profite zählen und nicht die Bedürfnisse der Menschen.**
> Deswegen gilt es, diesen Streik zu unterstützen und gleichzeitig die gesamte Systematik in Frage zu stellen.

Wandzeitung der Radikalen Linken Nürnberg

von der Betriebsgruppe gestartet und durch Propaganda im Werk bekannt gemacht. Die Erwerbsloseninitiative startet eine Aufklärungsarbeit durch Infotische, Flugblätter und Gespräche vorm Werkstor. Im Herbst 2005, als es langsam ernst wird, tauchen an den Fabrikwänden gesprühte Parolen auf.

Die linke Szene aktivieren

Die zweite Ebene der Streikvorbereitung besteht in der frühzeitigen Aktivierung der Linken in Nürnberg. Dazu werden gezielt sehr früh Multiplikatoren angesprochen und für den kommenden Kampf gewonnen. Ergebnis dieser zunächst unsichtbaren Arbeit ist, dass das Nürnberger Sozialforum als wichtigste Bündnisstruktur in der Region sehr zur Freude der IGM bereits bei dem ersten Protest im Juni 2005 auftaucht und sich mit eigenen Vorschlägen beim Betriebsrat meldet. Bei den Proteststreiks im Oktober beteiligen sich dann schon alle üblichen Verdächtigen, so dass die Belegschaft schon vor dem 12. Dezember die Linke jenseits der MLPD kennenlernt, die zuvor als einzige durch ihre regelmäßige Betriebszeitung bei der AEG präsent gewesen ist.

Die Bevölkerung mobilisieren

Die dritte Ebene besteht zwischen September und Dezember 2005 – als das Werk durch Electrolux bereits öffentlich in Frage gestellt wird – darin, Stimmung in der Bevölkerung zu erzeugen. Dazu werden in den umliegenden Stadtteilen Wandzeitungen und Aufkleber zur Solidarität mit der AEG geklebt, Flugblätter in alle Briefkästen gesteckt und die Presse sensibilisiert. Unabhängig von der Gewerkschaft, aber teilweise unter Nutzung ihrer Strukturen, werden erste Kontakte zu strategisch wichtigen Betrieben hergestellt. Dies sind Quelle, deren Hauptsitz auf der anderen Straßenseite liegt, und wo ebenfalls Massenentlassungen anstehen, AEG in Rothenburg und Bosch-Siemens-Hausgeräte in Ansbach sowie Großbetriebe wie MAN in Nürnberg und Firmen im großen Logistikzentrum am Nürnberger Hafen. Mit großem Aufwand, wenn auch zunächst ohne Erfolg, wird versucht, Kontakt zu anderen europäischen Werken von Electrolux herzustellen.

Organisatorische und technische Vorbereitungen
Zu guter Letzt werden die technischen Vorbereitungen vorangetrieben. Gewisse Geldmittel werden aufgetrieben, die zwar nicht ausreichen als Streikkasse zu dienen, aber immerhin notwendige Ausgaben für Aktionen decken können. Eine sichere Druckmöglichkeit samt Papiervorrat wird bei einer absolut unauffälligen Adresse für den Notfall organisiert. Für den Fall von Verhaftungen werden verlässliche Ersatzleute für die Basisgruppe und die StreikaktivistInnen, die in der Vergangenheit im Werk offen aufgetreten waren und daher der Betriebsgruppe zugeordnet werden, bestimmt. Kontaktwege werden festgelegt zwischen den Reservekräften und den aktiven KollegInnen. Mit einem befreundeten Arzt werden offen die Möglichkeiten von Krankschreibungen sowohl kurzfristig als auch über Psychosachen für notfalls mehrere Monate durchgesprochen und nach einigen Bauchschmerzen schließlich für eine strikt begrenzte Anzahl von Fällen als letzte Möglichkeit zugesichert. Mit politischen Gruppen werden die Möglichkeiten zur Entwicklung einer Solidaritätsbewegung durchgesprochen. Gibt es Chancen für einen selbstorganisierten Marsch der Solidarität? Kann die Bevölkerung für Soliaktionen mobilisiert werden, z.B. durch einen Boykott? Mehrere Ideen sowie ihre notwendigen Voraussetzungen werden in groben Zügen durchgespielt, so dass eine ungefähre Vorstellung existiert, was unter welchen Bedingungen machbar wäre.

Der Streikbeginn
Der Beginn des Streikes wird auf den Tag der Verkündung der Schließung festgesetzt. Damit wird zwar das Überraschungsmoment aus der Hand gegeben. Aber das lässt sich nicht vermeiden, da es vorher aufgrund des Bewusstseins der Mehrheit der Belegschaft nicht möglich sein wird zu streiken. Sofern es nicht gelingt, einen Streik auszulösen, müssen unbedingt kleinere Aktionen unternommen werden, die es gilt bis zu einem Streik zu steigern.

Das Streikziel
„Sträberg muss weg - AEG bleibt" und „Wir bleiben hier – dafür streiken wir!" werden als Streikslogans ausgewählt, da sie für alle Arbeiterinnen und

Arbeiter am verständlichsten die Ziele des Erhaltes des AEG-Werkes in Nürnberg mit allen 1850 Arbeitsplätzen auf den Punkt bringen.

Die Streikleitung
Während die Festlegung des Streikbeginns und des Streikziels unkompliziert vonstatten gehen, kommt es bei der Frage der Streikleitung zu einer längeren Diskussion. Ayşe argumentiert vehement dafür, die Streikleitung nicht durch eine Vollversammlung der Belegschaft wählen zu lassen. Sabine hält das für undemokratisch und besteht bis zum Schluss auf einer allgemeinen Wahl. Ralf und Stefan sind zunächst auch für die Wahl durch die gesamte Belegschaft, lassen sich aber im Laufe der Diskussion von den Argumenten überzeugen, die Ayşe vorbringt.

Offene Wahl einer eigenständigen Streikleitung
„Hört mir mal zu," nimmt sich Ayşe ungewöhnlich emotional das Wort, „auch aufgrund meiner Erfahrungen in der Türkei mit gelben Gewerkschaftern und faschistischen Spitzeln im Betrieb halte ich es für naiv und gefährlich, wenn die eigenständige Kampf- und Streikleitung durch alle Belegschaftsmitglieder offen gewählt wird. Eine direkte Wahl z.B. auf einer allgemeinen Streikversammlung würde zwar dem demokratischen Ideal entsprechen. Aber wir müssen bedenken, dass die Betriebsgruppe samt ihres Umfeldes zu diesem Zeitpunkt nur eine kleine Minderheit unter den insgesamt 1850 KollegInnen umfasst. Eine große Mehrheit der Streikenden vertraut aber noch der IG Metall. Deswegen hatten wir vorhin ja eine sofortige Betriebsbesetzung verworfen. Das müsste dann aber bei einer allgemeinen Wahl dazu führen, dass zumindest einige Gewerkschafter wie z.B. der BR-Vorsitzende Harald Dix in die Leitung gewählt werden. Aber damit, solche Agenten des Feindes in die eigene Kampfleitung zu lassen, hast du den Krieg schon verloren, bevor die Schlacht angefangen hat. Das hat Alexander bei der Analyse der Niederlage des britischen Generalstreikes 1926 sehr schön herausgearbeitet: ‚ ...so ist die Spionage zugunsten der Unternehmer in den Generalstäben der reformistischen Gewerkschaften die Hauptsache der gesamten reformistischen Politik. Wir haben hier also die eigenartige Situation, wo die kämpfende Armee von einem Stab geführt wird, der für den Feind arbeitet'."[22]

Zwar möchte auch Sabine nicht, dass Harald Dix oder solche Figuren in die Streikleitung kommen, aber letztlich ist ihr das demokratische Ideal der allgemeinen Wahl durch die Basis wichtiger. Dafür müsse auch die Wahl von Gewerkschaftsfunktionären, die den Streik abwürgen wollen, in Kauf genommen werden. Ayşe, Stefan, Ralf und Alexander bilden die Mehrheitsposition. Ihr Vorschlag sieht so aus:

ArbeiterInnenrat ohne offene Wahl

Die eigenständige Streikleitung wird auf der Grundlage der Betriebsgruppe gebildet, indem diese alle ihre Kontakte in die verschiedenen Abteilungen nutzt, um während des wilden Streiks vertrauenswürdige Delegierte aus dem Kreis der ‚natürlichen Führer' von den aktiven KollegInnen bestimmen zu lassen. Also eher eine Art ArbeiterInnenrat auf Basis der aktiven KollegInnen als ein formell demokratisch gewähltes, die gesamte Belegschaft repräsentierendes Organ.

Der so gebildeten eigenständigen Streikleitung gelingt es, einen Verbindungsdienst zu schaffen, der zwei- bis dreihundert aktive KollegInnen beeinflussen kann. Damit entsteht später beim offiziellen IGM-Streik eine Situation der Doppelmacht, wo neben der offiziellen Streikleitung um Wechsler eine zweite, die aktiv Streikenden organisierende Streikleitung besteht.

Angriff ist die beste Verteidigung

Aber zunächst wird die Angriffstaktik als wichtigste Vorbedingung zum Sieg entsprechend der Streikstrategie konsequent umgesetzt. Es gelingt einen wilden Streik bei Verkündung der Werkschließung auszulösen. Das Manöver der IGM wird durchkreuzt, zum Besuch des bayerischen Wirtschaftsministers zu zeigen, dass wir arbeiten können. Es gelingt der Gewerkschaft nur das kleinste Band bei den Trocknern für die Fotografen zum Laufen zu bringen. Durch die fortlaufende Berichterstattung im Druckwächter können wir das Monopol der bürgerlichen Presse durchbrechen und unzensierte Nachrichten über die Proteste der ArbeiterInnen verbreiten. So entsteht eine massenhafte Solidarisierung, da viele KollegInnen überall in Deutschland denken: Endlich zeigt es denen mal einer. Die AEGler machen es richtig. Auf Initiative der Basisgruppe hin beschließt die eigenständige Streikleitung kleinere Delegationen in andere Betriebe in Nürnberg und der Region zu schicken. Die Resonanz ist überwältigend. Die AEGler werden mehrfach von den KollegInnen ins Werk mit reingenommen und in zwei größeren Metallbetrieben entstehen spontane Versammlungen mit mehreren hundert ArbeiterInnen, die bis zu einer Stunde die Arbeit unterbrechen. Viele KollegInnen folgen der Einladung und besuchen die AEG in den nächsten Tagen und Wochen.

Auf allen Ebenen wird daran gearbeitet die Aktivität und Initiative der Massen zu steigern. Ein wesentliches Mittel dazu ist der Jobkiller Electrolux-Boykott, der durch das Sozialforum ausgerufen wird. Er gibt allen die Möglichkeit in unterschiedlicher Form selbst aktiv zu werden.

Auch sonst wird jedes Mittel im Kampf eingesetzt, dass auch nur die geringste Möglichkeit für einen Erfolg verspricht. So schaffen es z.B. Fußballfans von den Ultras Heimspiele des Clubs mit riesigen Transparenten und Sprechchören wie ‚AEG bleibt, der Club siegt' in Manifestationen für die AEG zu verwandeln, die sogar in der Sportschau Erwähnung finden.

Die Zersetzung der gegnerischen Kräfte betreiben
Zur Zersetzung der gegnerischen Streitkräfte, insbesondere jener Polizeieinheiten wie das USK, die gegen die Werksblockade eingesetzt werden können, wird einerseits eine öffentliche Stimmung für den Streik geschaffen, die sich auch in den Medien niederschlägt. Darauf aufbauend übernimmt es eine politische Gruppe neutrale Flugblätter ohne Gruppenname vor den Polizeikasernen und -stationen zu verteilen, die eine rechtliche Argumentation für die Zulässigkeit der Blockade und des Streiks entwickeln, auf die Möglichkeiten zu legaler Verweigerung unrechtmäßiger Anordnungen durch Vorgesetzte hinweisen und Beispiele von Polizeibeamten wiedergeben, die öffentlich den Boykott unterstützen. Am Ende wird zur Verweigerung jedes Einsatzbefehls gegen die AEGler und ihre UnterstützerInnen aufgefordert. Über einen familiären Kontakt erfahren wir, dass diese Aktion panische Reaktionen in der Polizeiführung auslöst und heftige Widersprüche im Repressionsapparat erzeugt, wie mit der Situation umgegangen werden soll.

Gegen mögliche Streikbrecher wird bei der Arbeitsagentur und bei Zeitarbeitsfirmen durch Überraschungsbesuche in den Büros der Verantwortlichen präventiv vorgegangen. Eine Gruppe AEGler samt UnterstützerInnen besetzt das Büro, weil sie gehört hätten, dass XY Streikbrecher bei der AEG stellen will. Zuverlässige linke Journalisten mit Mikrofon und Kamera bzw. AktivistInnen, die sich als Presseleute aufführen, sind dabei. Vor laufender Kamera wird der meistens völlig überraschte Verantwortliche, z.B. der Regionalleiter der Zeitarbeitsfirma, festgenagelt, bis er irgendeine Erklärung abgibt. Meistens ist sie windelweich, z.B. dass das nicht stimme und seine Firma keinen Streikbruch plane. Diese Statements werden danach sofort als Presseerklärung rausgeschickt, so dass der Firma nach Ende des Besuchs kaum mehr etwas anderes übrig bleibt, als in der Öffentlichkeit den Eindruck stehen zu lassen, sie stehe für Streikbruch nicht zur Verfügung. Es kommt zwar zu mehreren Anwaltsschreiben, Gegendarstellungen und in einem Fall einer Anzeige wegen Hausfriedensbruch, aber keine Zeitarbeitsfirma traut sich offiziell zu sagen, sie würden streikende AEGler ersetzen. Erst recht, nachdem der Geschäftsführer einer kleineren, lokalen Leihfirma von uns öffentlich bekannt gemacht wird, der aus fränkischem Lokalpatriotismus heraus versichert, zu so einer Schweinerei stände er nicht zur Verfügung, und er hoffe, dass die AEGler es den Schweden zeigen würden.

Die Manöver der Gegenseite für einen Streikabbruch
Nachdem die Strategie aufgegangen ist, die IGM zum wochenlangen Tarifstreik

zwungen wurde, beginnt die Gegenseite das Manöver der Streikabbruchs. Nach dem Aktionstag weiße Ware gibt es keine gewerkschaftlichen Aktionen mehr. Gegen das Einschläfern des Widerstandes werden von der Streikleitung und den aktiven KollegInnen neue Ideen entwickelt. Gegenseitige Solidaritätsbesuche bei anderen streikenden Belegschaften wie z.B. Gate Gourmet bringen etwas Abwechslung. Die Basisgruppe sieht die große Gefahr, dass der Streik langsam in Muggenhof ausgehungert wird. Dagegen wird die Initiative einer großen, von unten organisierten bundesweiten Solidaritätsdemo gesetzt, die einerseits auf den linken Strukturen und deren Mobilisierungspozential und andererseits auf die öffentliche Aufmerksamkeit für den AEG-Streik setzt. Nach intensiven Diskussionen unter den StreikaktivistInnen setzt die eigenständige Streikleitung den 10. März als Termin fest, da wir von einem oppositionellen Vertrauensmann den wichtigen Hinweis erhalten, dass für 15. März ein Termin für eine Einigungsstelle ansteht.

In der Belegschaft wird die Agitation dafür gesteigert, dass nur die AEGler selbst über ein Streikende entscheiden können und niemand den Streik bis dahin unterbrechen darf. Widerwillig muss die IGM sich darauf einlassen.

Der entscheidende Moment: Streikabbruch oder Betriebsbesetzung
Intern wird alles dafür vorbereitet, dass im Falle eines Streikabbruchs der Gewerkschaft, die eigenständige Streikleitung nach außen tritt, den Kampf übernimmt und die sofortige Betriebsbesetzung durchführt. Auf pseudodemokratische Diskussionen über Urabstimmung und Nachverhandlungen wird man sich im Falle des Streikabbruchs durch die IGM nicht einlassen. Als es dann am Faschingsdienstag soweit ist, besteht beim harten Kern von 100 bis 200 oppositionellen StreikaktivistInnen Klarheit über das Vorgehen. Die Streikversammlung der IGM wird gesprengt, was angesichts der Enttäuschung bei der Masse der völlig überrumpelten KollegInnen nicht weiter schwer ist. Danach ziehen die oppositionellen KollegInnen unter Beteiligung vieler unentschlossener, teilweise auch nur neugieriger KollegInnen und der von außen mobilisierten UnterstützerInnen ins Werk und erklären den Betrieb für besetzt.

Der Workshop geht zu Ende
Nachdem das Rollenspiel an diesem Punkt der Entwicklung angelangt ist, bricht Alexander es ab, um gemeinsam mit den AktivistInnen der Basisgruppe kollektiv den Lernerfolg zu besprechen. Alle sind mit dem gemeinsam erarbeiteten sehr zufrieden. Stefan bringt die Stimmung auf den Punkt, als er wehmütig feststellt: „So einen Workshop hätten wir mal machen müssen, bevor uns Stråberg an die Gurgel ging."

Anmerkungen

1 Informationen zur historischen Person in Wikipedia unter http://de.wikipedia.org/wiki/Solomon_Abramowitsch_Losowski
 Solomon Abramowitsch Losowski (28. März 1878 bis 12. August 1952) war ein kommunistischer Staats- und Gewerkschaftsfunktionär in der Sowjetunion. Von 1921 bis 1937 war Losowski Generalsekretär der Roten Gewerkschaftsinternationale, die sich nach dem 1. Weltkrieg und der Oktoberrevolution in Russland als kommunistisches Gegenstück zur sozialdemokratischen Amsterdamer Gewerkschaftsinternationale bildete.
2 Alexander Losowski: Streik als Schlacht; 5 Vorträge an der Leninuniversität Januar bis März 1930 nach der 1931 in Berlin erschienen Broschüre; Nachdruck in: Die revolutionäre Gewerkschaftsopposition (RGO), Dokumente und Analysen zur kommunistischen Arbeiterbewegung, 2 Bände; Verlag Rote Fahne, Berlin 1972; Band 2, Seite 26 bis 100
3 Losowski, RGO, a.a.O., Seite 31, 32
4 Alexander Losowski: Streik als Schlacht; Nachdruck in: Die revolutionäre Gewerkschaftsopposition (RGO), Streik als Schlacht, Seite 61 bis 74, Streikstrategie und Streiktaktik, Seite 75 bis 88
5 Im Nachwort des rororo Taschenbuches schreibt Wilhelm Ritter von Schramm u.a: „Im Fall Clausewitz haben wir es mit der Weltgeschichte zu tun ... Es ist von allen ‚Lagern' weniger philosophisch ausgewertet als politisch ausgebeutet worden. Die Revolutionäre hatten dabei größeren Erfolg als die reinen Militärs." Er widmet dem „Clausewitz-Ausbeuter Lenin" sogar einen eigenen Abschnitt. Seine Schlussfolgerung lautet, dass Lenin sozusagen Clausewitz auf den Kopf gestellt habe und die richtige These entwickelt: „Die Politik ist die Fortsetzung des Krieges und Klassenkampf mit allen legalen und illegalen Mitteln."; Vom Kriege, a.a.O.; Seite 255, 256
6 Losowski, RGO, a.a.O., Seite 65 und 66
7 Losowski, RGO, a.a.O., Seite 67
8 Äquivalent = im Wert oder in der Geltung dem Verglichenen entsprechend; Gleichwertiges
9 Losowski, RGO, a.a.O., Seite 69
10 Losowski, RGO, a.a.O., Seite 70
11 Losowski, RGO, a.a.O., Seite 76 bis 78
12 Losowski, RGO, a.a.O., Seite 78, 79
13 Losowski, RGO, a.a.O., Seite 83, 84
14 Losowski, RGO, a.a.O., Seite 84, 85
15 Losowski, RGO, a.a.O., Seite 85
16 Losowski, RGO, a.a.O., Seite 86
17 Abgedruckt in: Die Revolutionäre Gewerkschaftsopposition (RGO), Hrsg. KPD

(AO), Verlag Rote Fahne 1972, Band 2, S. 101-121
18 Erst im Dezember 2007 wird mit der Schließung des kleineren Werkes Spennymoor in Großbritannien und dann Anfang 2008 mit der Überprüfung der italienischen Fabriken die Restrukturierung der westeuropäischen Produktionsbasis des Electroluxkonzerns wieder aufgenommen, die nach dem AEG-Streik im Frühjahr 2006 auf Eis gelegt wurde. Siehe dazu z.B. www.finanznachrichten.de/nachrichten-2007-12/artikel-9694130.asp (Spennymoor 500 ArbeiterInnen) und www.finanznachrichten. de/nachrichten-2008-05/artikel-10907923.asp (Italien mit 850 betroffenen ArbeiterInnen).
19 Losowski, RGO, a.a.O., Seite 70
20 Carl von Clausewitz, Vom Kriege, Erstes Buch Über die Natur des Krieges, Kapitel VIII Friktionen im Krieg; rororo Taschenbuchausgabe, Oktober 2005, Seite 49 bis 51
21 Rob Lambert & Mike Gillan; Spaces of Hope – Fatalism, Trade Unionism & The Uneven Geography Of Capital In Whitegoods Manufacturing; www.global-labour.org/lambert2.htm
22 Losowski, RGO, a.a.O., Seite 63

Die dunkle Seite der Macht

Anti-Antifa als Repressionsmittel gegen StreikunterstützerInnen

In Anlehnung an ein bekanntes Science Fiction Märchen können wir im Rückblick feststellen, dass wir im Rahmen der AEG-Auseinandersetzung die ‚dunkle Seite der Macht' kennengelernt haben. Obwohl wir aus früheren betrieblichen Auseinandersetzungen einiges gewohnt waren, hatten wir – wieder einmal – nicht die geringste Ahnung, welche Reaktion unser Widerstand gegen die Werkschließung auf der Gegenseite auslösen würde. Aus heutiger Sicht waren wir richtig naiv, haben lange die Warnungen übersehen und schließlich Jahre benötigt, bis wir die Zeichen richtig deuten konnten. Erst Anfang 2008 waren wir imstande auf »Netzwerk IT« „das Puzzle zusammen zu fügen[1] und haben im Projekt »Anti-Antifa gegen GewerkschafterInnen« die öffentlich zugänglichen Fakten über die staatsterroristischen Strukturen »Gladio« und »Anti-Antifa« publiziert.[2]

Staatsterrorismus in Deutschland, das ist ein starkes Wort und ein schwerwiegender Vorwurf. MancheR LeserIn wird sich fragen, ob wir unsere Behauptung belegen können, dass es in Deutschland 2008 in Fortsetzung der NATO Stay-Behind-Organisation, besser bekannt unter dem Decknamen »Gladio«, eine paramilitärische Untergrundstruktur gibt, in der militante Neonazis gemeinsam mit Teilen der Sicherheitsbehörden auf eigene Faust Jagd auf Linke machen? Wie wollen wir beweisen, dass die Anti-Antifa-Nürnberg mehr als die Freizeitbeschäftigung des Neonazis und Hobbyermittlers Norman Kempken ist?

Wir sehen das aufgrund unserer Erlebnisse anders. Angesichts der Fülle von öffentlich zugänglichen Indizien, die dazu noch durchweg aus seriösen Quellen wie der BBC und wissenschaftlichen Forschungen stammen, ist es nicht unsere Aufgabe, den letzten kriminalistischen und juristischen Beweis zu führen. Wenn überhaupt, dann hätten die politisch Verantwortlichen und die Sicherheitsbehörden den Nachweis zu erbringen, dass die Indizienkette nicht ausreicht, sie des Staatsterrorismus zu überführen.

Aber es geht hier eben nicht um eine Gerichtsserie im TV, wo man als ZuschauerIn der einen oder anderen Seite Recht gibt. Die Sache ist dafür viel zu ernst. Bei der AEG ist deutlich geworden, dass die Gegenseite über eine handlungsfähige, paramilitärische Untergrundstruktur verfügt und auch heute schon bereit ist, diese gegen unbequeme gewerkschaftliche und soziale BasisaktivistInnen einzusetzen. Die dabei eingesetzten illegalen Methoden reichen von anonymen Steckbriefen im Internet, Denunziationen beim Arbeitgeber und den Gewerkschaften, Verleumdungen, Drohungen, Belästigungen, über Betrugsdelikte bis hin zu Sachbeschädigungen und körperlichen Angriffen. Dass die extralegale Gewalt der Herrschenden – noch – nicht das Ausmaß von Todesschwadronen wie z.B. in Kolumbien annimmt, wo GewerkschafterInnen jederzeit mit Mord, Entführung und Folter durch Paramilitärs rechnen müssen, sollte niemand zu der Illusion veranlassen, so etwas sei in Deutschland nicht denkbar.

Wenn die Polizeidirektion Nürnberg 2003 für die Einstellung eines Ermittlungsverfahren bezüglich der Weitergabe von Polizeidaten an die »Anti-Antifa« sorgt, da nur eine „eng begrenzte Zahl von befugten Beamten" (!) auf die fraglichen Datensätze zugegriffen hatte, und dieselbe befugte Staatsschutzabteilung es in Übereinstimmung mit dem bayerischen Innenministerium für völlig normal bzw. sogar polizeilich geboten hält, „illegal erlangte Informationen der Anti-Antifa" für polizeiliche Ermittlungen zu nutzen, da diese „schließlich öffentlich zugänglich gewesen seien", dann wird dabei ein Weltbild erkennbar, dass die Vernichtung des politischen Gegners auch mit faschistischen Methoden jederzeit denkbar macht.

Wie weit die Herrschenden bereit sind zu gehen, ist dann ausschließlich eine Frage der politischen Opportunität. Und das ist die positive Seite an unseren Erfahrungen mit der dunklen Seite der Macht. Wir sind dem anonymen Terror der »Anti-Antifa« und dem staatsterroristischen Untergrund nicht hilflos ausgeliefert. Solidarität und gemeinsamer Widerstand können sie stoppen.

Im Juli 2008 wurde bekannt, dass nach Intervention der halbstaatlichen Initiative Jugendschutz.Net der argentinische Provider alle »Anti-Antifa«-Seiten gesperrt hat. Zuvor waren nach einer jahrelangen öffentlichen Kampagne von Betroffenen und AntifaschistInnen immer mehr Details zur »Anti-Antifa Nürnberg« ans Tageslicht gekommen. Das ist ein wichtiger Etappensieg, auch wenn damit selbstverständlich nur der quasi sichtbare Teil der Bedrohung verschwindet.[3] Die Untergrundstruktur der »Anti-Antifa« ist damit nicht getroffen, auch wenn sie taktisch einen Rückzug antreten muss, bis in Franken

wieder etwas Gras über die Sache gewachsen ist.
Vor zwei Jahren im Sommer 2006 waren die politischen Kräfteverhältnisse noch ganz anders. Damals befand sich die »Anti-Antifa« in einer regelrechten Veröffentlichungsoffensive, die bei den Betroffenen Verunsicherung auslöste. Mit dem Vorgehen des Nürnberger UPS-Managers Tobias Dede, der mit Rückendeckung durch seine Vorgesetzten mit Hilfe der »Anti-Antifa«-Veröffentlichungen den BR-Wahlkampf im März 2006 gegen die ver.di-Liste betrieb, wurde die Anti-Antifa erstmals von einem Unternehmen als Hilfstruppe gegen unbequeme gewerkschaftliche BasisaktivistInnen eingesetzt. Im Hochgefühl ihrer scheinbaren Unangreifbarkeit ging die »Anti-Antifa« im Juli 2006 den Schritt von der Propaganda zur Tat und bekannte sich erstmals direkt zu einem körperlichen Angriff auf einen alternativen Jugendlichen im fränkischen Operasbach. Es folgte die Veröffentlichung der angeblichen Mitglieder der »Radikalen Linken Nürnberg«, der neben der »Organisierten Autonomie« wichtigsten autonomen Gruppe in Nürnberg, die im AEG-Streik eine große Rolle gespielt hatte. Die subtile Botschaft dieser und anderer Veröffentlichungen beinhaltete eine massive Drohung: Wir wissen, wo ihr seid und wie wir euch kriegen können, auch wenn ihr euch hinter legalen politischen Aktivitäten und einem zivilen bürgerlichen Outfit versteckt.

Der 14. Oktober 2006 leitete dann die Wende ein. Ausgerechnet zum 60sten Jahrestag der Nürnberger Kriegsverbrecherprozesse wollte der Neonaziuntergrund seine neu gewonnene Stärke mit einer politischen Provokation zelebrieren. Christian Malcoci, führender »Anti-Antifa«-Aktivist seit Mitte der 80er Jahre meldete eine Demonstration vom Nürnberger Justizgebäude durch den linksalternativen Stadtteil Gostenhof an, die offen eine Revision der Nürnberger Prozesse verlangte. Durch eine erfolgreiche Gegenmobilisierung, bei der auch auf Erfahrungen zur Mobilisierung der Bevölkerung aus der AEG-Kampagne zurückgegriffen werden konnte, wurde der Naziumzug nach wenigen hundert Metern durch eine Blockade gestoppt.
Darüber hinaus gelang es erstmals die »Anti-Antifa« (Nürnberg) zum Thema in den regionalen Medien zu machen und so eine politische Entwicklung einzuleiten, die letztlich im Sommer 2008 zur vorläufigen Abschaltung der »Anti-Antifa Nürnberg« geführt hat.[4]

»Anti-Antifa« und »Gladio« – ein unvollständige Chronologie in drei Teilen

Vorgeschichte bis 90er Jahre

Wo anfangen? Die Vorgeschichte der Anti-Antifa reicht zurück zur SA, jenen Sturmabteilungen, die mit Terror den Weg Hitlers an die Macht freikämpften. Nach der Kapitulation des 3. Reiches gehen »Werwolf« und »Gladio« eine unheilige Allianz im Untergrund ein. Der Antikommunismus als ideologischer Kit verbindet den rechten Rand mit der Mitte der Gesellschaft in der Adenauer-Ära. In den 70ern weht der Zeitgeist links und die »Neue Rechte« modernisiert Auftreten und Ideologie. Political correctness und Anti-Totalitarismus bilden den fruchtbaren Boden, auf dem militante Neo-Nazis, konservative Meinungsmacher und Teile der Sicherheitsbehörden eine Gemeinsamkeit finden.

Freikorps und SA in der Weimarer Republik

Schon 1918 hatten faschistische Freikorps schwarze Listen politischer GegnerInnen angefertigt, z.b. die 1918 gegründete Thule Gesellschaft, aus der sich später auch die SA rekrutierte. Die SA (Sturmabteilung) war seit ihrer Gründung 1921 darauf ausgerichtet den politischen Gegner einzuschüchtern. Ihre Praxis reicht vom Bespitzeln von Personen, über Angriffe auf Parteilokale und Veranstaltungen bis hin zu gezielten Mordanschlägen z.B. in Form von Briefbomben. Fast jede SA-Einheit hatte schwarze Listen, die nach Hitlers Machtergreifung 1933 für die ersten großen Verhaftungswellen gegen KPD, SPD und Gewerkschaften genutzt wurden.

»Bund Deutscher Jugend« und »Gladio« (1950 bis 1952)

Der »Bund deutscher Jugend« wird 1950 überwiegend von ehemaligen Wehrmachts- und SS-Offizieren gegründet. 1952 fliegt seine paramilitärische Untergrundstruktur auf, der sogenannte »Technische Dienst«, da die dort tätigen Nazis schwarze Listen von sozialdemokratischen und kommunistischen Funktionären angelegt hatten, die im Fall einer Machtübernahme der Linken liquidiert werden sollten.

Als die Angelegenheit bekannt wird, informiert die CIA zunächst Bundeskanzler Konrad Adenauer, dann den NATO-Oberbefehlshaber Mattew und schließlich den hessischen Ministerpräsidenten Georg Zinn von der SPD, der selbst auf der Todesliste stand. Das Ganze wird als unauthorisierte Übung und übereifriges Sandkastenspiel dargestellt. Damit ist der Skandal beendet. Der BDJ und seine Unterorganisationen werden zwar 1953 verboten, aber faktisch bleibt die Struktur unangetastet und die »Anti-Antifa« kann unbehelligt als

Teil der NATO-Geheimarmee »Gladio« weiter agieren.
Quellen:
Aussage von Thomas Polgar, CIA Agent in Deutschland, 1951 im 1. Teil der »Gladio«-Dokumentation der BBC ab ungefähr 25te Minute; „»Anti-Antifa« einigendes Band von Neonazis bis zur intellektuellen Rechten" auf Seite 9 mit weiteren Details u.a. zur personellen Kontinuität bis heute (!)[5]

»Nation Europa« (1972)
In der Zeitschrift »Nation Europa«, dem führenden Ideologieorgan der »Neuen Rechten« taucht erstmals der Begriff ‚Anti-Antifaschismus' auf.
Quelle: Hans Georg von Schirp, Plädoyer für einen Anti-Antifaschismus, Nation Europa, August 1972, Seite 54ff

Neugründung der NSDAP (70er Jahre)
In den 70er Jahren kommt es im militanten Neonazi-Untergrund zur Neugründung der NSDAP. Bis in die 80er Jahre ist dabei der Kampf gegen den politischen Gegner das Hauptbetätigungsfeld. Das Antifaschistische INFO-Blatt führte in dem Artikel „Anti-Antifaschismus - Die NS-Struktur" aus:
„Der Verfassungsschutz war maßgeblich beim Aufbau dieser Netzwerke beteiligt und einer seiner Agenten tippte 1979 eine NSDAP/AO-Todesliste gegen Linke in Westberlin, die bundesweit in Umlauf gebracht wurde."
Quelle: Antifaschistische INFO-Blatt, Nr. 26, März/April 1994, Seite 16

»Referat für Sicherheit« (1985)
Das »Referat für Sicherheit« um Christian Malcoci ist nominell eine Unterstruktur des Komitees zur Vorbereitung des 100. Geburtstages von Adolf Hitler. Faktisch verbindet sich dahinter die erste bekannt gewordene Anti-Antifa-Struktur des Neonaziuntergrundes um die NSDAP/AO.

„Kritik des Antifaschismus" (1990)
Der ultrakonservative Bonner Politologieprofessor Hans-Helmuth Knütter veröffentlicht sein Buch „Kritik des Antifaschismus", dass die Theorie des Anti-Antifaschismus popularisiert und auf ein für stramm konservative »Law and Order«-Kreise erträgliches Maß intellektualisiert. Knütter ist eine zentrale Figur in der sogenannten Grauzone zwischen Rechtskonservativen und Rechtsextremisten. Seine Bücher und Thesen werden von der Bundeszentrale für politische Bildung kostenlos vertrieben und er ist ein häufiger Referent u.a. bei Tagungen der Sicherheitsbehörden.
  Zur weitergehenden Lektüre über die ideologische Bedeutung des Konzeptes „Anti-Antifaschismus" bei der Zusammenarbeit zwischen konservativen Krei-

sen, der intellektuellen »Neuen Rechten«, den Sicherheitsbehörden und dem paramilitärischen Naziuntergrund siehe „Anti-Antifa - einigendes Band von Neonazis bis zur Intellektuellen Rechten"

Erste Gehversuche der »Anti-Antifa« (Mitte der 80er bis Anfang 90er Jahre)
Die Arbeit der »Anti-Antifa« als Teil der konspirativen NSDAP kommt zunächst nur langsam in Gang. Die durch die Diskussion um die Homosexualität des Naziführers Michael Kühnen ausgelöste Spaltung der Neonazis verlangsamt die angestrebte spektrenübergreifende Zusammenarbeit im rechtsextremen Lager zunächst.
Erste Versuche werden häufig von einzelnen Aktivisten vorangetrieben, so die Zeitung »Der Scheinwerfer« von Eberhard Hefendehl. Dort werden im Januar 1991 Adressen und Telefonnummern von Kölner Vereinen dokumentiert, die sich für Ausländer einsetzen („Adressen, die man sich merken sollte!").

Index und die bundesweite »Anti-Antifa«-Kampagne (August 1992)
Den Startschuss für die bundesweite Anti-Antifa-Kampagne gibt die Zeitung »Index«, das Organ der »Nationalen Liste« in Hamburg im August 1992. Dahinter steht mit Christian Worch, einem engen Weggefährten von Michael Kühnen, einer der heute wichtigsten Nazigrößen. Worch hatte bereits 1985 die Anti-Antifa-Broschüre „Früchte des Zorns" im Horst-Wessel-Verlag herausgegeben. Dies ist ein weiteres Beispiel für die personelle Kontinuität einer Untergrundorganisation, die sich hinter vielen Namen tarnt.
Zeitgleich kündigt die »Neue Front«, Organ der von Kühnen initiierten »Gesinnungsgemeinschaft der Neuen Front« die erste Ausgabe des »Anti-Antifa«-Magazins »Einblick« an.

»Der Einblick« (Jahreswechsel 1993/94)
Mit der ersten Ausgabe des bundesweiten »Anti-Antifa«-Magazins »Der Einblick« erreichen die Neonazis eine neue Stufe in der organisatorischen Vernetzung ihrer Arbeit. Parallel zum Erscheinen des Einblicks und im Zusammenhang damit sind bundesweit »Anti-Antifa«-Gruppen entstanden und zahlreiche Veröffentlichungen über linke GegnerInnen in lokalen Zeitungen, Flugblättern etc. erfolgt.

Zur Struktur der »Anti-Antifa« und des Naziuntergrundes (Januar 1994)
Aus Sicht der rechten Ideologieschmiede »Nation Europa«, Ausgabe 1/94 müsse sich die nationale Gemeinschaft praktisch organisieren, sie muss die Keimzelle einer streitbaren Gegen-Gesellschaft bilden. „Daraus folgt selbstverständlich, dass die Organisationsform dieser Gemeinschaft nicht eine Par-

tei, ein Verein oder eine sonstige Körperschaft im rechtlichen Rahmen des bestehenden Systems sein kann, sondern den Charakter einer „Bewegung" haben muss, ** mit strenger, verbindlicher Organisierung nach innen, jedoch ohne formale, von außen her nachvollziehbare Strukturen. ** Es geht auch nicht um eine Massenbewegung." (Hervorhebung von uns)
Diese Leitlinie zum Aufbau der NSDAP einschließlich der terroristischen Kampfgruppen der Anti-Antifa wird in den folgenden Jahren konsequent fortgesetzt.

»Der Landser, die Kommenden«/»Fränkische Aktionsfront« und die AAN
Der Zeitraum nach dem Einblick-Prozess bis zum Verbot der Fränkischen Aktionsfront und der nachfolgenden eigenständigen Internet-Präsenz der AAN belegen eine kontinuierliche Entwicklung und zunehmende Professionalisierung der Anti-Antifa.

»Anti-Antifa-Franken« (1993 bis 1998)
Im April 1993 wird in Kronach bei einem Treffen des Frankenrats die parteiübergreifende »Anti-Antifa-Franken« gegründet. Daneben wird als zweites Projekt die Zeitung »Junges Franken« ins Leben gerufen. Sie dient der »Anti-Antifa« als publizistische Plattform. Regelmäßig werden dort unter der Rubrik „Ausländerfreundlichster Mitbürger Frankens" politische GegnerInnen der Neonazis veröffentlicht. Auffallend an den Veröffentlichungen ist, dass sie im Gegensatz zum »Einblick« neben öffentlich zugänglichen Informationen wie z.B. Namen und Adressen von Veranstaltungsorten erstmals detailliertere Angaben aus dem persönlichen und politischen Umfeld enthalten.
Der Frankenrat ist das Führungsgremium des »Deutschen Freundeskreises Franken«, in dem wiederum die Kader verschiedener Neonaziorganisationen zusammenarbeiten.

»Anti-Antifa«-Agentin Silke Wunderlich (Anfang 1993)
Im Auftrag von Kai Dalek, einem wichtigen Führungskader im Naziuntergrund, versucht sich die Aktivistin Silke Wunderlich aus Kronach als »Anti-Antifa«-Agentin. Sie taucht mehrmals bei einem Nürnberger Antifa-Archiv auf und versucht einerseits heraus zu finden, woher das Archiv seine Informationen hat und andererseits interessiert sie sich für die Autonomen. Dies könnte darauf hindeuten, dass ihr Einsatz längerfristig angelegt gewesen ist, und die Arbeit in dem Antifa-Archiv auch dazu dienen sollte, ihr eine glaubwürdige linke Vita zu verschaffen. Als ihre Geschichte auffliegt, verschwindet sie. Silke Wunderlich ist so wenig ein Einzelfall wie die »Anti-Antifa« in Franken eine regionale/lokale Gruppe. Gerade die neue Rolle der Nazifrauen als aktive Kämpferinnen ist angesichts des frauenfeindlichen faschistischen Weltbildes

unter den tonangebenden männlichen Kameraden heftig umstritten. Angesichts von fünf »Anti-Antifa«-Agentinnen, die Mitte der 90er Jahre auffliegen, wird einmal mehr deutlich, dass »Anti-Antifa« mehr als eine politische Strategie ist. Dahinter steht eine konspirative Kaderorganisation im Naziuntergrund, die offenbar ihre Entscheidungen auch gegen erhebliche Widerstände im eigenen Milieu durchsetzen kann.

Folgende Spitzelinnen sind bekannt geworden: "In antifaschistischen Kreisen in Hannover wurde Kerstin Mutschall (FAP-Frauenschaft) und in der autonomen Szene Frankfurt Inge Pleßmar (aus dem Führungskreis der »Gesinnungsgemeinschaft der Neuen Front« [GdNF] Frankfurt/Langen enttarnt. Die weiteren drei Frauen waren: Silke Wunderlich in Nürnberg (Nationaler Block) und jeweils Berlin Karin Schüßler (FAP) und Marion Ludwig (Nationalistische Front)."
Quelle: Dissertation Uni Hamburg; Christiane Berger; 1. Juli 2005; Die „Reichsfrauenführerin" Gertrud Scholz-Klinik, Zur Wirkung einer nationalsozialistischen Karriere in Verlauf, Retrospektive und Gegenwart; Fußnote 321 auf Seite 244. Das Kapitel „Haltungen zur Beteiligung von Frauen an der Ausübung physischer Gewalt" ist eine lesenswerte Fundstelle zur Beteiligung von Nazifrauen an der Anti-Antifa.

Kampagne gegen das KOMM (1996/97)
Im »Bündnis gegen das KOMM« schließen sich 1996 verschiedene rechtsextreme Gruppen und Parteien (Freiheitlicher Volksblock (VB), Deutscher Freundeskreis Franken (DFF), NPD und »Anti-Antifa«-Gruppen) zusammen. Ziel ist die Schließung des überregional bekannten linken Jugendzentrums in der Nürnberger Innenstadt zu erreichen. Am 21.9.1997 meldet der FVB zusammen mit der »Anti-Antifa-Franken« eine Demonstration in Nürnberg an, die von den zuständigen Behörden verboten wird.

»Anti-Antifa«-Demonstration (Januar 1998)
Am 4.1.1998 marschieren ca. 50 Rechtsextremisten unter dem Motto „Vorsicht - Linksextremisten in Nürnberg - Gegen linke Gewalt" durch Nürnberg.

»Freie Kameradschaften« (Ende 90er Jahre)
Ein Merkmal der »Anti-Antifa«-Arbeit, nicht nur in Nürnberg besteht darin, dass sie von personell ähnlichen Gruppen immer weiter fortgeführt wird, auch wenn sie die jeweils tragenden politischen Gruppen der Nazis durch interne Spaltungen, Streitereien oder Gefängnisstrafen für Führungspersonen zerfallen. So übernehmen nach dem Zerfall des »Freiheitlichen Volksblocks« »freie Kameradschaften«, namentlich die »Skinheads Nürnberg« und später die

»Nationalisten Nürnberg«, die »Anti-Antifa«-Arbeit.

»Der Landser« (1998 bis 2001)
»Der Landser« ist die Zeitung der »freien Kameradschaften« in Nürnberg. Insgesamt erscheinen Ende der 90er Jahre acht Ausgaben, die letzte im Sommer 2001. Ab der dritten Landser-Ausgabe entwickelt sich »Anti-Antifa« zu einem Schwerpunkt, der in einer festen Rubrik behandelt wird.

Landser Nummer 3, (Anfang 1999)
In dieser Ausgabe erscheint der erste »Anti-Antifa«-Artikel „Rote Zonen in Nürnberg", der noch von der »Anti-Antifa Franken« unterzeichnet ist. Die darin enthaltenen Informationen sind öffentlich zugänglich.

»Anti-Antifa«-Aktivitäten bei linken Demonstrationen (ab 2000)
Zu dieser Zeit fängt die »Anti-Antifa« an linke Aktivitäten wie z.B. Demonstrationen zu filmen, einzelne Linke zu observieren und ihre Leute zu linken Treffpunkten zu schicken, um Informationen zu sammeln.

»Fränkische Aktionsfront« (FAF) (ab 2001)
Nachdem der Herausgeber des Landsers für mehrere Jahre in den Knast wandert, stellt die Zeitung ihr Erscheinen ein. Fortan setzt die »Anti-Antifa« ihre Aktivitäten im Rahmen der »Fränkischen Aktionsfront« fort.

»Die Kommenden« (2002 bis 2004)
Die »Anti-Antifa-Nürnberg« publiziert jetzt ihre Texte auf der Homepage der »Kommenden«, einer Unterseite der FAF. Im Laufe der Zeit lässt sich eine zunehmende Professionalisierung feststellen. Die Veröffentlichungen enthalten mehr und genauere Informationen und verfolgen gezielt politische Zwecke anstelle der früher üblichen pauschalen Beleidigungen.

Strategiepapier der »Anti-Antifa« (2003)
Ein umfangreiches grundsätzliches Strategiepapier der »Anti-Antifa Nürnberg« wird veröffentlicht. Die SPD-nahe Zeitung »Blick nach rechts« geht davon aus, dass Norman Kempken der Autor ist, eben jener Nazikader, der bereits 1993 im Einblick-Prozess zu einer Bewährungsstrafe verurteilt wurde und in einem Prozess gegen ihn selbst mal äußerte, er würde im "linksextremistischen Milieu ermitteln".

Diebstahl der Mitgliederkartei eines linken Archivs (Anfang 2003)
Der Diebstahl der Mitgliederkartei (mit Ausleihdaten) der links-al-

ternativen Bibliothek „Archiv Metroproletan" und die anschließende Veröffentlichung aller Namen stellt den bis dahin größten Erfolg der Anti-Antifa-Nürnberg dar.

Terroristische »Kameradschaft Süd« und V-Mann Didier Magnien (bis September 2003)
Im September 2003 hebt die Polizei eine terroristische Neonazigruppe, die »Kameradschaft Süd« wegen der Vorbereitung eines Sprengstoffanschlages auf die Grundsteinlegung der jüdischen Synagoge in München aus. Wir empfehlen zu den Hintergründen die Broschüre „Sprengstoff in München" von der Antifaschistischen Informations-, Dokumentations- und Archivstelle (A.I.D.A. e.V.; mail: info@aida-archiv.de).

Erschreckend ist die Zusammenarbeit zwischen dem bayerischen Verfassungsschutz in Form seines V-Mannes Didier Magnien, Naziterroristen, die Bomben bauen und der »Anti-Antifa-Nürnberg« im Rahmen der sogenannten »AG Bayern«. Als angeblicher Detektiv schult Magnien die Neonazis in der »Anti-Antifa«-Arbeit, beschafft ihnen eine hochauflösende Kamera, übergibt ihnen wohl auch eine Namensliste aktiver AntifaschistInnen und beschafft den Sprengstoff für den geplanten Anschlag. Weiter versucht der VS-Mann Magnien eine Münchner Rechtsextremistin, Monika Stillger, zu überreden, sich als Naziagentin in die linke Szene in Nürnberg einzuschleichen.

Polizei zeigt sich selbst an (Dezember 2003)
Im Dezember 2003 stellt die Polizeidirektion Nürnberg Strafanzeige gegen Unbekannt, da interne Polizeidaten über eine linke Person von der »Anti-Antifa Nürnberg« veröffentlicht wurden. Letztlich verläuft das Verfahren mit der hanebüchenen Begründung im Sand, dass nur eine eng begrenzte Anzahl dazu befugter Polizisten auf die fraglichen Daten zugegriffen habe.

Die »Anti-Antifa« gegen Gewerkschafter (2004 bis 2007)
Chronik der Aktivitäten der Anti-Antifa-Nürnberg (AAN) gegen gewerkschaftliche, betriebliche und soziale Basisinitiativen und der daraus entstehenden Auseinandersetzungen im Zeitraum von 2004 bis Ende 2007.

Januar 2004 Verbot der F.A.F.
Der bayerische Innenminister verbietet am 22.1.2004 die »Fränkische Aktionsfront« (F.A.F.) wegen „Wesensverwandtschaft zum Nationalsozialismus und ihrer zum Teil auch strafbaren Aktionsformen." Mehr dazu steht in der Pressemitteilung vom 5. Juli 2006 anlässlich der Bestätigung des Verbotes durch den bayerischen Verwaltungsgerichtshof unter http://www.stmi.bayern.

de/presse/archiv/2006/220.php
Oktober 2004: Labournet verlangt Entfernung des links
Nachdem Labournet Germany von der Redaktion der „Jungen Welt" darauf aufmerksam gemacht wird, dass sie als Informationsquelle unter „Nationale Verweise" bei der Seite der Kommenden aufgeführt werden, verlangen sie am 25.10.2004 die Entfernung des links. Der link wird vom anonymen webmaster entfernt und am nächsten Tag wechselt die Seite auf eine net-domain und zu einem provider in Kanada.

Januar 2005: Eigenständige Internetpräsenz der AAN
Die »Anti-Antifa-Nürnberg« richtet eine eigene Internetpräsenz ein. Nach eigenen Angaben war die AAN seit Ende Januar 2004 nicht mehr im Internet vertreten, da ihre Seite bis zu diesem Zeitpunkt bei Unterstützern der »Fränkischen Aktionsfront« (F.A.F) untergebracht war.

März 2005: Veröffentlichung der AAN über „autonome Betriebs-Agitation"
Die AAN veröffentlicht einen reißerischen „Aufklärungsartikel", der sich äußerlich um eine Person rankt und inhaltlich eine sogenannte „autonome Betriebs-Agitation" aufdecken will. Dazu werden fünf Personen namentlich und mit Fotos veröffentlicht, zum Teil weitere persönliche Daten wie Arbeitgeber genannt und angebliche Aktivitäten aufgeführt. Die verwendeten Informationen umfassen einen Zeitraum von 2002 bis Ende 2004, in einem Fall wird auf eine Vereinsgründung im Frühjahr 1990 Bezug genommen. Durch 14 Fußnoten wird versucht den Anschein einer sorgfältigen Recherche zu erwecken. Ein Bild eines Betroffenen wurde bei Labournet Germany geklaut (FN 13: „Bild von labournet.de ... - die Anti-Antifa dankt.")

März 2005: Einschätzung der Veröffentlichung
Die Diskussion über die Einschätzung der Veröffentlichung führt bei »Labournet Germany« und »Netzwerk IT« zu der Einschätzung, dass diese Seite als gefährlich einzustufen war. Die Einschätzung beruht u.a. auf folgenden Überlegungen:

- Es handelt sich um einen durchkonzipierten Artikel, locker und intelligent formuliert mit der nicht ungeschickten Vermischung von öffentlich bekannten Tatsachen und einer Verschwörungstheorie. Er unterscheidet sich damit deutlich von früheren plumpen Veröffentlichungen der AAN, die z.B. von sexistischen Beleidigungen wimmeln und denen daher von vornherein jede Glaubwürdigkeit fehlt.
- Bei genauerer Analyse stellt sich heraus, dass das Angriffsziel der AAN in dem Artikel eben nicht primär die autonome Antifa ist, sondern eine sogenannte „linksextremistische Betriebsarbeit".

- Aufgrund der konspirativen Arbeitsweise der AAN und der anonymen Veröffentlichung wird es für die Betroffenen schwierig, sich gegen die falschen Unterstellungen zu wehren.
- Offensichtlich zielt der Artikel darauf ab, die genannten Personen bei ihren Arbeitgebern anzuschwärzen und Material für eine politisch motivierte Kündigung zu liefern. Ein weiteres Ziel könnte auch gewesen sein, die Betroffenen innerhalb ihrer Gewerkschaften zu isolieren.

März 2005: Unterlassungsverlangen von Labournet
Am 19.3.2005 fordert »Labournet« die Entfernung des geklauten Bildes und aller auf labournet verweisenden links.[6]

März 2005: Nazi-Seite wird verschoben
Offenbar als Reaktion auf die angekündigten rechtlichen Schritte durch »Labournet« wird der angesprochene Artikel Ende März auf eine neue Nazi-Seite der »Anti-Antifa-Nürnberg« verschoben. Die Seite der AAN wird dabei teils überarbeitet.

März/April 2005: Denunziationsbrief an Firma
Wir erhalten gegen Zusicherung absoluter Vertraulichkeit den glaubwürdigen Hinweis, dass mindestens in einem Fall in Nachfolge der Veröffentlichung ein Brief an einen Arbeitgeber gerichtet wurde mit dem Tenor „besorgter Bürger möchte auf linksextremistische Aktivitäten hinweisen". Neben der persönlichen Integrität unserer Quelle spricht für die Glaubwürdigkeit des Hinweises auch die Tatsache, dass solche anonymen Denunziationen eine typische Methode der »Anti-Antifa« sind.

April 2005: Seite wird gesperrt
Am 7.4.2005 wird bekannt, dass der kanadische provider die Nazi-Seiten der »Kommenden« und der AAN abgeschaltet hat.

April 2005: Kommentar der AAN zum Wiedererscheinen
Eine bemerkenswerte Stellungnahme gibt die AAN am 28.04.2005 zum Wiedererscheinen ihrer Internetseite ab. Unter dem Titel „Wir sind wieder online!" lesen wir u.a.: „Wie nicht zuletzt infolge eines von uns durchaus als schmeichelhafte Bestätigung empfundenen Medienechos bekannt sein sollte, waren „Die Kommenden" vorübergehend nicht mehr zu erreichen. Die Sperrung ist auf eine Konfrontation mit dem Labournet Germany zurückzuführen. Hinter dem Labournet verbirgt sich, abgesehen von seinen obsoleten antifaschistischen Stilübungen, eine durchaus verdienstvolle Gruppe „linker" Gewerkschafter. (...)

Wie dem auch sei. Auslöser der Affäre war ein Bericht der Anti-Antifa-Nürnberg, der u.a. auf Querverbindungen zwischen „linken" Gewerkschaftern aus dem Umfeld des Labournet und der gewaltbereiten Antifa-Szene in Nürnberg hinwies. Genau hierum ging es, und nicht etwa, wie einer der Betroffenen im „Neuen Deutschland" herbeihalluzinierte, um die Verhinderung engagierter Betriebsarbeit. (...)"

Im Schlussabsatz folgt dann ein überraschendes Eingeständnis: „Abschließend noch Folgendes: Die Solidarität im „Nationalen Widerstand" hielt sich in engen Grenzen; es hat den Anschein, als wäre ein völliger Ausfall der »Kommenden« nicht nur dem Staat oder der »Antifa« genehm gewesen, sondern auch gewissen „rechten" Kreisen durchaus zupasse gekommen."
Der Rechtfertigungsdruck im eigenen Umfeld muss für die AAN offenbar riesig gewesen sein. Nur so lässt sich erklären, dass sie entgegen ihrer sonst üblichen Großmäuligkeit offen einräumen, dass sie im »Nationalen Widerstand« isoliert sind und kaum Solidarität erfahren haben.

April / Mai 2005: AAN wieder online bei Garry Lauck (NSDAP/AO)
Ab 28.04.2005 ist die AAN wieder online, zunächst anonym über Pakistan und kurz darauf endgültig bei dem berühmt-berüchtigten Garry Lauck der NSDAP/AO (Auslandsorganisation bzw. Aufbauorganisation) in den USA. Bei der NSDAP/AO handelt es sich um eine Kaderorgansiation der militanten Neo-Nazis, deren Verbindung zur »Anti-Antifa« schon Anfang der 90er Jahre im Rahmen des Verfahrens gegen den »Einblick« dokumentiert ist.

März 2006: UPS-Manager nutzt AAN Inhalte im BR-Wahlkampf
Kurz vor der Betriebsratswahl veröffentlicht der UPS-Supervisor Tobias Dede, der als Frontmann einer antigewerkschaftlichen Betriebsratsliste auch BR-Vorsitzender in Nürnberg ist, eine achtseitige Schrift, die unter Nutzung von Inhalten der AAN versucht, die ver.di BR-Liste und deren führende Kandidaten zu diffamieren. Tobias Dede übernimmt dabei die Inhalte der AAN, in dem er erklärt: „Wir nutzen die sehr detaillierten Recherchen auf der zitierten rechtsextremen Website. Nahezu alles, was wir überprüften und überprüfen konnten, und das war nicht wenig, stimmte bis ins Detail."

Der gesamte Sachverhalt wird dargestellt in dem Artikel: „Der Nürnberger UPS Betriebsratsvorsitzende und die Neonazis von der Anti-Antifa" unter www.netzwerkit.de/projekte/meinungsfreiheit/unionbu/news_item.2006-04-19.9291540848

Welche Schlussfolgerungen lassen sich aus der der Outing-Broschüre des UPS-Managers ziehen?

Hatten wir schon die ursprüngliche Veröffentlichung der AAN als gefährlich eingestuft, so klingeln jetzt alle Alarmglocken. Die Parallelen zwischen der Veröffentlichung des UPS-Managers Dede, der wohl die Rückendeckung mindestens des deutschen Managements besitzt, und den Methoden der »Anti-Antifa« springen ins Auge.

- Schon die Namensgebung für Dedes Pamphlet „Das wahre wahre Päckchen", die eine Anspielung auf die Zeitung „Das wahre Päckchen" der ver.di-Betriebsgruppe beinhaltet, erinnert in ihrer Art an die Namensgebung der »Anti-Antifa«.
- Der Stil des Pamphlets gleicht jener scheinbaren ‚Aufklärung', die so typisch für die Veröffentlichungen der AAN ist.
- Auch die wenigen formelhaften Distanzierungen von den Rechtsextremen und der Hinweis auf zu verurteilende Gewalt gegen Andersdenkende bei gleichzeitiger ausdrücklicher Werbung für den Besuch der Naziseite und ausdrücklicher Bestätigung der Glaubwürdigkeit der Inhalte erinnert fatal an Stil der »Anti-Antifa«.
- Im Stil der Anti-Antifa wird von Dede ein weiteres Mitglied der ver.di-Betriebsgruppe „geoutet", in dem er über diesen Kollegen unter Nennung seines vollen Namens schreibt, „manche" hätten in ihm „schon länger einen verkappten Altkommunisten" gesehen.
- Stutzig macht uns auch ein Vergleich zu einem Pamphlet, dass Dede unter dem gleichen Titel vier Jahre zuvor im BR-Wahlkampf veröffentlichte. Das enthielt zwar auch zahlreiche Unterstellungen und Diffamierungen, gegen die sich die ver.di Betriebsgruppe teils auch rechtlich erfolgreich wehrte, aber damals fehlte noch jeder politische Bezug. Waren Dede und seine UPS-Freunde tatsächlich nur zufällig im Internet auf die Naziseite gestoßen, wie sie behaupten?
- Wir hätten das gerne alles als Zufall abgetan. Aber Recherchen ergaben, dass Ende Februar, und damit bevor Dedes seine „Outing"-Broschüre in Papierform bei UPS Nürnberg verteilt, die AAN ihren Artikel über „autonome Betriebs-Agitation" ausgräbt und erneut mit einen Anreissertext auf die Startseite setzt, mit link zum Artikel im Archiv. Da auf der Startseite nur „Aktuelles" steht, stellt sich die Frage, woher die »Anti-Antifa« wusste, dass ihr unbearbeiteter, inzwischen zwölf Monate alter Artikel, in Kürze wieder aktuell werden wird?

Die Gesamtbeurteilung der geschilderten Tatsachen legen nahe, dass es direkte Kontakte zwischen dem UPS-Management und der »Anti-Antifa« gegeben hat!

April 2006: Presseberichte über UPS und AAN
Am 19.04.2006 berichtet die »Junge Welt« "Infoquelle Anti-Antifa?" und am

Die dunkle Seite der Macht · 257

28.04.2006 das »Neue Deutschland« "Wahlkampf mit Rechtsdrall" über die Vorgänge um UPS und die AAN.
Mai / Juni 2006: Landgericht erlässt einstweilige Verfügung
Wie ver.di Mittelfranken am 6. Juni in der Presseerklärung "Landgericht Nürnberg weist rechtsgerichtete Diffamierung gegen Gewerkschafter bei UPS in die Schranken" mitteilt, hat das Landgericht Nürnberg-Fürth am 18.05.2006 eine einstweilige Verfügung gegen die Veröffentlichung des UPS-Managers Dede erlassen. Weiterhin wird eingeräumt, dass Dede noch Mitglied von ver.di sei. Er habe zwar seine Mitgliedschaft gekündigt, trotzdem erwäge ver.di ein Ausschlussverfahren gegen ihn einzuleiten.
Quelle: Pressemitteilung von ver.di Mittelfranken und die darauf beruhenden Artikel in den lokalen Medien am 7.06.2006. Nürnberger Nachrichten "Gericht stoppt Neonazi-Propaganda", Nürnberger Zeitung „Landgericht untersagt Zitate von Nazi-Seiten gegen Gewerkschafter" und "Bei Zuwiderhandlung 250.000 Euro oder sechs Monate Haft" auf Netzwerk IT mit weiteren Fundstellen.

August 2006 UPS-Manager akzeptiert Unterlassung und entschuldigt sich
Nachdem die Arbeitnehmervertreter großer UPS-Kunden Druck machen, kommt es in der Hauptverhandlung zu einem Vergleich. Der UPS-Supervisor Tobias Dede akzeptiert die geforderte Unterlassungserklärung und entschuldigt sich bei dem Kläger. Im Gegenzug rettet sein Anwalt ihm den Job, in dem er in den Vergleich festschreiben läßt, dass Dede sich die falschen Neonazi-Behauptungen nicht zu eigen gemacht habe.
Zum Schluss gibt der Vorsitzende Richter ihm noch einen guten Rat mit auf den Weg. Er solle nie wieder solche Quellen benutzen. Dies gelte selbst dann, wenn die dort aufgestellten Behauptungen zutreffen würden.
Quelle: UPS und rechtsextreme Propagandaseiten unter http://www.radio-z.net/component/option,com_jimtawl/view,topic_show/id,8116/Itemid,77/lang,germani/

August 2006: Netzwerk Aktivist veröffentlicht
Im Rahmen einer längeren Veröffentlichung über eine autonome Gruppe wird auch das Foto eines Netzwerk-Aktivisten im NCI-Shirt ohne dessen Einwilligung publiziert.

September 2006: ver.di Vorstand beschließt Gewerkschaftsausschluss
Obwohl Dede „freiwillig" zu Ende September ausgetreten ist, gelingt es engagierten GewerkschafterInnen beim ver.di-Bundesvorstand durchzusetzen, dass Dede wegen seiner Entgleisung aus ver.di ausgeschlossen wird.

Dezember 2006: UPS-Management sieht keinen Handlungsbedarf gegen Verbreitung von Neonazi-Material
Das Deutschland-Management von UPS erklärt auf mehrfaches Nachfragen gegenüber dem Gesamtbetriebsrat, dass es gegen die Verbreitung von Neonazi-Material und die Werbung für die Seiten der AAN keine disziplinarischen Maßnahmen ergreifen werde.

„Es steht zu befürchten, dass im Kampf gegen gewerkschaftliches Engagement und unbeeinflusste betriebliche Mitbestimmung mittlerweile jedes Mittel recht ist – sogar die Verwendung brauner Hilfstruppen", schreiben die AktivistInnen von UPS in ihrem Bericht "UPS-Management sieht keinen Handlungsbedarf".

Verfassungsschutzbericht 2006 erwähnt erstmals Anti-Antifa
Im bayerischen Verfassungsschutzbericht 2006 wird erstmals die »Anti-Antifa« als Gruppe mit 10 Mitgliedern erwähnt. Zuvor wurden jahrelang die bekannten organisatorischen Strukturen ignoriert und »Anti-Antifa« nur als ein Arbeitsbereich der Rechtsextremisten behandelt.

Die Gegenwehr gewerkschaftlicher Netzwerke und betrieblicher und sozialer Basisinitiativen gegen die AAN und die insbesondere durch die Auseinandersetzung mit UPS entstandene Öffentlichkeit haben wohl ihren Beitrag dazu geleistet, einen „Sinneswandel" beim Inlandsgeheimdienst einzuleiten: Totschweigen und Vertuschen geht nicht länger.

November/Dezember2007
Am Rande eines Demonstrationsverfahrens gegen zwei Globalisierungsgegner wird bekannt, dass der Nürnberger Staatsschutz illegal veröffentlichte Fotos von der »Anti-Antifa«-Seite für polizeiliche Ermittlungen benutzt. Es kommt zu einer relativ breiten Medienberichterstattung über diesen Skandal und sogar der bayerische Landtag muss sich auf Antrag der Opposition mit der Sache beschäftigen.[7]

August 2008
Die Website der Anti-Antifa verschwindet. Während AntifaschistInnen noch über die Hintergründe spekulieren, erscheint in den lokalen „Nürnberger Nachrichten" am 7.8.2008 ein Bericht unter dem Titel „Neonazi-Seite ist tot". Darin ist u.a. zu lesen: „Die Jugendschutz-Organisation »Jugendschutz.net«, die vom Familienministerium mitfinanziert wird, heftet sich diesen Erfolg auf die Fahnen. (...) Die Mitarbeiter von »Jugendschutz.net«, die rechtsradikale Umtriebe im Internet dokumentieren, haben daraufhin nach eigenen Angaben »im direkten Kontakt mit dem zuständigen argentinischen Dienste-Anbieter

des Nazi-Providers« die »komplette Sperrung sämtlicher Länder-Sektionen des Anti-Antifa-Netzwerkes« erreicht.
Die Chronologie beruht auf einer Reihe öffentlich zugänglicher und seriöser Quellen. Einige wichtige Quellen sind[8]:
BBC-Dokumentation zu »Gladio«
Gladio Part 1 The Ring Masters (Die Direktoren) unter
http://video.google.com/videoplay?docid=264709845600167246
Gladio Part 2 The Puppeteers (Die Puppenspieler) unter
http://video.google.com/videoplay?docid=8697248641166616573
Gladio Part 3 The Foot Soldiers (Die Fussoldaten) unter
http://video.google.com/videoplay?docid=-5230012089196767224

Wikipedia zu Gladio mit Zusammenstellung der wichtigsten Quellenangaben
http://de.wikipedia.org/wiki/Gladio

Forschungsprojekt Gladio „Secret Warfare : Operation Gladio and NATO's Stay-Behind Armies" unter
http://www.php.isn.ethz.ch/collections/colltopic.cfm?lng=en&id=15301

„Geheime Informanten" von Rolf Gössner; eine Zusammenstellung der wichtigsten Fundstellen zur »Anti-Antifa« steht auf »Netzwerk IT« unter
http://www.netzwerkit.de/projekte/antiantifa/hintergrund/goessner

Anmerkungen

1   So haben wir unseren persönlichen Kommentar zum Ergebnis der Internetrecherchen genannt. Siehe http://www.netzwerkit.de/projekte/antiantifa/puzzle
2   Soweit nicht anders angegeben, beziehen sich alle folgenden Aussagen auf das Projekt »Anti-Antifa gegen GewerkschafterInnen« unter http://www.netzwerkit.de/projekte/antiantifa . Dort findet man auch die jeweiligen Quellenangaben zu den einzelnen Tatsachen und weiterführende links zum Thema.
3   Schon im Juni 2006 berichtet »jugendschutz.net« über die »Anti-Antifa«-Seite »Redwatch«: „ Das von Großbritannien aus betriebene Internetportal, von dem es außer in Polen auch Ableger in Deutschland, den USA und Australien gibt, listet Namen, Anschriften und Fotos von linken Politikern und Bürgerrechtlern [...] auf. [...] In Deutschland ist bislang kein Überfall rechter Aktivisten bekannt geworden, der auf die »Redwatch«-Listen zurückzuführen ist. Allerdings ist dies auch kaum nachprüfbar, da die deutsche Liste offenbar nur mit Passwort zugänglich ist. Neben »Redwatch« kursieren auch in Kreisen der rechtsextremen »Anti-Antifa« Namenslisten

von politischen Gegnern." Quelle: http://www.jugendschutz.net/news/200606/news_06-06-29_15-24-59_mw.html

4 Die Initiative »Stoppt die Anti-Antifa – Betroffene und UnterstützerInnen wehren sich gegen Nazis« hat auf ihrer Webseite die wichtigsten Stationen und Pressemeldungen dokumentiert. Siehe http://stopptantiantifa.blogsport.de/
5 http://www.diss-duisburg.de/Internetbibliothek/Artikel/Anti_Antifa.htm
6 Siehe dazu die Dokumentation auf Labournet Germany unter http://www.labournet.de/diskussion/rechten/opfer/kommende.html
7 Siehe dazu http://stopptantiantifa.blogsport.de/Pressespiegel/
8 Weitere Quellen siehe http://www.netzwerkit.de/projekte/antiantifa/hintergrund

AEG - Chronologie des Arbeitskampfes

Vorgeschichte

Das AEG-Werk für Waschmaschinen und Heizgeräte in Nürnberg wird 1922 gegründet. Vor und während des 2. Weltkrieges wächst die AEG zu einem der größten Industrie- und Rüstungskonzerne Deutschlands. In den 70er Jahren gerät der Konzern erstmals in eine Krise und steht 1980 vor dem Bankrott. Zu dieser Zeit waren in Nürnberg noch rund 6000 KollegInnen bei der AEG beschäftigt. Teilbereiche werden verkauft und 1985 übernimmt Daimler-Benz die Reste von AEG.

1994
Electrolux übernimmt von Daimler-Benz aus dem schwer angeschlagenen AEG-Konzern den Bereich Hausgeräte mit den Werken Kassel, Herborn, Rothenburg ob der Tauber und das Stammwerk in Nürnberg.

1995
Im Rahmen der Tarifverhandlungen über Lohnerhöhungen kommt es in Bayern zum Streik. Das AEG-Stammwerk in Nürnberg ist Streikbetrieb, in dem zwei Wochen lang nichts produziert wird.

2001
Electrolux schließt die AEG-Staubsaugerproduktion im fränkischen Rothenburg o.d.T. mit 400 Beschäftigten.

2002
Die Werke in hessischen Herborn-Burg (Produktion von Kochfeldern) und Kassel (Kühlgeräte) werden geschlossen.

2003
Produktionsrekord in Nürnberg: Mehr als 1,8 Millionen Waschmaschinen, Geschirrspüler und Trockner werden gefertigt.
  Electrolux bestand 2003 aus 284 Unternehmen in mehr als 60 Ländern. Allein in Europa hat der Konzern über 30 Marken. Konzernchef Hans Stråberg kündigt an, die Modellpalette reduzieren zu wollen. Damit wird das 1997 aufgelegte Restrukturierungsprogramm fortgesetzt. Die Zahl der Beschäftigten sank bei steigender Dividende von 109.470 im Jahr 1994 auf 77.140 im Jahr 2003.

10. Februar 2004
Am Warnstreik gegen die Forderung von Gesamtmetall nach Wiedereinführung der 40-Stundenwoche beteiligen sich in Nürnberg 4500 ArbeiterInnen, darunter die gesamte AEG Belegschaft.

15. Februar 2005
Electrolux kündigt an, die Schließung und Verlagerung von 13 bis 14 seiner 27 Werke in Westeuropa in „Billiglohnländer" zu prüfen.

März 2005
Der Electrolux-Deutschland-Chef spricht von „gravierenden Auslastungsproblemen" des Nürnberger Werkes. Das Management fordert den Abbau von 300 Arbeitsplätzen. Der Betriebsrat und die IG Metall akzeptieren daraufhin eine Betriebsvereinbarung. Die Arbeitszeit wird von 35 auf 30 Stunden ohne Lohnausgleich gesenkt. Im Gegenzug werden betriebsbedingte Kündigungen bis zum Jahresende ausgeschlossen.

7. Juni 2005
Electrolux beauftragt das AEG-Management, die Schließung des Standortes Nürnberg mit 1750 Beschäftigten zu untersuchen.

12. Juli 2005
Mehrere tausend Beschäftigte in Europa protestieren gegen die Umstrukturierungspläne von Electrolux. Im Laufe des Jahres werden die Standorte Fuenmayor in Spanien und Reims in Frankreich geschlossen, Massenentlassungen in Florenz in Italien und im schwedischen Marienstaad werden durchgeführt.

Juli 2005
Auf Betreiben des AEG-Betriebsrates und mit Unterstützung des lokalen Managements darf das Info-Institut die wirtschaftliche Lage der AEG untersuchen und Vorschläge für Einsparmaßnahmen entwickeln.

Juli 2005
Das Sozialforum Nürnberg verfasst eine Solidaritätserklärung mit der AEG, in der auch eine Unterstützung durch das Sozialforum im Rahmen seiner Möglichkeiten angeboten wird. Eine Delegation trifft sich mit dem Betriebsrat und schlägt vor, in die Öffentlichkeit zu gehen. Die Reaktion von Betriebsrat bzw. IG Metall bleibt höflich und unverbindlich. Es kommt zu keiner Vereinbarung oder Koordination über eine mögliche Zusammenarbeit.

1. September 2005
Die AEG-Deutschland wird in 5 eigenständige GmbH's zerschlagen. Neben der Produktion (AEG Hausgeräte GmbH), die damit zum Abschuss freigegeben ist, entstehen die Electrolux Service GmbH (Kundendienst und Call Center Ersatzteile) mit 427 MitarbeiterInnen, Electrolux Logistics GmbH (Logistik für Deutschland und für die Marke AEG teils für Europa) mit 181 MitarbeiterInnen, Distriparts Deutschland GmbH (Distribution der Ersatzteile für Zentraleuropa) mit 212 MitarbeiterInnen und die Electrolux Hausgeräte Vertriebs GmbH (Marketing, Vertrieb, Verwaltung, IT und Floorcare) mit 636 MitarbeiterInnen.

Im Handelsblatt verkündet der Electrolux-Chef Stråberg zeitgleich, dass er wenig Chancen sieht, dass Werk der Konzerntochter AEG in Nürnberg zu erhalten.

23. September 2005
Auf der Sitzung des Aufsichtsrates der AEG-Hausgeräte GmbH präsentiert das Info-Institut sein Gutachten, das mit Betriebsrat und IG Metall abgestimmte Einsparmaßnahmen vorschlägt. Die ArbeiterInnen sollen demnach auf 15 Millionen Lohn jährlich verzichten, u.a. durch unbezahlte Verlängerung der Arbeitszeit von 30 auf 35 Stunden, Kürzungen bei Weihnachts- und Urlaubsgeld. Weitere Einsparungen sollen durch eine Neuberechnung der Fixkosten (z.B. Verwaltungs- und Managementkosten des Gesamtkonzerns Electrolux) erreicht werden, die vom Konzern auf das Nürnberger Werk umgelegt werden. Im Gegenzug fordert die Gewerkschaft eine Standortgarantie für Produktion und Entwicklung bis 2010, konkrete Investitionszusagen und eine garantierte Stückzahl für Waschmaschinen und Geschirrspüler.

Damit bietet die Gewerkschaft faktisch ebenfalls an, auch wenn das in der Öffentlichkeit nicht laut gesagt wird, dass die geplante Verlagerung der Trocknerproduktion nach Polen Anfang 2006 mit den dadurch notwendigen Entlassungen von ihr mitgetragen wird.

Die Sparvorschläge gehen dem Management nicht weit genug. Es besteht auf dem vorgegebenen Ziel von 48 Millionen Kostensenkung. Dabei beträgt die Lohnsumme in Nürnberg jährlich gerade mal 72 Millionen.

5. Oktober 2005
Mit einem 24-stündigen Warnstreik legen die Beschäftigten, mobilisiert durch IG Metall und Betriebsrat, erstmals das Nürnberger Werk lahm. Gleichzeitig droht der zweite Vorsitzende der IG Metall, Berthold Huber, Electrolux für den Fall einer Schließung der AEG mit harter Gegenwehr. „Wir werden einen Käuferboykott der Electrolux-Produkte anzetteln," sagt er.

21. Oktober 2005

Die IGM und der Europäische Metallgewerkschaftsbund (EMB) organisieren einen europäischen Aktionstag an Electrolux-Standorten in sieben Ländern. In Nürnberg wird wieder den ganzen Tag gestreikt. Ansonsten kommt es nur in Italien zu einem 2-stündigen Warnstreik und kleineren Protestaktionen in anderen Ländern.

Die europäische Gewerkschaftsbewegung kann keine internationale Gegenwehr organisieren. Positiv ist anzumerken, dass es der erste europäische Protest außerhalb der großen Autofabriken ist. Die IG Metall, die jetzt massiv Solidarität im EMB einfordert, tut nichts für andere Werke. So wird der Kampf der spanischen KollegInnen in Fuenmayor, die anlässlich der Schließungsverkündung den Werksleiter verprügeln, nur als warnendes Beispiel benutzt, dass so etwas „bei uns" ja zum Glück nicht passiert. Konkrete Solidaritätsaktion: Fehlanzeige.

29. Oktober 2005

Auf einer mit 400 KollegInnen an einem Samstag (!) sehr gut besuchten Mitgliederversammlung der IG Metall wird eine 51-köpfige Tarifkommission gewählt. Ihr gehören die Betriebsräte, Vertrauenskörperleitung (ca. 30 Personen), sowie ein gutes Dutzend von der Gewerkschaft und vier spontan vorgeschlagene KollegInnen an. Es gibt auf der Versammlung keine Diskussionsbeiträge, aber eine Stimmung für Streik ist deutlich spürbar. Die Funktionäre deuten weitere Aktionen für die nächste Zeit an und versichern, sich nicht hinhalten zu lassen, bis das Weihnachtsgeschäft vorbei sei. Die Wahl einer Tarifkommission ist nach IG Metall Satzung der erste Schritt zur Einleitung einer Urabstimmung und eines Streikes. Gleichzeitig wird die Zahl von ca. 500 Stellen bestätigt, die durch die Verlagerung der Trockner nach Polen (ca. 300 Jobs) und die Rückkehr zur 35-Stundenwoche nach Ablauf der Betriebsvereinbarung zum 31.12.2005 (200 Jobs) überzählig werden.

Die IG Metall legt den Termin bewusst zeitgleich zu der seit Monaten angekündigten Demonstration des Nürnberger Sozialforums. Die Demonstration richtet sich gegen den Sozialabbau und ruft aus aktuellem Anlass ausdrücklich zur Solidarität mit den AEGlern auf. An der Demo beteiligen sich ca. 1200 Personen, davon ca. 600 Autonome, die als geschlossener Block laufen. Über den Umgang mit der Demo gibt es einen heftigen internen Streit innerhalb der Sozialdemokratie, in dem sich der rechte SPD-Flügel in IGM und DGB mit seiner Ablehnung jeder Zusammenarbeit gegen den etwas offeneren Kurs der linken WASG-Fraktion in Teilen von ver.di durchsetzt.

Anfang November

Die Tarifkommission tritt aus zunächst unerklärlichen Gründen nicht zusammen. Nachfragen nach weiteren Aktionen wird von den Funktionären ausgewichen. Ein in Aussicht gestellter Aktionstag Mitte November findet nicht statt.

14. November 2006
Die Gewerkschaft schlägt ein Konzept zur „Standortrettung" vor. Die Kernpunkte lauten:
❐ Verlagerung der Trocknerproduktion nach Polen bis Mitte 2006 wie vom Management geplant mit Verlust von 220 Arbeitsplätzen.
❐ Rückkehr zur 35-Stundenwoche ohne Lohnausgleich; entspricht 250 Jobs, die wegfallen.
❐ Reduzierung der Stückzahlen von 2007 an auf garantierte 800.000 Stück (von ca. 1,4 Million in 2005) bedeutet mindestens weitere 300 Jobs, die dadurch überflüssig werden.
❐ 16% Lohnverzicht durch unbezahlte Arbeitszeitverlängerung und sonstige Kürzungen, der aber nur in Kraft treten soll, wenn er für alle gilt, also auch für die Manager.
❐ Standort und Beschäftigungsgarantie für die 900 bis 1000 übrig bleibenden KollegInnen bis zum 31.12.2010
❐ Investitionen in Modernisierung der Produktionsanlagen.

Mit diesen Forderungen schlägt die IGM eine Abwicklung des AEG-Werkes verteilt auf mehrere Jahre vor. Durch die Ausarbeitung des Info-Institutes und der IG Metall im Sommer 2005 ist bekannt, dass eine deutliche Verringerung der Jahresproduktion das Werk betriebswirtschaftlich unrentabel machen würde. Zusätzlich bedeutet dieser Vorschlag für 500 KollegInnen den Verlust des Arbeitsplatzes noch im Jahr 2006.
Diese Vorschläge werden nicht von der Tarifkommission ausgearbeitet und den KollegInnen vorher zur Abstimmung vorgelegt, sondern von einem kleinen Kreis der Gewerkschaftsfunktionäre beschlossen.

November 2005
Das Electrolux-Management reagiert nicht auf dieses Angebot.

2. Dezember2005
Die IGM organisiert kurzfristig einen Warnstreik. Sie fordert den Konzern auf, jetzt eine Entscheidung für den Erhalt des Standortes zu treffen.

9. Dezember 2005
Für Montag den 12. Dezember wird eine Informationsveranstaltung der Geschäftsleitung im Werk angekündigt. Am Samstag wird bekannt, dass 50

Security Leute zum Schutz der Manager angefordert werden.

12. Dezember 2005
Auf der Informationsveranstaltung verkündet Europachef Winkler die Schließung des AEG-Werkes in Nürnberg. Die KollegInnen pfeifen ihn nieder und bewerfen das Management mit Sitzkissen. Nach 7 Minuten fliehen die Manager. Danach kommt es zu einer Spontandemonstration der KollegInnen ums Werk und anschließend gehen alle nach Hause.

13. bis 15. Dezember 2005
In den nächsten Tagen kommt es immer wieder zu spontanen Streikaktionen. Zu Schichtbeginn kommt es zum Bummelstreik. Andere halten die Bänder an, besuchen gemeinsam den Betriebsrat und zwingen so u.a. den Betriebsrat für 12.00 Uhr geplante Betriebsversammlungen vor zu verlegen. Nach den Betriebsversammlungen gehen die KollegInnen geschlossen heim. Zusätzlich haben sich viele krank gemeldet. Die Medien berichten, dass die Arbeiter die Fabrik übernommen hätten und die Lage außer Kontrolle sei.

Die Tarifkommission der IGM trifft sich und beschließt ein umfangreiches Forderungspaket für einen Sozialtarifvertrag (u.a. 3 Monatsgehälter brutto = netto als Abfindung, 24 Monate Beschäftigungsgesellschaft, Vorruhestandsregeln für alle über 53 Jahre).

16. Dezember 2005
Die Gewerkschaftsfunktionäre werfen ihr ganzes Gewicht in die Waagschale und überreden die KollegInnen am Freitag zum Besuch des bayerischen Wirtschaftsministers Huber wieder zu arbeiten. Wir wollen ihm zeigen, dass die AEGler arbeiten können. Alle Medien nehmen den Ball auf und berichten am Freitag vormittag vom Ende der spontanen Proteste. Huber bedankt sich, in dem er auf der Pressekonferenz nach dem Werksbesuch verkündet, dass es keine Hoffnung mehr für den Erhalt des Werkes gäbe.

19. Dezember 2005
Der Montag ist für alle offiziell bezahlte Freischicht über das Gleitzeitkonto. Das gilt übrigens auch für den wilden Streik der Vorwoche. Am Monatsende erhalten alle ihre regulären Lohn (auf Basis der verkürzten 30 Stundenwoche).

20. Dezember 2005
Um 13.00 Uhr beginnt die Betriebsversammlung. Diese geht mit einer Demonstration direkt in den Aktionstag des DGB über. Auf der Betriebsversammlung wird noch gemeinsam von IGM und Geschäftsleitung der Deal bekannt gege-

ben, dass bis 3. Januar bezahlte Freischichten und Werksurlaub (ursprünglich nur für eine Woche geplant) gelten. Am 4. Januar soll dann wieder normal gearbeitet werden.

An einer vom DGB veranstalteten Kundgebung und anschließender Lichterkette ums Werk nehmen 6.000 Menschen teil. Es handelt sich überwiegend um GewerkschafterInnen und KollegInnen aus anderen Betrieben. Die Beteiligung der BürgerInnen Nürnbergs bleibt in dem Vorweihnachtsstress hinter den Erwartungen zurück.

Das Sozialforum Nürnberg lädt in einer Käuferrückgabeaktion eine LKW-Ladung Electroluxgeräte vor dem Werkstor ab. Dies wird von den KollegInnen positiv aufgenommen und findet viel Beachtung in den Medien.

Eine Mauer defekter AEG-Geräte - ein Geschenk an das Electrolux-Management

21. Dezember 2005

Electrolux erklärt sich erstmals bereit, über einen Sozialtarifvertrag zu verhandeln. Die Schließung sei dagegen nicht verhandelbar und endgültig. Gleichzeitig wird auf Zeit gespielt und mit einem Verhandlungsrahmen von 3 Monaten gerechnet. Dazu muss man wissen, dass das Werk in Polen noch nicht voll am Laufen ist und bis (vermutlich) Ende Januar noch auf Teile aus Nürnberg angewiesen ist.

4. und 5. Januar 2006

Der Produktionsanlauf wird durch Sabotageaktionen behindert: Stromausfall, ausfallende Bänder durch Motorschaden und Defekt der Steuermodule. Der Krankenstand ist weiter hoch. Am Freitag den 6. Januar ist Feiertag in Bayern und somit wieder ein langes freies Wochenende.

Die Gewerkschaft streut das Gerücht von einer Urabstimmung am 10. Januar.

9. bis 12. Januar 2006
Die Verhandlungen beginnen am Montag den 9. Januar und werden Donnerstags abgebrochen, nachdem Electrolux ultimativ den Verzicht auf weitere Proteste und Streiks bis Ende Januar als Vorbedingung fordert, bevor sie ein Angebot vorlegen.

In den 4 Tagen wird im Vergleich zum wilden Streik im Dezember zwar gearbeitet, allerdings steigt der Krankenstand weiter und gegen Ende der Woche gelingt es aktiven KollegInnen bereits wieder, durch Bummelstreik die Produktion deutlich zu senken.

13. Januar 2006
Betriebsversammlung und Warnstreik der IG Metall. Ankündigung der Urabstimmung für Dienstag und Mittwoch nächster Woche. Die Funktionäre empören sich über die Erpressung der Arbeitgeber, die KollegInnen wollen endlich streiken.

Eine Mauer gegen die Gier

16. bis 19. Januar 2006
Die Urabstimmung findet im Streikzelt vor dem Werkstor statt. So können auch die krank geschriebenen KollegInnen teilnehmen. Das Ergebnis ist ein Rekord: 96,3% Ja-Stimmen, wobei die nicht abgegebenen Stimmen als Nein gezählt werden (!).

Der wilde Streik in Form von Krankmeldungen und Bummelstreik senkt die

... und immer wieder: ich kaufe nix

Produktion an den laufenden Bändern auf 35% des Solls, wobei z.B. nur 1 Band von 6 Bänder bei der Waschmaschine überhaupt läuft. Es kommt wieder zu Sabotage. Der Abtransport von Maschinen der Trocknerfertigung nach Polen wird kreativ verhindert.

16. Januar 2006
Das Sozialforum Nürnberg ruft zur internationalen Boykottkampagne auf. Das Motto lautet: Jobkiller Electrolux – ich kaufe nix!
Das Medienecho ist gewaltig, alle großen Sender und Zeitungen berichten darüber. Es gibt Nachfolgeberichte in den folgenden Tagen und besonders wichtig ist, dass auch die Wirtschaftspresse darüber berichtet.
Parallel zum offiziellen Streikauftakt findet am Freitag den 20. Januar ein erster lokaler Aktionstag mit Infoständen und Unterschriftensammlung vor Elektromärkten statt. In 2 Stunden werden bei 3 Ständen über 1.000 Unterschriften gesammelt. Der Nerv der Bevölkerung ist getroffen, wie die AktivistInnen zu ihrem eigenen Erstaunen feststellen.

20. Januar 2006
Um 6.00 Uhr mit Beginn der Frühschicht beginnt der offizielle Streik zur Durchsetzung des Sozialtarifvertrages nach Sicht der Funktionäre. Nach Sicht der KollegInnen geht es aber um das eigentliche Streikziel, Erhalt der Arbeits-

plätze bei AEG und Rücknahme der Schließung.
Die IGM kündigt einen notfalls wochenlangen Arbeitskampf an. Die Tore zum Werk werden rund um die Uhr, auch am Wochenende, durch Streikposten abgeriegelt. Ab jetzt gilt: Keiner kommt rein, nichts geht raus. Diese Parole gibt der IGM Bevollmächtigte und Streikleiter Jürgen Wechsler unter dem Jubel der KollegInnen aus.

Tatsächlich dürfen der Werksleiter und 17 leitende Angestellte, die Auszubildenden und die Mitarbeiter der am Streik nicht beteiligten ausgelagerten GmbH's ins Werk. Außerdem gibt es einen Notdienst aus Feuerwehr und Werksschutz, der drin ist. Die Abmachung mit der Geschäftsleitung ist, dass diese Personen über Tor 4 reingelassen werden, nachdem sie sich ausgewiesen haben.

Der Streikauftakt ist auch ein riesiger Medienrummel, den die IGM nutzt, um ihre Forderung nach einem Sozialtarifvertrag zu verbreiten. Auch KollegInnen aus anderen Werken sind angereist, darunter KollegInnen und Betriebsräte aus Rothenburg sowie ein Bus mit erfahrenen Streikposten von Infineon und anderen Münchener Betrieben.

Kennzeichnend für die Haltung der IGM sind zwei Äußerungen ihrer Spitzenfunktionäre. „IG Metall-Chef Jürgen Peters sieht nur geringe Chancen für die Rettung des AEG-Werks in Nürnberg. ‚Ich glaube, das wissen die Beschäftigen,‘ erklärte Peters in Frankfurt." (dpa Meldung, nach Nordbayern Infonet, 20.1.2006, 14:55 Uhr) Während IG-Metall Vize Bertold Huber auf der Kundgebung vorm Werkstor sagt, dass „der Erhalt des AEG-Standorts erzwungen werden soll", betont er gegenüber der Presse, „dass der Streik Notwehr sei und die IGM erreichen wolle, dass alle Beschäftigten eine Chance auf Qualifizierung und ordentliche Abfindung haben." (dpa Meldung, nach Nordbayern Infonet, 20.1.2006, 06:32 Uhr)

23. bis 27. Januar 2006
Die erste Streikwoche verläuft hervorragend. Trotz bitterer Kälte, die Temperaturen gehen nachts auf minus 15° zurück, steht die Streikfront geschlossen. Selbst die Presse muss registrieren, dass die Stimmung und Entschlossenheit der ArbeiterInnen, darunter sehr viele MigrantInnen, mit jedem Tag zunimmt. Es gibt keine Streikbrecher und auch keine Versuche von Electrolux, solche ins Werk zu bringen.

Die spontane Solidarität aus der Bevölkerung ist sehr groß. AnwohnerInnen und KollegInnen bringen immer wieder Brennholz und Lebensmittel vorbei. Beim Solidaritätsfest des DGB am Freitag sprechen nicht nur die üblichen prominenten SPD'ler und Kirchenvertreter. Zum Ärger von DGB Chef Stefan Doll hängt das Sozialforum 3.000 gesammelte Boykottunterschriften im

Streikzelt und quer übers Werkstor auf.
Ebenfalls am Freitag beginnt mit der Frühschicht um 6.00 Uhr der Streik der KollegInnen der Logistik. Brennpunkt ist das wichtige Verteilzentrum von Electrolux im Nürnberger Hafen, dessen Tore blockiert werden. Wie im Laufe des Wochenendes bekannt wird, hat die Streikleitung allerdings einen Deal mit Electrolux gemacht und erlaubt als „Notdienst", dass täglich zwei Züge mit 4.000 Geräten beladen werden. Dies entspricht ca. 25% des normalen Umschlages und macht die groß angekündigte Blockade der LKW-Tore ein Stück weit zur Farce. Die dafür angeheuerten Zeitarbeiter verhalten sich solidarisch.

Eiskalt, aber schön

Durch Bummelstreik senken sie den täglichen Abtransport auf 50% bis 70% des Solls. Trotzdem ermöglicht es die IGM dadurch Electrolux, das Lager in den nächsten Wochen leer zu räumen. Am 12. Februar kann Harald Treml, Logistikverantwortlicher von Electrolux für die Region Zentraleuropa dann stolz verkünden, dass sie ein neues Logistikzentrum über einen externen Dienstleister in Zwenkau bei Leipzig in Betrieb genommen haben. Dieses übernimmt die Funktion der bestreikten Logistikzentren in Nürnberg und Dormagen.

25. Januar 2006
Oscar Lafontaine besucht die Streikenden und zieht gegen den „Turbo-Kapitalismus" vom Leder. Der Besuch ist nur der erste in einem regelrechten Rei-

setourismus prominenter PolitikerInnen und GewerkschafterInnen, die sich für die Öffentlichkeit vor der AEG profilieren. Bei Lafontaine deutet sich schon an, was später immer mehr der Hebel werden soll, die Entwicklung von Klassenbewusstsein zu untergraben. Die „ausländischen Heuschrecken" tauchen bei ihm als Forderung nach „Verbot der Hedgefonds" auf. Hedgefonds spielen zwar bei Electrolux keine Rolle, aber was soll's. „Lafontaine rief den AEGlern zu: ‚Wir sind das Volk. Wir sind die Demokratie.'" (AEG Streikzeitung der IGM, Nr. 5)

28. und 29. Januar 2006
Völlig überraschend für nicht Eingeweihte gibt IGM Bezirksleiter und Chef der Verhandlungskommission Werner Neugebauer am Samstag über die Presse Signale für einen faulen Kompromiss. Bei einem Faktor von 2 Monatsgehältern hätte man sich sofort einigen können. Während die IGM zunächst jede politische Vermittlung öffentlich abgelehnt hat, kommt es am Sonntag unter Vermittlung des bayerischen Ministerpräsidenten Edmund Stoiber zu 2-stündigen Gesprächen, wobei offenbar hinter dem Rücken der Streikenden Kompromisslinien erörtert werden. Dazu reist auch der Electrolux-Chef Hans Stråberg persönlich an. Die Presse und später auch die Gewerkschaft melden, dass Stoiber den Hauptaktionär von Electrolux, die schwedische Milliardärsfamilie Wallenberg, auf dem „World Economic Forum" WEF in Davos angesprochen habe, um Bewegung in die festgefahrenen Fronten zu bringen. Die offizielle Begründung von Stoiber für sein Eingreifen lautet, dass „der Streit um die AEG weit mehr als ein Tarifkonflikt ist, sondern dass es um die Akzeptanz des Wirtschaftssystems bei den Menschen gehe." (Abendzeitung 31.1.2006)

30. Januar bis 5. Februar
Die Geheimverhandlungen und der organisierte Streikbruch im Logistikzentrum am Hafen bringen die Gewerkschaftsfunktionäre in Erklärungsnöte. Unter dem Druck der KollegInnen legt sich Jürgen Wechsler als Streikleiter fest, dass der Streik bis zum Ergebnis nicht unterbrochen wird. Über das Ergebnis werden nicht die Streikleitung und nicht die Tarifkommission entscheiden, sondern die KollegInnen in einer zweiten Urabstimmung.

Der Druck auf Electrolux soll weiter erhöht werden. Deshalb beginnt am 30. Januar auch das Logistikzentrum in Dormagen bei Köln zu streiken. Die erste offizielle Verhandlungsrunde wird auf Donnerstag nachmittag rausgezögert. Dabei legt Electrolux ein mageres Sozialplanangebot (z.B. als Faktor nur 0,7 Monatsgehälter pro Beschäftigungsjahr) vor. Die IGM gibt sich empört und reagiert mit kämpferischen Worten auf der Streikkundgebung am Freitag. Die

Stimmung der Streikenden ist weiterhin gut. Den Funktionären ist bewusst, dass sie mit einem Ergebnis wie bei Infineon (Sozialtarifvertrag mit Faktor 1,3 nach einer Woche Streik) bei der AEG nicht ankommen können, um den Streik zu beenden.

Am Samstag werden die Verhandlungen fortgesetzt. Die IGM schlägt einen Verkauf des Werkes an einen Finanzinvestor vor, was Electrolux weit von sich weist. Die Verhandlungen werden auf nächsten Mittwoch vertagt. Inzwischen wird das inoffizielle Verhandlungsziel der Erhaltung des Standortes von der Gewerkschaft wieder mehr in den Vordergrund gerückt. Electrolux droht seinerseits mit Eskalation (Einsatz von Streikbrechern, Aussperrung in Rothenburg, vorzeitige Schließung oder Entlassungen, die mit der Wirksamkeit des Streiks und Boykotts begründet werden).

Allerdings scheint Electrolux, der Gewerkschaft und auch der Politik und den Repressionsorganen bewusst zu sein, dass sie dabei mit dem Feuer spielen. Trotz eindeutiger Rechtslage (eine Werksblockade gilt in Deutschland als illegal) und schmerzhaften Wirkungen des Streiks, die Electrolux schon nach einer Woche einräumen muss, gibt es keinen Prügeleinsatz des USK wie bei Infineon. Dort hatten die bayerische Sondereinheit der Polizei noch Streikbrechern den Weg ins Werk freigeprügelt, was die IGM damals zum Einlenken veranlasste.

Später wird sich herausstellen, dass die zweite Streikwoche der entscheidende Wendepunkt der Auseinandersetzung ist. Der Streik hat sich durch die Entschlossenheit der KollegInnen, die Solidarität der Bevölkerung und aus anderen Betrieben, sowie dem Eingreifen von Teilen der revolutionären Linken vom wirtschaftlichen Streik um einen Sozialtarifvertrag zum politischen Streik entwickelt. Etwas vergleichbares hat es in Deutschland schon lange nicht mehr gegeben. Entsprechend heftig fällt die Reaktion der Herrschenden aus. Politik und Medien werden mobilisiert, die regionale IG Metall Streikleitung entmachtet und die AEG zur Chefsache der Frankfurter Zentrale. Einziges Ziel ist es ab da, den AEG Konflikt so schnell wie möglich um buchstäblich jeden Preis zu beenden.

2. Februar 2006
Vize-Kanzler und Arbeitsminister Franz Müntefering kommt ins Streikzelt und schafft den verbalen Spagat zwischen Solidaritätsbekundungen für die AEGler und neoliberaler SPD-CDU Politik mühelos. Trotz massiven Polizeiaufgebot in Zivil, Platzverbote für bekannte Linke, die in Zusammenarbeit zwischen IGM Ordern und Polizei ausgesprochen werden, kommt es nach der Rede zu Pfiffen und Protesten wütender Gewerkschafter. Immerhin hatte Münte gerade die Rente ab 67 im Kabinett innerhalb einer Woche durchgepeitscht. Viele KollegInnen haben diese Show wie viele weitere eher gelassen

genommen und außerhalb des Streikzeltes an den Feuertonnen gewartet, bis der Rummel vorbei ist.

7. Februar 2006
Der Aktionstag „weiße Ware" ist ein weitere Höhepunkt im Streikfahrplan der IGM. Mit einem Sonderzug kommen 400 KollegInnen der ACC Motors aus Oldenburg, einem Zulieferer der AEG, nach Nürnberg. Gemeinsam mit weiteren Abordnungen aus Haushaltselektro-Betrieben, wie z.b. Miele, Bosch-Siemens, wird eine Kundgebung und Demonstration mit 3.000 TeilnehmerInnen durchgeführt. Mit massivem Propaganda- und Geldeinsatz versucht die Frankfurter IGM Zentrale dem Streik die politische Spitze zu nehmen. Extra für den Aktionstag wird ein neuer Streikslogan aus dem Hut gezaubert: „AEG ist Deutschland". Auch wenn die kostenlos verteilten T-Shirts und Plakate mit diesem unsäglichen Motto die Bilder der Demonstration prägen, gelingt es der IGM nicht, durch nationalistische Parolen und Gerüchte die Einheit der KollegInnen zu spalten. Die offizielle Streikparole der KollegInnen „Wir bleiben hier – dafür kämpfen wir" bleibt bis zum Schluss des Streiks erhalten.

9. Februar 2006
Electrolux tauscht den Verhandlungsführer aus. Mit Walter Koch, Europachef für Distriparts und Logistics, wird zunächst über die GmbH's diskutiert. Die

Demo zur Unterstützung der AEG-Belegschaft

IGM gibt sich gerade zu euphorisch – die AEG-Streikzeitung Nr. 13 titelt „Der Tag der Verhandlung – Silberstreifen am Horizont für die GmbH's" - obwohl Electrolux sich keinen Zentimeter bewegt. Die Gespräche werden am nachmittag ergebnislos auf den 16. Februar vertagt.

Die knallharte Haltung von Electrolux erschwert der IGM den angestrebten Streikabbruch, da sie jetzt mit leeren Händen dasteht. Electrolux senkt faktisch sogar sein Angebot eines Abfindungsfaktors von 0,7, indem jetzt der Monatslohn auf Basis der abgesenkten Arbeitszeit von 30 Stunden die Grundlage bilden soll.

Die Urabstimmung am 8. und 9. Februar 2006 bei der Ersatzteilsparte Distriparts in Rothenburg ergibt trotz massiver Behinderungen durch die Geschäftsleitung 77,7 % für den Streik.

12. Februar 2006
Der für Montag früh, 13. Februar 2006, geplante Streikbeginn bei Distriparts in Rothenburg wird am nachmittag kurzfristig durch die Funktionäre abgesagt. Die zwei Solibusse mit Streikposten aus Nürnberg werden abbestellt. Die Funktionäre geben den KollegInnen gegenüber keine Begründung dafür. Dafür berichtet die FAZ, die Zeitung der Großkapitalisten in Deutschland, schon in der Samstagsausgabe vom 11. Februar auf Seite 36: „Nach einer nur knapp gewonnen Urabstimmung zögert die IG Metall vorerst mit einer Ausweitung des AEG-Konfliktes auf die Ersatzteilsparte im fränkischen Rothenburg. Damit wolle man ein Zeichen für eine Verhandlungslösung setzen, sagte IG Metall-Chef Werner Neugebauer am Freitag."

16. Februar 2006
IGM und Electrolux verhandeln über 8 Stunden. Dabei werden die unterschiedlichen Taktiken deutlich. Die IGM Zentrale will zunächst den Konflikt um die GmbH's beenden. Das ist insofern einfacher, als es hier um rein wirtschaftliche Fragen geht (Geltung des IGM Tarifvertrages bzw. verlangte Lohnzugeständnisse durch Electrolux). Auch liegen dabei die Positionen nicht so weit auseinander. Ein Ende des Konflikts bei der Logistics und Distriparts würde das Werk allein auf weiter Flur stehenlassen. So könnte man langsam die Stimmung an den Feuertonnen kippen und die KollegInnen am ausgestreckten Arm aushungern.

Electrolux hat entgegengesetzte Prioritäten. Boykott und Streik tun langsam richtig weh und laufen ins Geld. Es muss eine Lösung gefunden werden und dazu muss der Hauptknackpunkt – Werksschließung – vom Tisch. Deshalb besteht Europachef Winkler am nachmittag darauf, dass ab sofort erst mal über das Werk verhandelt wird.

18. Februar 2006

Auf „Initiative der organisierten Autonomie (OA)" mobilisiert die linksradikale Szene zu einer Stadtteildemo zur AEG - „Gostenhof, ein Stadtteil und seine FreundInnen zeigen sich solidarisch ... AEG bleibt – Electroluxbosse gebt endlich auf!" Die Demo wird in Rekordzeit von 5 Tagen organisiert, da jederzeit mit einem Streikabbruch durch die IGM gerechnet wird. Eine breite Mobilisierung im Stadtteil bringt 85 Unterstützer von Kleingewerbe, Kulturszene und linken Gruppen. Über 1000 Euro für die Streikkasse werden gesammelt und

Nach der ver.di-Demo werden Transparente der Linken überall aufgehängt

240 Leute beteiligen sich. Ein massives USK-Aufgebot begleitet die Demo und schreckt so viele PassantInnen von der Teilnahme ab. Die Ankunft die Demo am Streikzelt wird zum „historischen" Moment. Arbeiterklasse und revolutionäre Linke treffen aufeinander. Ein spontanes Händeschütteln löst schließlich die Spannung und Unsicherheit. Die kulturelle Distanz bleibt deutlich spürbar. Politisch gibt die gemeinsame Streikkundgebung, auf der Wechsler, Dix und VertreterInnen der OA sprechen, ein höchst ungewohntes Bild ab.

20. Februar 2006

Der bayerische Aktionstag im Rahmen der ver.di Tarifstreikes sah zunächst eine Demonstration vom Hauptbahnhof zum DGB-Haus in der Nürnberger Innenstadt vor. Eine Verbindung des AEG-Streiks mit der ver.di Tarifauseinandersetzung war nicht geplant. Als das Sozialforum zu einem Electrolux/AEG Boykott Block aufruft und bei der AEG Zettel auftauchen, die eine Verbindung der Kämpfe fordern, geht es ganz schnell. Plötzlich gibt es noch eine halbstündige Kundgebung von ver.di vor der AEG, die an das ursprüngliche Programm drangeklatscht wird. Die 4.000 ver.di-KollegInnen haben das natürlich nicht mitbekommen und ihre Solidarität war herzlich und echt. Bei Abfahrt der Busse werden Boykottlisten verteilt. In den nächsten Tagen kommen über 500 Unterschriften zurück.

21. Februar 2006
Der nach IGM Zählung 7. offizielle Verhandlungstag ist aus Sicht der IGM ein Desaster. Als die IGM versuchsweise ihre Forderung um 10% senkt (von Faktor 3 auf 2,7 usw.), erhöht Electrolux im Gegenzug um 10% (von Faktor 0,7 auf 0,77).

Die IGM Verhandlungskommission beschließt daraufhin, die Verhandlungen zu unterbrechen und schlägt die Einschaltung eines Vermittlers vor. Da die dafür angesprochenen Politiker zur Vorbedingung machen, dass nur über einen Sozialtarifvertrag gesprochen wird, wird damit sichtbar, dass es den Funktionären auch offiziell nicht mehr um den Erhalt des Werkes geht. Von der örtlichen, allerdings längst entmachteten Streikleitung (Wechsler, Dix) wird auf Nachfragen von KollegInnen allerdings weiterhin das Streikziel „Wir bleiben hier – dafür kämpfen wir" bestätigt.

22. bis 27. Februar 2006
Am 22. Februar setzt die Streikleitung in der Tarifkommission den Beschluss durch, einen Vermittler zu suchen. Die IGM sucht panisch nach einem Ausweg aus dem Streik, den sie ohne Entgegenkommen von Electrolux kaum beenden kann, ohne einen Aufstand der KollegInnen zu riskieren.

„Streikleiter Jürgen Wechsler zeigte auf, dass Electrolux zwei Mauern aufgebaut hat: 1. die Schließung wird nicht zurückgenommen. 2. Die Schließungskosten dürfen 240 Millionen Euro nicht übersteigen. Jürgen Wechsler: , eine dieser Mauern müssen sie einreißen. Sonst wird es kein Ergebnis geben." (...) Die IG Metall hat sich bewegt – Electrolux nicht. Vielleicht sorgt ein Vermittler dafür, dass Electrolux die Verweigerungshaltung aufgibt." (AEG-Streikzeitung Nr. 20, 23. Februar 2006 „Ein Vermittler wird gesucht")
Wechsler wiegelt gegenüber den KollegInnen am 22. Februar auf einer Streikversammlung ab. Man suche einen Vermittler, aber das kann gehen oder auch nicht. Gleichzeitig tönt er lauthals, dass der Streik noch bis Pfingsten gehen könne.

Freitag am 24. Februar werden neue Nebelbomben geworfen. Die IGM kündigt an, dass nächste Woche Busse von der AEG zu ver.di Streikposten fahren, um ver.di zu unterstützen und einen gemeinsamen Kampf zu führen. Gleichzeitig wird behauptet, dass es noch nichts neues zum Thema Vermittler gäbe

Kundgebung mit dem IGM-Bezirksleiter Neugebauer

und weiter nach einer Person gesucht wird. Zu diesem Zeitpunkt laufen die geheimen Verhandlungen bereits hinter dem Rücken der KollegInnen.
Am 25. Februar kommen große Teile der Trockner Produktion im polnischen Werk zum Stillstand, weil auch die letzten Bleche ausgegangen sind. Die für die Bleche benötigten Stanzwerkzeuge liegen immer noch in der AEG Nürnberg, da KollegInnen im Januar auf eigene Faust den Abtransport verhindert haben.

Während die KollegInnen mit Falschmeldungen hingehalten und getäuscht werden, beginnen am 23. Februar die Vermittlungsgespräche mit Otto Wiesheu, dem bayerischen Wirtschaftsminister. Die bringen am Wochenende einen Durchbruch, indem die IGM auf die Forderungen von Electrolux eingeht. Das Werk wird geschlossen und die Kosten bleiben bei 240 Millionen.
Taktisch geschickt wird erst am Sonntag öffentlich bekannt gemacht, dass ein Vermittler gefunden ist. Bei den Sondierungsgesprächen hätte es Fortschritte gegeben, und deswegen würden am Montag um 17.00 Uhr die offiziellen Vermittlungsverhandlungen beginnen.

Am Wochenende wird das Werk überwiegend von Funktionären aus dem Betrieb bewacht, während die „normalen" KollegInnen zu Hause sind. Der Zeitpunkt ist klug gewählt, da Fasching ist. Nach 5 Wochen Streik bei eisigen Temperaturen und der „festen Zusage", dass bis ins Frühjahr weiter gestreikt wird, wollen alle KollegInnen mal ausspannen und Fasching feiern. Der Streik ist Routine, es gibt keine Streikbrecher und ein Tag verläuft wie der nächste. Die Stimmung ist weiter gut und im Gegensatz zu Electrolux werden die AEGler den Streik noch viele Wochen durchhalten.

Auch die harmlos klingenden Meldungen am Montag in der Presse und die lapidaren Infos im Streikzelt wiegeln eher ab. Die KollegInnen ahnen nichts; es hat schon so viele Verhandlungsrunden gegeben, was soll's.

28. Februar 2006
In der Nacht von Rosenmontag zu Faschingsdienstag sickert durch, dass es ein Ergebnis gibt. An Tor 4, wo der harte Kern der Gewerkschaft im Betrieb bestehend aus überwiegend deutschen Facharbeitern seit Wochen ausharrt, sprühen Streikposten neue Parolen „IGM = Verräter" und „Verraten und verkauft durch IGM".

Für 9.00 Uhr wird die Tarifkommission zusammengerufen und danach um 1o.oo Uhr eine Streikversammlung angesetzt. Dabei gibt Wechsler den Streikabbruch und die Eckpunkte des Sozialtarifvertrages bekannt. Es kommt immer wieder zu Pfiffen und Rufen „Wir bleiben hier – dafür streiken wir!" Selbst die Presse muss berichten, dass das Ergebnis, laut IGM ein „einmaliger Erfolg" nicht mit Begeisterung aufgenommen wird.

Obwohl Wechsler alle Register eines Machtpolitikers und Demagogen zieht, kann er die völlig überraschten KollegInnen nicht mitreißen. So greift er zur offenen Lüge und unterschlägt die Tatsache, dass die Vorruhestandsregelung für über 53-Jährige nur ab 23 Jahren Betriebszugehörigkeit gilt. Von ca. 300 KollegInnen in dieser Altersgruppe trifft das gerade mal auf 38 zu. Für 90% bedeutet dies, dass sie statt einem halbwegs sicheren Übergang in die Rente nach zwei Jahren bei Hartz IV und mit ihren Familien in Altersarmut landen werden.

Weiterhin wirft er seine gesamte Autorität in die Waagschale und droht mit seinem Rücktritt, wenn die Belegschaft das Ergebnis ablehnt und weiterstreiken will.

Damit niemand auf dumme Gedanken kommt oder auch nur Zeit zum Nachdenken findet, wird gleich der Fahrplan zum Streikende bekannt gegeben. Bis Mittwochnachmittag sollen angeblich die Details verhandelt werden, dann trifft sich die Tarifkommission und Donnerstag und Freitag gibt es die Urabstimmung. Arbeitsbeginn soll dann am Montag sein und nicht wie Electrolux fordert schon am Donnerstag.

Die KollegInnen sind überwiegend überrumpelt und geschockt. Tausend Fragen schießen durch den Kopf. Antworten geben nur die Betriebsräte und ihre Helfer, die alles tun den Streikabbruch durchzusetzen.

1. und 2. März 2006
Die Bombe platzt am frühen Morgen, als durch einen einfachen Zettel KollegInnen mit „Fragen zur Urabstimmung" den Betrug mit dem Vorruhestand

aufdecken. Die Empörung ist riesig. Die IGM tritt den taktischen Rückzug an. Plötzlich gibt es neue Schwierigkeiten bei den Verhandlungen um letzte Details, die Sitzung der Tarifkommission am Mittwoch nachmittag wird abgesagt, da angeblich keine unterschriftsreifer Vertrag vorliegt. Auch der zweite Termin am Donnerstag vormittag wird verschoben.

In diesen zwei Tagen wird eine ungeheure Propagandamaschinerie durch die lokalen Medien aufgefahren. Gleichzeitig bietet die IGM alles auf, was sie hat. Auf widerspenstige KollegInnen wird massiv Druck ausgeübt, einzelne Abweichler in der Tarifkommission werden in dreistündigen Einzelgesprächen psychologisch fertig gemacht.

Gleichzeitig werden vom Druckwächter übers Internet und in Diskussion an den Feuertonnen Forderungen für die Urabstimmung gestellt. Die KollegInnen sollen selbst entscheiden, der Sozialtarifvertrag muss schriftlich vorgelegt und übersetzt werden, keine Fangfragen à la Opel Bochum bei der Abstimmung usw.

Die Linke hat diesem Trommelfeuer der Ordnungsmacht IG Metall wenig entgegen zu setzen. Insbesondere fehlen Agitatoren an den Feuertonnen und eine wirkliche Verankerung im Betrieb. Langsam kippt die Stimmung bei den KollegInnen in die gewünschte Richtung Streikabbruch.

3. März 2006

Freitag früh hat die IGM Streikleitung die Situation soweit unter Kontrolle gebracht, dass sie den nächsten Vorstoß wagen kann. Für 9.00 Uhr wird offiziell die Tarifkommission einberufen, im Hotel IBIS weit ab der Streikenden. Die betriebliche Opposition versucht, eine eigenständige Bewegung in Gang zu bringen. Mit dem Transparent „Nein zum faulen Kompromiss bei AEG" wird gegen 8.00 Uhr im Streikzelt für eine Kundgebung vor dem IBIS Hotel aufgerufen. Die IGM Ordner greifen sofort aggressiv mit Verbalattacken ein, pfeifen und versuchen, die KollegInnen nieder zu schreien. Die meisten Anwesenden sind von der Aktion überrascht und lassen sich am frühen morgen nicht mitreißen. Letztlich finden sich 20 KollegInnen vor dem Tagungsort der Tarifkommission ein.

Die Tarifkommission stimmt mit 46 Ja, 2 Nein, 3 Enthaltungen für den Sozialtarifvertrag und beschließt die Urabstimmung für Montag. Ein Kollege der Tarifkommission ist durch den Psychoterror der Funktionäre dermaßen fertig, dass er nur noch den Kopf schüttelt und sich an der Abstimmung überhaupt nicht mehr beteiligt.

Noch am Freitag vormittag gibt es eine weitere Streikversammlung, wo massiv Werbung für ein Ja gemacht wird. Der Sozialtarifvertrag wird - allerdings nur in deutsch - den KollegInnen schriftlich ausgehändigt.

Chronologie · 281

Gleichzeitig beginnen am Nachmittag die Gewerkschafter damit, Fakten zu schaffen. Die Leinwand im Streikzelt wird weggebracht und übers Wochenende verschwindet nach und nach alles, was zum weiterstreiken gebraucht würde.

4. März 2006
Das Abschiedsfest der IGM für den AEG-Streik wird von den KollegInnen boykottiert. Dafür ist die halbe Nürnberger SPD anwesend, um die Reihen zu füllen.

6. März 2006
Die Urabstimmung beginnt um 5.00 Uhr früh und dauert bis 22.00 Uhr. Sie ist eine einzige Farce. Die größte Einzelgewerkschaft der Welt, wie sich die IGM stolz nennt, bringt es nicht fertig, den Vertrag in die im Werk gesprochenen Sprachen zu übersetzen. Dafür wird aber ein Wahlzettel gedruckt, auf dem es 3 Kreise für Kreuze gibt: Ich stimme dem Tarifergebnis vom 3. März zu - Ja, Nein und Die Tarifkommission empfiehlt JA (bereits angekreuzt).

Die Auszählung der Stimmen nimmt Wechsler persönlich mit zwei treuen Helfern vor. Sogar Mitgliedern der Tarifkommission wird auf Nachfrage eine Teilnahme an der Auszählung verweigert. Ein Verhalten, das bei jeder Betriebsratswahl sofort zur Ungültigkeit führen würde.

Die KollegInnen boykottieren teils die Abstimmung und üben sich in passivem Widerstand. Das Ergebnis kennen Betriebsräte schon nachmittags und sprechen von über 70% Zustimmung. Auch die Presse meldet das Streikende schon, als die Stimmen noch in der verschlossenen Urne liegen. Gleichzeitig wird der Platz vorm Werkstor, der während der Streikwochen einem Zeltlager glich, von IGM Ordern besenrein leergeräumt.

7. März 2006
Wechsler verkündet 5:30 Uhr bei der letzten Kundgebung das Ergebnis der Urabstimmung: 81% Ja. Wohlweislich wird die Beteiligung nicht verraten, da nicht abgegebene Stimmen laut IGM Satzung als Nein gelten. Trotz massivster Manipulationen und Propaganda, sowie vollendeten Tatsachen hat es die IGM also nicht geschafft, eine Mehrheit von 50% für den Streikabbruch zu erhalten, wie eine Berechnung des Druckwächters ergibt.

Pünktlich um 6:00 Uhr geht es wieder zur Arbeit. Allerdings nicht für alle, da der Krankenstand an diesem Tag auf über 30% ansteigt.

8. März 2006
Die Nachrufe in der Presse auf den AEG Streik bringen interessante Fakten ans Tageslicht. Der Kampf hat Electrolux schwer getroffen: 46% Umsatzrück-

gang von Electrolux in Deutschland, in der Region Nürnberg sogar über 70% durch den breiten Boykott. Der Streik hat Electrolux nicht nur 4 Millionen Euro pro Tag gekostet, sondern auch dazu geführt dass 180 von 800 polnischen KollegInnen entlassen wurden, da wegen fehlender Teile aus Nürnberg nicht mehr produziert werden konnte. Gleichzeitig wird bekannt, dass schon zum 1. Juli 600 KollegInnen in der ersten Kündigungswelle entlassen werden.

11. März 2006
Der Event des AEG-Streiks ist vorbei und in den Medien ist das Thema erledigt. Der überwiegende Teil der Linken akzeptiert die Niederlage durch den Streikabbruch der IGM, schreibt seine Auswertungen und vergisst die AEG bis Ende der Woche. Rekordverdächtig schnell ist dabei die MLPD, die den von ihr gegründeten Solikreis AEG gleich mit Arbeitsbeginn am 7. März auflöst.

14. März 2006
Auch in der zweiten Woche nach Streikabbruch ist vielen ausländischen KollegInnen der genaue Inhalt des Sozialtarifvertrages nicht klar. So rechnet sich ein türkischer Kollege, der als Mitglied der Tarifkommission für den Sozialtarifvertrag gestimmt hatte, den Vorruhestand aus, obwohl er die notwendige Betriebszugehörigkeit wie 90% der Älteren nicht erfüllt.
Erst langsam wird den KollegInnen das ganze Ausmaß der Verarschung klar. Viele der AktivistInnen des Streiks haben sich krank gemeldet. Die Stimmung ist von einer „Leck mich am Arsch" Haltung geprägt. Es wird nur langsam gearbeitet und alle warten auf die Kündigungen. Viele wollen auch ihre Ruhe haben und nur so schnell wie möglich alles hinter sich bringen.

15.und 16. März 2006
Das Verfahren vor der Einigungsstelle zwischen Electrolux und IG Metall über einen Interessensausgleich wird nach zwei Tagen abgeschlossen. Zuvor hatte der Druckwächter in Flugblättern die KollegInnen über die neuen Geheimverhandlungen informiert.
Der genaue Inhalt des Interessensausgleich wird nicht bekannt. Pressemeldungen und einzelne Bemerkungen von Betriebsräten lassen vermuten, dass es darin keine Namenslisten für Entlassungen gibt, wohl aber Kriterien für die Sozialauswahl im Interessensausgleich festgeschrieben werden.
Rechtlich ist zunächst anzumerken, dass ein Interessensausgleich eine freiwillige Vereinbarung ist. Im Gegensatz dazu kann ein Sozialplan vor der Einigungsstelle erzwungen werden. Nach dem Abschluss des Sozialtarifvertrages, der als Sozialplan gilt, besteht für die IGM und BR also keine Pflicht, irgendeinen Interessensausgleich zu unterschreiben.

Mit vereinbarten Kriterien für die Sozialauswahl wird faktisch den KollegInnen die rechtliche Möglichkeit von erfolgversprechenden Kündigungsschutzklagen genommen, da sie nun beweisen müssten, dass die Auswahlkriterien verletzt werden.

Politisch betätigen sich hier IGM/BR als Ordnungsmacht, die die geräuschlose Abwicklung des Widerstandes gegen die Werksschließung organisieren.

20. März 2006
Auf einer Betriebsversammlung berichten IGM und BR über die bevorstehenden 580 Kündigungen. Die Geschäftsleitung wählt die Personen aus und erstellt eine Liste, die der Betriebsrat prüft. Danach werden Briefe an die zur Entlassung ausgewählten verschickt.

Ihre genaue Rolle dabei verbergen sie wie gewohnt hinter demagogischen Reden. Statt aufzuklären, wie die Prüfung durch den BR aussehen soll – wird Widerspruch eingelegt oder zugestimmt – nur Schweigen und Ablenkungsmanöver. Wechsler versteigt sich sogar erstmals dazu, den Electroluxboykott zu unterstützen.

25. März 2006
Mit Hinweis auf ein Flugblatt des Druckwächters, dass die IGM und BR wegen ihrer Haltung zu den Kündigungen kritisiert, sagt die IGM ihre Teilnahme an einem Hearing des Sozialforums Nürnberg ab. Wechsler zwingt selbst die Fürther IGM-lerin, die als Mitglied der Linkspartei für den Bundestag kandidiert hat, zur Absage. Auf der Podiumsdiskussion tritt dafür ein Mitglied der Tarifkommission und des Vertrauenskörpers der AEG auf, der die Kritik des Flugblattes bekräftigt. Öffentlich weist der türkische Kollege daraufhin, dass Wechsler ihm die Teilnahme an der Auszählung der Stimmen verweigert habe und fährt fort: "Da fragt man sich schon, wie bei der Stimmung unter der Belegschaft die 81% Ja Stimmen zustande gekommen sind?"

25. und 28. März 2006
Nachdem am Freitag die 7 Tage Frist gemäß Betriebsverfassungsgesetz abläuft, fertigt die Personalabteilung 580 betriebsbedingte Kündigungen am Samstag an. Diese werden am Montag an die Kranken geschickt bzw. den anwesenden KollegInnen persönlich übergeben.

Üblicherweise wäre zuerst ein Angebot für einen dreiseitigen Vertrag (Aufhebungsvertrag mit Electrolux und befristeter Arbeitsvertrag mit der GPQ erfolgt mit z.B. 10 Tagen Bedenkzeit und danach erst das Kündigungsprocedere. Jetzt dreht Electrolux den Ablauf um und schickt zuerst die betriebsbedingten Kündigungen. Das Vorgehen von Electrolux ist taktisch geschickt, da jetzt KollegInnen aktiv werden und innerhalb von 3 Wochen Klage beim Arbeitsgericht einreichen müssten. Dies ist allerdings finanziell und juristisch gesehen faktisch sinnlos.

Da die Stimmung in der Belegschaft zwischen Abwarten und passiver Verweigerung schwankt, gelingt es Electrolux mit diesem durch den Betriebsrat und die IGM gedeckten Vorgehen, den aktiven Widerstand der AEGler einen Monat nach Streikabbruch weitgehend zu brechen.

4. April 2006
Im Rahmen der Tarifrunde der Metallindustrie findet auch bei der AEG ein Warnstreik statt. Das Verhalten der KollegInnen zeigt die Stimmung im Betrieb. Die Belegschaft geht geschlossen aus dem Werk raus, aber sowohl von Früh- wie Spätschicht beteiligen sich gerade noch 100 Leute an der IGM-Kundgebung. Der Rest geht gleich nach Hause. Arbeiten will keiner mehr, den IGM-Funktionären zuhören auch niemand.

April bis Juni 2006
Der Krankenstand liegt anfangs zwischen 20% und 25% und steigt später unter Schwankungen wieder auf bis zu 30%. Im Juni berichten Zeitungen erstmals über den „Streik per Krankenschein". Das Manager-Magazin zitiert Firmensprecher Eichel am 7. Juni 2006, wonach der Krankenstand kontinuierlich bei 25% bis 30% liege.

Ansonsten wird äußerlich normal gearbeitet, sprich 90% bis 100% des Tagessolls an den laufenden Bändern erreicht, wobei die Bänder jeden Tag aufgrund der Kranken neu zusammengestellt werden müssen und jeweils einzelne Bänder abgestellt werden, wenn die Lücken zu groß sind.
Viele StreikaktivistInnen sind bei den ersten 580 Kündigungen zu Ende Juni dabei, von denen einige die gesamte Zeit von Arbeitsaufnahme bis Entlassung mit Krankfeiern und Resturlaub überbrücken.

8. Mai 2006
Electrolux gibt bekannt, dass die AEG zum 31.3.2007 geschlossen werden wird. Das Vorziehen der Schließung – vor der Einigungsstelle Mitte März war noch von einer Restproduktion bis Juni 2007 die Rede – wird offiziell mit dem hohen Krankenstand von über 20% begründet. Faktisch zieht Electrolux die Schließung vor, weil die Fabrik in Nürnberg aufgrund des Bummelstreiks der AEGler nicht einmal die Stückzahlen schafft, die am Markt nachgefragt werden, wie Werksleiter Dieter Lange vor der Presse einräumen muss.

7. Juni 2006
Das Manager-Magazin berichtet unter dem Titel „Der Sanierer darf gehen", dass der Deutschlandchef von Electrolux, Martin Wolgast, aufgrund des Desasters in Nürnberg zum 1. Juli seinen Job verliert.

Juli 2006
Der hohe Krankenstand zwingt Electrolux gleichzeitig zur ersten Entlassungswelle zum 1. Juli ca. 120 LeiharbeiterInnen ein zu stellen. Später werden sogar bis zu 200 ZeitarbeiterInnen beschäftigt.
    Das treibt die Schließungskosten aus mehreren Gründen in die Höhe. Der Betriebsrat erhält im Gegenzug zu seiner Zustimmung Nachbesserungen in der Vorruhestandsregelung, die gerade beim Kern der IGM im Betrieb, den deutschen Facharbeitern, für erhebliche Unruhe gesorgt hatte. Das Arbeitsamt wird ruhig gestellt, in dem Electrolux entsprechend der Anzahl der ZeitarbeiterInnen für entlassene AEGler das sogenannte Strukturkurzarbeitergeld in der Transfergesellschaft in Höhe von monatlich 80.000 € übernimmt.
    Die Negativpresse sorgt für einen Imageschaden, der insbesondere den Boykott am Leben hält.

Herbst 2006
Der Einsatz von angelernten LeiharbeiterInnen im Zusammenspiel mit einer demotivierten Restbelegschaft (deren Haltung von aktiver Sabotage am Band bis zu Lustlosigkeit gerade bei den Vorarbeitern und Kontrolleuren reicht) führt zu enormen Qualitätsproblemen, die durch den inzwischen stabil bei über 30% liegenden Krankenstand der AEGler weiter verstärkt werden. Die Rate der nach zu arbeitenden Geräte steigt zeitweise auf bis zu 30%. Wobei offenbar nicht alle Fehler bei der Qualitätskontrolle entdeckt werden, wie die Rückrufaktion im Sommer 2007 zeigen wird.
    Gleichzeitig werden selbst die immer wieder nach unten korrigierten Stückzahlen nicht erreicht, was Electrolux in der überraschend anziehenden Konjunktur besonders hart trifft. Es wird schließlich bis Oktober/November 2006 dauern, bis die Produktion einigermaßen normal läuft.
    Bemerkenswert ist auch, dass in dieser Zeit in Nürnberg Maschinen für Polen produziert werden müssen, was die umherlaufenden Gerüchte über enorme Schwierigkeiten beim Produktionsstart in Polen bestätigt. Fahrer berichten, dass dort an manchen Tagen nur 90 von 600 geplanten Maschinen pro Schicht gefertigt werden.

9. Oktober 2006
Die Wirtschaftspresse meldet den Rauswurf von Johann Bygge, dem Europa-

und Asienchef von Electrolux als Folge der anhaltenden Probleme bei AEG.

11. Oktober 2006
Der Marsch der Solidarität der streikenden KollegInnen von Bosch-Siemens-Hausgerätewerk (BSH) in Berlin macht in Nürnberg Station. Die IGM organisiert eine Kundgebung vorm Werkstor während der Arbeitszeit. Die AEGler boykottieren diese und gehen direkt nach Hause, nicht ohne vorher ihren KollegInnen eine Warnung mit auf den Weg zu geben. Passt auf, die IG Metall wird euch verarschen, so wie sie es mit uns getan haben.

Demo der Berliner BSH-KollegInnen auf dem »Marsch der Solidarität« in Nürnberg

Oktober 2006
Bei der Bilanzpressekonferenz fürs 3. Quartal muss Electrolux-Boss Stråberg anhaltende Schwierigkeiten durch die Schließung von Nürnberg einräumen. Dies betrifft insbesondere einen anhaltenden Umsatzeinbruch in Deutschland sowie deutlich gestiegene Kosten. Zu dieser Zeit wird aus Aufsichtsratskreisen bekannt, dass die Schließungskosten inzwischen bei 500 Millionen Euro liegen mit weiter steigender Tendenz.

12. Dezember 2006
Der Jahrestag der Verkündung des Schließungsbeschlusses bringt in zahlreichen Medien Rückblicke und somit erneute Negativpresse für Electrolux. Dasselbe wird sich zum 20. Januar 2007 (dem Jahrestag des Streikbeginns) wiederholen. Auch zahlreiche Jahresrückblicke in den Medien zu Silvester greifen den

Kampf der AEGler als einen Streik auf, der Deutschland bewegte.

Dezember 2006
Mehrere Medien berichten über offizielle Marktforschungsanalysen in denen übereinstimmend festgestellt wird, dass der Marktanteil von Electrolux in Deutschland um ein Viertel gesunken ist (von 16% auf 12%, bzw. für die Marke AEG von 12% auf 8%). Insbesondere die Wettbewerber BSH und Miehle haben davon profitiert. Auch auf der letzten Betriebsversammlung in der AEG am 11. Dezember 2006 werden konkrete Zahlen genannt. Danach ist der Umsatz der Marke AEG in Deutschland um 25%, und für alle Electroluxprodukte um 20% eingebrochen. Selbst in den Niederlanden wurden 15.000 Maschinen weniger verkauft, was einen Umsatzverlust von 14,5 Millionen bedeutet.

Januar/Februar 2007
Nachdem weder Repression (wie die fristlose Entlassung von zwei krank geschriebenen KollegInnen, denen die Geschäftsleitung etwas nachweisen konnte) noch Versprechungen (jeder der nicht mehr krank wird bis zur Entlassung erhält eine Waschmaschine als Bonus) die AEGler zum arbeiten bringen, greift das Management in seiner Not zu extremen Maßnahmen. Am 11. Februar wird eine Anwesenheitsprämie von 20 € pro Tag für AEGler ausgelobt. Zusätzlich 30 , wenn die Stückzahl erreicht wird. Zu diesem Zeitpunkt wird berichtet der Druckwächter, dass teilweise nur 50% des Tagessolls produziert wird. Als daraufhin am nächsten Tag der Krankenstand erneut steigt, gibt es auch für alle ZeitarbeiterInnen eine Anwesenheitsprämie von 10 € pro Schicht.

14. März 2007
Am 14. März läuft die letzte Maschine in Nürnberg vom Band. Das Traditionswerk wird geschlossen.

Sommer 2007
Electrolux startet die teuerste Marketingkampagne seiner Firmengeschichte. Zusammen mit einer Vielzahl von Produktneuheiten versucht der Konzern damit in dem hart umkämpften Markt der weißen Ware in dem profitträchtigen Premiumsegment zu wachsen. Dabei spielt die Traditionsmarke AEG mit ihrem Image einer hohen Qualität eine Schlüsselrolle.

Sommer 2007
Electrolux muss 18.000 Geräte wegen Qualitätsmängeln zurückrufen, da die Gefahr besteht, dass sie in Brand geraten. Die Rückrufaktion bewirkt einen bundesweiten Imageschaden der einstigen Premiummarke AEG, da alle Me-

dien breit darüber berichten. Die betroffenen AEG-Geräte stammen übrigens aus der Zeit Sommer/Herbst 2006, als die Qualitätsprobleme in Nürnberg außer Kontrolle gerieten und die neue Produktion in Polen nicht in die Gänge gekommen ist.

Oktober 2007
Auf der Bilanzpressekonferenz muss Electrolux-Chef Stråberg einräumen, dass die Ergebnisse in Deutschland enttäuschend gewesen sind und die gesamte Konzernbilanz belasten. Der Boykott der Konsumenten geht weiter und die Kosten sind stärker gestiegen als geplant. In seinem wichtigsten europäischen Markt in Deutschland scheint Electrolux auf Dauer Marktanteile verloren zu haben, auch wenn AEG nicht mehr täglich in den Titelzeilen auftaucht wie zu Streikzeiten.

Der Streik ist zuende, doch nicht der Protest.

November 2007
Überraschend wird bekannt, dass Electrolux mit der IGM einen Standortsicherungsvertrag für das letzte deutsche AEG-Werk in Rothenburg geschlossen hat. Gegen die üblichen Lohnzugeständnisse sichert Electrolux den Erhalt der Produktion bis 2013 und Investitionen in neue Anlagen zu.

Während solche Standortsicherungen oft das Papier nicht wert sind, auf dem sie unterschrieben werden, verhält es sich hier etwas anders. Electrolux hat seit

Mitte der 90er Jahre weltweit über 100 Fabriken geschlossen. Noch nie hat das Management dabei einen Rückzieher gemacht. Die Schließung von Rothenburg war aber für 2009, spätestens 2010 vorgesehen, wenn die neue Herd- und Kochmuldenfabrik im polnischen Swidnica mit ihrer Plattformproduktion für die unterschiedlichen Electroluxmarken läuft.
Die deutlich über diesen Zeitrahmen hinaus laufende Vereinbarung und Pressemeldungen, wonach Electrolux für Rothenburg überlegt, dort später eine neue Generation von Geräten zu entwickeln und herzustellen, zeigen, dass die „Probleme in Deutschland" das Werk in Rothenburg vorläufig gerettet haben. Ein später Sieg der kämpfenden AEGler in Nürnberg.

27. Oktober 2008
Ehemalige Beschäftigte bei der AEG führen das Theaterstück: Arbeitsende: Gestern - mit Mitgliedern des Schauspielembles in Nürnberg Muggenhof auf.

Andere Titel aus der Buchmacherei:

Jochen Gester, Willi Hajek [Hg.]

Sechs Tage der Selbstermächtigung

Der Streik bei Opel in Bochum Oktober 2004

Im Oktober 2004 kam es in Bochum zu einem ungewöhnlichen Streik. Die Belegschaft des Opelwerkes verweigerte sich der angeblich alternativlosen Entwicklung des Arbeitsplatzabbaus und nahm die Vertretung der eigenen Interessen selbst in die Hand. Belegschaftsakteure und sympathisierende Autoren berichten über Vorgeschichte, Motive, Verlauf und Schwierigkeiten dieses sechstägigen ›Ausbruchsversuchs‹, der von vielen mit Sympathie und Hoffnung verfolgt wurde.

ISBN 3-00-017269-6
Preis: 10,00 €

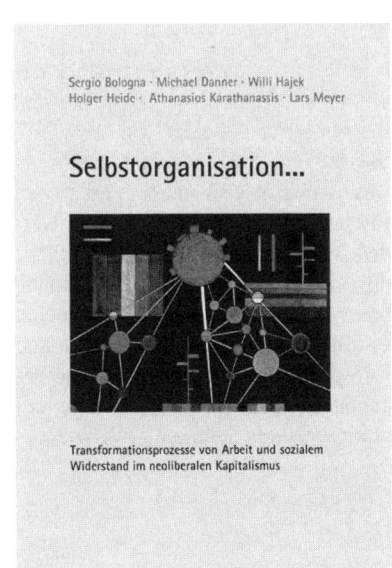

Sergio Bologna, Michael Danner, Willi Hajek, Holger Heide, Athanasios Karathanassis, Lars Meyer

Selbstorganisation...

Transformationsprozesse von Arbeit und sozialem Widerstand im neoliberalen Kapitalismus

Die AutorInnen dieses Buches beleuchten die Problematik der neuen Arbeitsorganisation, den Wandel sozialer Bewegungen und die hiermit verbundene neue Bedeutung der Selbstorganisation sowohl in kapitalistischen als auch in sozialen Zusammenhängen. Auf theoretischer und auf praktischer Ebene werden diese bedeutenden gesellschaftlichen Veränderungen aus unterschiedlichsten Perspektiven präsentiert

ISBN 978-3-00-021396-0
Preis 12,00 €

Werner Ruhoff

Eine sozialistische Fantasie ist geblieben

Sozialismus zwischen Wirklichkeit und Utopie

Der Zusammenbruch des sogenannten Realsozialismus hat gezeigt, dass der Sozialismus als Verstaatlichung der Gesellschaft nicht machbar ist. Kann die basisdemokratische freie Assoziation eine neue Perspektive sein, um einen Ausweg aus der sozialen und ökologischen Krise zu finden, die in der neoliberalen Globalisierung immer deutlicher zutage tritt? Werner Ruhoff beschreibt Gehversuche und Konflikte einer neuen Gesellschaft in Form einer fiktiven Reportage, die er in der Stadt ansiedelt, in der er lebt.

ISBN 3-00-016583-5
Preis: 10,00 €

Gaby Weber

chatting with Sokrates

Dialog über Öl, Atom und Eichmann

Ein Theaterstück

In dem als politisches Theaterstück geschriebenen Text folgen die Leser und Leserinnen den Wegen von „Big Car", „Big Oil" und „Big Money" und lernen etwas darüber, wie sie mit dem deutschen Faschismus verbunden waren. Wir werden Zeuge davon, mit welcher Arroganz die Kathedralen der Macht sich auch heute weigern, historische Dokumente zu öffnen, die darlegen, wer, warum und für was Verantwortung trägt. Gaby Weber hat dieses Buch in der Hoffnung geschrieben, diese Situation zu verändern.

ISBN 978-3-00-025223-5
Preis 14,90 €